KB050508

정수

동양철학개론

精髓

東洋哲學槪論

정진일 지음

박영사

나의 존경하는 오재환 교수님께

제자 정진일이 올립니다.

머리말

나는 대학교 1학년 때부터 그리고 이후 중·고교 교사를 하면서, 20대 10년간을 『전쟁과 평화』『카라마조프가의 형제들』『신곡』『파우스트』 등의 수많은 문학서를 읽으면서, 나도 이런 작품을 쓰고 싶어 습작을 써보기도 하였다.

그런데 당시(1970년대 초) 한국을 대표하는 작가 김동리 선생의 문학 강연을 듣고 큰 충격을 받았다. 선생은 '문학작품은 가치 있는 삶, 의미 있는 생을 성찰해 볼 수 있는 철학이 담겨 있어야 하는데' — 철학이 없는 작품, 특히 소설은 대중소설에 불과하다고 하셨다. — '안타깝지만 지금 현재 젊은 작가들 가운데에는 철학을 아는 사람이 없기 때문에 우리나라에서 앞으로 30년 안에는 노벨상 후보에도 오를 사람이 없다'고 단언하셨던 것이다.

그때부터 나는 『향연』『파이돈』『변명』을 감명 깊게 읽었으며, 『노자』를 비롯하여 『논어』『반야심경』 등을 비롯한 수 백 권의 철학책을 읽으면서, 30대 10년을 보냈다. 그것들 중에는 심오하기도 하고, 난해한 것들도 많았지만, …. 나는 그것들을 내 것으로 하기 위하여 줄을 긋고, 핵심 내용을 메모하면서 읽었는데, 그것들을 정리해서 『위대한 철인들』을 쓸 수 있었다.

그 후 대학으로 가서 국민윤리 등을 강의하다가, 우리 대학에 철학과가 개설되자 전임하여 중국철학을 강의하면서, 내가 맡은 모든 강의 과목의 책들을 집중적으로 읽고 교재를 만들었다. 다행히 내가 쓴 『철학개론』(박영사)은 36년이 넘게 계속 출간되고 있는 우리나라에서 유일한 책이 되어, 정년퇴직 후에는 국립경찰대학에서 교양철학 강의도 하게 되었다.

나는 자기 강의안 없이 강의한다는 것은 불성실하다고 생각했기 때문에 25년 동안을 철학과에서 강의하면서, 『유교철학원론』 『도가철학개론』 『중국철학사』 『유교윤리』 『철학』(『서양철학사』로 출간) 등 십 수 권의 책을 쓰고 정년을 하였다.

그리고 일찍이 호남동양철학동우회에 참여하면서, 우리나라에 『동양철학개론』서가 없으므로 누군가는 이것을 써야 할 것이라고 생각을 하면서도 선뜻 착수하지 못하다가, 마침 서재를 정리하면서 불교서적을 추려보니, 300권이 넘게 있었으므로 이것을 4~5년 동안에 걸쳐서 읽고 정리한 후, 그동안에 출간했던 『유교철학원론』과 『도가철학개론』을 간추려 이 『동양철학개론』을 쓰게 되었다.

동양철학이라 하면 서양철학에 대응하는 말로서, 지역적으로 동양지역의 여러 나라 철학을 뜻하는 말이다. 그러나 우리들이 흔히 말하는 동양철학은 유교와 불교, 그리고 도가철학을 말한다. 이것들은 물론 중국과 인도에서 창시되고 발전하여 왔던 것인데, 삼국시대 이전에 우리나라에 들어와서 우리들에게 큰 영향을 미쳐왔다. 그래서 최인호를 비롯하여 많은 분들은 동양철학, 곧 유불선이라는 우리의 전통철학은 우리 민족정신의 원형질이요, 우리들의 정체성이요, 우리 민족문화의 바탕이라고 하였다. 이것들을 서로 비교하면서 읽어보면 흥미로울 뿐만 아니라, 그 내용을 분명하게 알 수 있을 것으로 생각한다.

어려운 상황임에도 철학책을 출판해주신 사장님께 감사하며, 어려운 철학책을 꼼꼼히 읽고 아름답게 만들어준 편집부 문선미 과장님께도 감사하면서 출판의 변을 마친다.

지 은 이

차례

제1부

도가철학

제1장

서 론

제1절 도가철학의 의의

도가(道家, Taoism) 혹은 도가철학은 일찍이 기원전 500년경에 유교보다도 먼저 중국에서 발생하였다. 그리하여 유교와 더불어 중국철학의 2대 지주로서 당나라 때까지 지속적으로 발전하면서, 유교는 물론 법가·묵가·명가 등 중국의 모든 학파에 영향을 미쳤다. 그리고 불교가 중국에 수입되고 정착되는 과정에서 불교에도 영향을 미쳤다. 그리하여 도가는 유교나 불교와 더불어 동아시아 여러 나라까지 전파되어 커다란 영향을 미침으로써 '동아시아 문화권'을 형성하게 되었다. 그리고 중국인들의 심층적인 철학적 사유나 예술방면에는 도가가 가장 큰 영향을 미쳤다.[1]

도가라는 명칭은 도(道)를 우주 만물을 생성하는 궁극적 실재(實在)로 보아, 그들의 사상을 전개하였기 때문에 붙여진 것이다. 노자(老子)가 이것을 창시하고 장자(莊子)가 크게 발전시켰으므로 노장철학(老莊哲學)이라고도 한다. 그런가 하면 황제와 노자의 학이라는 뜻으로 황노학(黃老學)이라고도 한다. 그리고 유교를 유학 혹은 유가라고 하는 것처럼 도가라는 명칭 이외에 도학(道學) 혹은 도교(道教)라는 명칭이 있다. 도가라는 명칭은 학파를 가리키는 말로서, 사마담이 최초로 쓰기 시작한 것이며, 도학이라는 명칭은 도에 관한 학문 혹은 도가철학의 뜻으로 쓰여 왔는데(『수서』경적지), 송대의 유학 곧 신유학을 도학(道學 ; 도통을 계승한 학문이라는 뜻)이라고 부르게 되

1 許抗生, 노승현 옮김 『노자철학과 도교』 17면.

어 도가를 지칭하는 말로는 쓰지 않게 되었다.[2]

원래 도(道)는 명사로는 길의 의미로 쓰였고, 동사로는 '이끌다' '통하다' '말하다' 등의 뜻으로 쓰였던 것이, 그 후 방법 · 과정 · 기술 · 질서 · 원리 · 원칙 · 이유 등의 뜻으로 확대되었다.[3] 『설문해자』(許愼)는 "도란 다니는 길을 뜻한다. … 하나로 통달하는 것을 도라 한다"고 하였으며, 『석명(釋名)』(劉熙)은 "도는 밟는다(蹈)는 뜻이다"라고 하였다.

노자는 도(道)를 도덕 곧 도의(『노자』18, 30) 또는 법칙(25, 47)의 의미로 사용하기도 하였으나, 대체로 우주 만물의 궁극적 근원인 실체 내지 그 법칙의 의미로 사용하였다. 일찍이 한비자(韓非子)는 노자의 도에 대하여 '우주 만물의 그러한 근거이며, 모든 이치가 모인 곳'이라고 하였다. 이것은 매우 적절한 해석으로 평가되고 있다. 그런데 호적(胡適)은 일종의 무의식의 개념, 풍우란(馮友蘭)은 만물이 생겨나는 총체적 원리, 장대년(張岱年)은 '우주 만물을 낳고 결정하는 최고의 실재', 양영국(楊榮國)은 순수 경험, 임계유(任繼愈)는 정신적 실체라고 하였다. 그리고 후외려(侯外廬)는 만물의 신비적 근원, 채덕귀(蔡德貴)는 천지 이전에 존재하는 혼연일체의 물질적 실체, 배대양(裴大洋)은 우주 본원과 그 발전 법칙, 손숙평(孫叔平)은 천지 만물의 창조주라고 하였다.

노자는 당시 사회의 혼란은 인간 자신의 본래의 순진무구한 마음을 상실하고, 소박한 삶에서 벗어나게 됨으로써 야기된 것이라고 하였다. 다시 말하면 인간의 지식, 내지 문화의 발전으로 말미암아서 욕망과 거짓이 확대되었기 때문에 초래된 것이라고 하였다. 이리하여 그는 그것을 해결하는 방안으로서 지식과 문명을 거부하고 사회조직을 해체할 것(무정부주의) 등을 주장하였다.[4]

---

2 이재권, 『도가철학의 현대적 해석』 11면.

3 道자는 머리 혹은 근원을 의미하는 首자와 쉬엄쉬엄 간다는 辵자가 결합되었다.

4 김충열, 『김충열교수의 노자철학강의』 41면.

제2절 도가철학의 발전

노자(B.C. 570?~470?)를 공자보다 선배로 보는 사람도 있고, 노자를 공자보다 후배로 보는 사람도 있지만, 노자가 공자보다 앞선 것으로 보인다. 따라서 전자를 따르면 도가가 유가보다 먼저 발생했다고 해야 할 것이다.

노자는 도 혹은 무(無)를 우주 만물의 근원이라 하고, 이러한 도로부터 무위자연하게 우주 만물이 생성되고, 그것은 다시 소멸하여 도로 돌아간다는 우주론을 전개하였다. 따라서 인간은 이러한 도를 체득하여 욕망을 버리고 무위자연하게 살아가야 즐겁게 살 수 있다고 하였다.

이러한 노자의 사상은 윤희(尹喜), 양주, 열어구 등을 거쳐서 장자에게 계승되어 크게 발전하였다. 그리고 유가인 순자에게도 영향을 미쳤으며, 법가인 한비자(韓非子)에게도 영향을 미쳤다.

양주(楊朱)는 명예나 지위나 재물 같은 외적인 것을 가볍게 여기고 삶을 중시할 것을 주장하였다. 그리하여 묵적(墨翟)의 '모든 사람을 다함께 사랑해야 한다'는 겸애설(兼愛說)을 반대하고, '자기 자신만을 사랑하라'는 자애설(自愛說)을 주장하였다.

열자(列子)는 노자의 우주론을 계승하고, 인간은 생사유전하는 존재이므로 생사와 시비와 이해득실을 초월하여 무아(無我)의 경지에 이름으로써 자연과 인간이 하나가 되어야 한다고 하였다.

장자(莊子 B.C. 360?~280?)는 노자의 본체론적인 도를 범신론적으로, 도보다는 도로부터 생성된 사물을 중시하는 방향으로 발전시켰다. 그리고 욕망을 버리고 무위자연하게 살아가야 하며, 심재(心齋)와 좌망(坐忘)의 수기를 통해서 소요(逍遙) 무애(無碍)의 경지에 이르도록 해야 한다고 하였다.

이러한 도가는 후한과 위진 남북조의 지식인들에 수용되어 현학(玄學)시대를 열었다. 특히 하안(何晏)과 왕필(王弼 226~249), 그리고 향수(向秀)와 곽상(郭象 252~312) 등에 의해서 새롭게 해석되어 활기를 띄기도 하였다. 이 시기의 도가를 신도가 혹은 현학이라고 한다. 그런데 신도가 이후로 쇠퇴하여 그 맥이 끊어지고 말았다. 그러나 이상과 같은 발전과정 속에서 도가, 곧 도가철학은 우주론과 인간론과 인식론과 수기론과 정치론 등의 내용을 갖춘 견고한 철학체계를 형성하였다.

도가는 전국시대 말부터 한나라 초 사이에 황노학으로 불리면서 지배세력과 결탁하기도 하였으며, 후한 말에는 장도릉(張道陵)이 노자를 하느님, 곧 천존(天尊)으로 받들어 도교라는 종교를 만들기도 하였다. 이것은 그 후 서민들에게 지속적인 영향을 미쳤다.

그리고 도가는 불교가 전래되어 수용되는 과정에서 불교에 큰 영향을 미쳤다. 즉 인도에서 불경이 들어왔을 때 도가사상가들이 불경의 번역에 참여함으로써 도가사상이 불교에 침투되었다. 특히 그 후의 중국불교를 대표하는 선종에도 깊이 영향을 미쳤다.

도가는 선진시대의 순자의 철학에도 영향을 미쳤지만, 불교와 함께 송대에 일어난 신유학의 창시자라 할 수 있는 주돈이의 우주론 형성에도 영향을 미쳤으며, 그리하여 주자학에도 침투되었다.

우리나라에는 『삼국사기』에 고구려 영류왕 7년(624년)에 전래되었다는 기록이 있으나, 실제로는 그 이전에 고구려에는 물론 신라와 백제에도 전래된 것으로 보인다. 그러나 고려 때에는 불교를 국교로 채택하였고, 조선조는 유교가 국가 이념으로 채용됨으로써, 도가는 예술방면과 무속신앙의 형태로 서민들에게 침투되었다.

제3절 도가철학의 경전

경전(經典)이란 만고불변의 진리를 기록한 서적을 말한다. 경(經)은 명사로는 경서·날줄·법·도리 등의 뜻이 있고, 동사로는 '떳떳하다' '다스리다' '지나다' '겪다' 등의 뜻이 있다. 『설문해자』는 경(經)은 직(織)이라 하여 직물의 날줄을 의미하는 것으로 보았으며, 『백호통』은 경을 '늘 그러함(常)'이라고 하여 영원불변의 도의 뜻으로 해석하였다.

그리고 전(典)은 책을 말한다. 따라서 경전이란 영원불변의 진리 또는 도리가 담겨 있는 서적을 뜻한다. — 전은 책이라는 뜻이므로 경전을 경서라고도 하며, 경서에 대비되는 비정통적인 서적은 위서(緯書)라고 한다.

고대에는 유교나 도가나 묵가 등의 서적을 통틀어 경전이라고 일컬었지만, 유교의 지위가 강화되면서 점차 유교 이외의 서적은 자서(子書)라고 하여 경시하고, 유교서적만을 경전이라고 하였다.

그러나 도가에서는 여전히 노자가 지은 『노자』를 『도덕경(道德經)』이라 하고,[5] 장자가 지은 『장자』를 『남화진경(南華眞經)』이라 하였으며, 그리고 열자가 지은 『열자』를 『충허진경(冲虛眞經)』이라 하여 '경'으로 존칭하였다. 다시 말하면 당나라 때 이후로 이들을 도가 3대 경전으로 존중하여 왔다.

---

5 『노자』 주석서는 1,600여 종이 넘는다. 그들 중에서 가장 오래된 것은 한비가 주석한 『한비자』의 「解老」와 「喩老」이다. 그리고 가장 뛰어난 것으로는 何上公의 『노자장구』과 형이상학적 측면에서 주석을 한 王弼의 『노자주』가 있다.

제4절 도가철학의 영역

철학은 먼저 우리가 사는 이 세계, 곧 우주 만물의 정체를 알고자 한 것이 서양철학의 존재론이고, 도가철학을 비롯한 동양철학의 우주론인 것이다. — 서양철학에서는 그리스 철학 이래 우주 만물의 궁극적 근원을 다루는 존재론의 전통이 확립되어 철학의 가장 주요한 영역이 되었지만, 동양철학에서는 서양철학에서 말하는 존재론은 없으므로 존재론이라는 명칭은 적절하지 못하고, 우주론이라는 명칭이 적절할 것 같다.

그리고 중세 이후 서양철학에서는 '우리는 어떻게 알 수 있는가?'하는 문제와 관련하여 인식론이 활발하게 전개되었는데, 동양철학에서도 물론 이 문제가 일찍이 논의되어 왔다. 특히 도가철학에서는 일찍부터 치열하게 논의되었다.

현대에 와서 서양철학에서는 '우리는 어떻게 살 것인가?'하는 문제와 관련하여 가치론이 활발하게 논의되었으나, '우리가 어떻게 살 것인가?'와 관련하여 유교와 불교에서는 윤리론이 제시되었다. 그러나 도가철학에서는 유교와 불교의 윤리를 부정하였다.

서양철학은 이상에서 말한 세 가지 영역을 중시하였으나, 도가철학을 비롯한 동양철학은 이외에 '인간은 어떤 존재인가?'하는 문제를 깊이 있게 논의하였으며, '어떻게 하면 수기, 곧 마음을 닦아서 보람 있는 삶, 곧 행복한 삶을 살 수 있을 것인가?'를 밝히려고 하였다. 그래서 서양철학과는 달리 인간론과 수기론이 중요한 영역이 되어 왔다.

제2장

우 주 론

제1절 우주본체론

1. 도는 만물의 근원

전술한 바와 같이 도가는 우주론과 인간론과 인식론과 수기론 등의 내용의 일관성 있는 체계를 갖추고 있다. 특히 그들은 중국철학의 역사상 가장 먼저 체계적인 우주론을 제시하였다.[6]

1) 노자는 그 이전의 중국인들이 믿어왔던 주재자로서의 하늘, 곧 상제(上帝)를 부정하고, 도를 우주 만물의 근원으로 내세워서 그의 철학을 전개하였다. 그리고 이러한 노자의 철학은 양주와 열자를 거쳐서 장자에 이르러 완성되었다.

그런데 『노자』에는 도(道)자가 여러 곳(76회)에서 나오는데, 그 의미를 파악하기가 쉽지 않으나, 앞에서 언급한 바와 같이 유교에서는 도를 보편적 법칙, 곧 천도(天道) 내지 도덕적 준칙, 곧 인도(人道)의 의미로 사용하였는데, 『노자』는 도를 우주 만물의 궁극적 근원인 실재와 그 법칙의 의미로 사용하고 있다.

우선 노자는 도를 비어 있는 것 같으면서도 우주 안에 가득 차 있는 존재로서 만물의 근원이라고 하였다. 즉 그는 "도는 텅 비어 있으나 아무리 써도 고갈되지 않는다. 그윽하기도 하다! 만물의 근원인 듯하다!"(『노자』4)라고 하였으며, "(도는) 하느님보다 먼저 있었

---

6 서양철학의 존재론의 발생 배경을 파고들면 종교적 세계관에서 비롯된 것인데, 중국인들은 이러한 종교적 세계관을 일찍이 탈피하였기 때문에 존재는 '이미 있는 것'으로 파악하며, 존재가 생성 변화하는 연기만 탐구하였다. 따라서 중국철학에서는 우주론이라는 명칭이 적절하다. — 김용옥, 『노자철학 이것이다』 85면.

던 것 같다"(상동)고 하고, "천지 사이는 풀무 같다고나 할까? 비어 있으면서도 다함이 없고, 움직일수록 더욱 더 나온다"(『노자』5)고 하였다.[7] 이에 대하여 왕필은 "무릇 모든 만물은 비어 있는 것(虛)에서 생겨나고, 움직임은 머무름에서 일어난다. 그러므로 만물은 함께 움직여서 생겨나지만, 결국 비어 있음과 머무름으로 돌아간다"(『노자주』16)고 하였다. 만물의 운동과 변화는 비어 있음과 머무름에서 생겨난다고 한 것이다.

2) 장자는 노자의 도를 받아들여 도는 형체가 없어서 눈으로 볼 수 없지만, 실재하는 것으로서 우주 만물의 근원이라고 하였다. "(도는) 그 스스로 존재의 근거를 지니고 있으며, 천지가 생겨나기 이전의 옛날부터 이미 존재하여 왔다. 그것은 귀신이나 하느님을 신령스럽게 해주고, 만물을 생겨나게 하였다."(『장자』대종사) 도는 우리의 감각적 인식을 초월한 것이지만, 다른 것에 의지함이 없이 스스로 영원히 존재하며, 하려고 하는 의지도 없이 우주 만물을 생성 변화시키는 근원적 존재라는 것이다.

2. 도는 형체가 없음

도는 형체가 없으므로 우리의 인식능력으로는 그 실체를 정확하게 파악하기 어렵다고 하였다.

1) 노자는 "보려고 해도 볼 수 없으므로 이름하여 '평탄함(夷)'이라 하고, 들으려고 해도 들을 수 없으므로 이름하여 '희미함(希)'이라 하고, 잡으려고 해도 잡을 수 없으므로 이름하여 '미묘함(微)'이라

---

7 虛(비어 있음)는 無(없음)의 뜻으로서 도를 나타내는 가장 핵심적인 용어이다. 그것은 공간을 의미하고 광대함을 의미하고 끝이 없음을 의미한다. — B.S. 라즈니쉬, 김석환 외 옮김 『삶의 춤, 침묵의 춤 1』 90면.

한다. 이 세 가지는 따져서 캐어물을 수 없으므로 뭉뚱그려서 '하나(道)'로 삼는다. … 다시 아무것도 볼 수 없는 것으로 돌아가니, … 이것을 일컬어 '황홀함'이라 한다"(『노자』14)고 하고, "도의 물건 됨은 오로지 황홀하고 황홀할 뿐이다. 황홀하고 황홀한 가운데 형상이 있다. 황홀하고 황홀한 가운데 물체가 있다. 그윽하고 어두운 가운데 정기(精氣)가 있다"(21)고 하였다. 즉 도는 끊임없이 생성 소멸하는 기(氣), 곧 에너지(energy)와 같은 것으로서 형태(狀)나 형상(象)이 없는 황홀한 것이므로 드러나지 않는다는 것이다.[8]

2) 장자도 도는 형체가 없으므로 우리의 감각으로는 인식할 수 없다고 하였다. 즉 "무릇 도는 실재한다는 확실한 믿음이 있지만, 하려고 하는 의지도 없고 형체도 없다. 그것은 마음으로 전달할 수는 있으나, 형체가 있는 것처럼 손으로 주고받을 수는 없다. 그것을 마음으로 체득할 수는 있지만 눈으로 볼 수는 없다"(『장자』대종사)고 하고, "태초에 무가 있었다. 유가 아니어서 이름도 없었다. 그런데 하나가 거기서 생겨났다"(천지)고 하였으며, "도는 들을 수가 없는 것이니, 들을 수 있다면 도가 아니다. 도는 볼 수가 없는 것이니, 볼 수 있는 것은 도가 아니다. 도는 말로 표현할 수 없는 것이니, 말로 표현할 수 있다면 도가 아니다"(지북유)라고 하였다.

3. 도는 시공을 초월하여 스스로 존재함

1) 노자는 '도는 만물의 근원적 존재로서 시공을 초월하여 존재한다'고 하였다. 즉 그는 "맑기도 하구나! 있는 것 같은데, 나는 그것(道)이 누구의 아들인지 알 수 없다"(『노자』4)고 하고, "혼돈된 상태에서 이루어진 물건이 있었으니, 그것은 천지보다 먼저 생겼

---

8 金敬琢, 『新稿 中國哲學概論』 30면.

다”(25)고 하였다. 그리고 또 도라는 것은 어떤 것에도 의지함이 없이 스스로 영원히 존속한다고 하였다. “적막하고 쓸쓸하도다! 홀로 있으면서 변함이 없다”(25)고 하고, “이어지고 이어져 있어 아무리 써도 다함이 없다”(6)고 하였다.

2) 장자도 도는 다른 어떤 존재에도 의지함이 없이 스스로 생겨난 절대적 존재로서 그 옛날부터 있었으며, 시작도 끝도 없는 영원한 존재라고 하였다. 즉 “도는 생겨남도 없고 소멸함도 없지만, 물건은 생겨남과 소멸함이 있다”(『장자』추수)고 하고, “하늘(太極) 위에 있으나 높다고 하지 아니하고, 땅(六極 ; 동서남북, 상하) 밑에 있으나 깊다고 하지 아니하고, 하늘과 땅보다 앞서 생겼으나 오래되었다고 하지 아니하고, 오랜 옛날보다 나이가 많지만 늙었다고 하지 않는다”(대종사)고 하였다.

3) 곽상은 우주 만물이 어떤 신적 존재에 의해서 만들어진다는 것을 부정하였다. 즉 그는 “사물은 각기 저절로 생겨나는 것이지, 다른 어떤 것으로부터 생겨나는 것이 아니다”(『장자주』제물론)라고 하였다. 사물은 아무 것에도 의지함이 없이(無待) 저절로 생겨났다는 것이다.

이리하여 그는 “그러므로 조물주는 없다. 사물은 각자가 스스로 만들어지는 것이다. 사물이 각자 스스로 만들어지는데, 무엇에 의지해서 만들어진다고 하겠는가?”(제물론)라고 하였다. 그런데 여기서 ‘의지하지 않는다’는 것은 어떤 사물이 다른 사물의 생성 원인이 될 수 없다는 것이지, 사물들 사이에 아무런 관계도 없다는 것은 아니라고 한다. 사물들은 서로 돕고 도움을 받는 밀접한 관계를 맺고 있다는 것이다.

4. 도는 만물 속에 내재함

1) 노자는 도는 만물 속에서 만물과 더불어 존재한다고 하였다. 즉 "(도는) 티끌과 함께한다"(『노자』4)고 하였으며, "(도는) 가지 아니한 곳이 없으면서도 위태롭지 아니하므로 가히 천하 만물의 어미될 만하다"(25)고 하였다. 그러므로 도(본체)와 만물(현상)은 이름은 서로 다르지만 실제로는 같은 것이라고 한다(1). 즉 도는 끊임없이 만물로 생성되고, 만물은 끊임없이 소멸하여 도로 돌아갈 뿐이다. 따라서 도는 곧 만물이요, 만물은 곧 도로서 우주 만물은 온통 도로 되어 있다고 할 수 있다. 따라서 넓은 의미로는 우주 만물이 곧 도가 되는 것이다.

2) 장자는 도 곧 기는 모든 만물 속에 통행하는 것이라고 하였다. 즉 도는 모든 만물 속에 존재하므로 없는 곳이 없다고 하였다. 그는 "그러므로 천하 만물은 하나의 기로서 통하는 것이라고 말하는 것이다"(지북유)라고 하고, 동곽자가 도가 어디에 있느냐고 묻자, 그는 어디에나 없는 곳이 없다고 대답하였다. 좀 더 확실히 말해 달라고 하자, 도는 땅강아지나 개미에게도 있다고 하였다. 도가 그렇게 보잘 것 없는 것에 있느냐고 반문하자, 도는 강아지풀이나 잡초인 피에도 있다고 하였다. 왜 그렇게 하급으로 내려가느냐고 하자, 도는 기왓장이나 벽돌에도 있다고 하였다. 어째서 그렇게 더욱 심하냐고 하자, 도는 똥이나 오줌에도 있다고 하였다(지북유).

요컨대 도는 ㉠ 혼돈상태의 미분화된 공허한 무형의 존재로서 우주 안에 가득 차 있으며, ㉡ 우주 만물의 근원으로서 우주 만물보다 먼저 있었으며, ㉢ 어떤 것에도 의지함이 없이 시공을 초월하여 무궁무진하게 있으며, ㉣ 만물과 더불어 생성 소멸하면서 존재한다는 것이다.

제2절 우주생성론

1. 무위자연

이와 같이 도가는 도를 우주 만물의 근원적 존재로 설정하고, 더 나아가서 어떻게 도로부터 우주 만물이 생성되고 소멸하는가를 설명하고 있다.

1) 노자는 도가 무위(자연)의 기능을 가지고 있어서 만물을 생성하고 변화시킨다고 하였다. 즉 "도는 언제나 일부러 하지 아니하지만 이루지 못함이 없다"(『노자』37)고 하고, "대저 오로지 도만이 잘 빌려주고 또한 이루어 준다"(41)고 하였다. 도는 무위(無爲) 곧 일부러 하지 아니하지만, 그 작용이 무궁하여 모든 만물을 생성하는 신비로운 기능을 가지고 있어서 만물을 생성한다는 것이다.

도의 작용 곧 도의 기능으로서의 무위란 인위에 대립되는 것으로서, 그것은 '하려고 하지 않음' '일부러 하지 아니함' '인위적으로 조작하지 아니함' '억지로 하지 아니함' 곧 '자연스럽게 함'을 뜻한다. 다시 말하면 우주 만물이 도로부터 스스로 생겨나고 변화하는 것이 무위이다. 노자는 "도는 '스스로 그러함(自然)'을 본받는다"(『노자』25)고 하였다. 따라서 자연을 무위와 함께 써서 흔히 '무위자연'으로 말한다.

2) 장자도 도는 무위자연의 기능을 가지고 있다고 하였다. 그는 "하늘은 하려고 하지 않음으로써 맑고, 땅도 하려고 하지 않음으로써 평온하다. 그러므로 이 둘(天과 地)의 하려고 하지 않음이 서로 합하여 만물이 모두 생성 변화하고 있다. … 만물은 모두 하려고 하지

않음으로 말미암아 씩씩하게 번성하고 있다. 그러므로 천지는 하려고 하지 않으면서도 하지 못하는 일이 없다고 하는 것이다"(『장자』지락)라고 하고, "그러므로 지극한 사람은 일부러 함이 없고, 위대한 성인은 하려고 함이 없다. 그것은 천지 만물의 변화의 원리를 달관하고 있기 때문이다"(지북유)라고 하였다.

3) 곽상은 이와 같은 무위사상을 받아들여 이것을 명확히 밝히고 있다. 우선 그는 무위를 강조하였다. 즉 "'하려고 하지 않음'이란 팔짱을 끼고 묵묵히 있는 것이 아니다"(『장자주』재유)라고 하였다. 무위라는 것은 아무 것도 하지 않는 것이 아니라, 각각 그들의 본성에 따라서 하도록 맡기는 것이다. 즉 그는 "발이 걸을 수 있는 대로 걸어가도록 하고, 손이 잡을 수 있는 대로 잡도록 하라! 귀가 들을 수 있는 대로 듣도록 하고, 눈이 볼 수 있는 대로 보도록 하라! … 능력이 할 수 없는 데서 그만두도록 하라!"(인간세)고 하였다. 본성에 따라서 하는 것이 무위라는 것이요, 그렇게 하는 것은 어려운 것이 아니라는 것이다.

그는 만물이 제각기 능력과 본성을 가지고 있는 것이므로 각자의 능력과 본성을 발휘하도록 해야 한다고 하였다.

"대체로 훌륭한 기수는 말이 그 능력을 발휘할 수 있도록 한다. 능력을 다 발휘할 수 있게 하는 길은 말 스스로에게 맡겨 두는 데 있다. … 만약 둔한 말이나 천리마나 그 힘에 맡겨 두면 느리고 빠른 제 능력에 맞추어 가기 때문에, 그 말을 타고서 세계의 끝까지 누비고 다녀도 말의 성품은 온전히 보존된다."(마제)

2. 만물의 생성

도가는 이러한 무위자연의 기능을 가진 도는 움직이고 변화하여 음과 양의 두 기를 낳고, 그 음기와 양기가 화합하여 만물을 생성하고, 만물은 다시 소멸하여 도, 곧 무로 돌아간다고 한다.

1) 노자는 도로부터 만물이 생성되는 과정을 다음과 같이 말하였다. "천하 만물은 유에서 생겨나고, 유는 무에서 생겨난다"(『노자』40)고 하고, "도는 하나를 낳고, 하나는 둘을 낳고, 둘은 셋을 낳고, 셋은 만물을 낳는다. 만물은 모두 음을 등에 업고, 양을 가슴에 끌어안고, 충기(沖氣)로서 조화를 이룬다"(42)고 하였다. 여기서 유 혹은 하나는 원기(元氣), 둘은 음기와 양기, 셋은 음기와 양기가 결합하여 이루어진 합일의 상태, 곧 충기로 균형과 조화를 이룩한 상태를 말한다. 이러한 상태에서 만물이 생겨남으로 '셋은 만물을 낳는다'고 한 것이다.

그는 또 만물은 본체인 도에서 비롯된 덕에 따라서 생성하고 소멸한다고 하였다. 즉 "도는 낳아주고, 덕은 길러주며, 물(物)은 형체를 드러내고, 세(勢)는 만물을 이루어 준다"(『노자』51)고 하였다. 만물은 도로부터 덕, 곧 본성을 부여받은 후에 길고 짧음, 크고 작음, 암수 등 자신의 본성에 따라 일정한 형체를 지니게 되고, 그리고 환경의 영향을 받아서 강하고 약함, 번성하고 쇠퇴함, 성장하고 소멸함, 가득 차고 이지러짐 등의 변화를 한다는 것이다.

2) 장자는 도 곧 기는 한 순간도 정지하는 일이 없이 끊임없이 모이고 흩어지며, 대립 · 전화하고, 반복 · 순환하는 기능을 가지고 있으며, 따라서 기가 모여서 만물을 생성하며, 그것은 다시 흩어져서 하나의 기로 돌아간다고 하였다(一氣聚散論). 즉 "천하의 모든 것은 올라가고 내려오고 하는 등 변화를 하면서 처음부터 끝까지 그대로 있지 아니한다"(『장자』지북유)고 하고, "사람이 생겨나는 것은 기가 엉키어 모인 것이다. (만물은) 엉키어 모이면 살게 되고, 흩어지면 죽게 된다"(지북유)고 하였다. 그리고 기에는 음과 양의 두 기가 있어서 이 두 기의 조화로 만물이 생성된다고 하였다. 즉 그는 "지극한 음기는 고요하고, 지극한 양기는 활발하게 움직인다. 고요함은 하늘로부터

나오고, 움직임은 땅으로부터 나오는 것이다. 이 둘이 서로 통하여 조화를 이룸으로써 만물이 생기는 것이다"(전자방)라고 하였다. 그는 또 "하늘과 땅이라는 것은 만물의 부모이다. 하늘의 양기와 땅의 음기가 합쳐지면 형체가 이루어지고, 흩어지면 처음의 무로 돌아간다"(달생)고 하였다.

그리고 그는 태초의 무, 곧 도로부터 만물이 생성되는 과정을 다음과 같이 설명하였다.

"태초에는 무만 있었다. … 여기에서 하나가 생겨났다. … 물건은 하나를 얻어서 생겨나는데, 그것을 덕이라고 한다. 아직 형체를 이루지 못한 것이 분화하여 한 순간도 끊어짐이 없었는데, 이것을 명이라 한다. 그것이 유동하여 물건을 생성하며 물건이 생리를 갖추게 되는데, 그것을 형체라 한다. 형체는 정신을 보존하게 되며, 제각기 (존재의) 격식과 법칙을 갖추게 되는데, 그것을 성이라 한다. 성을 잘 닦으면 덕이 지극하게 된다. 덕이 지극하게 되면 처음과 같아진다."(천지)

3. 물극필반

1) 노자는 이같이 만물은 도가 스스로 그러한 무위자연의 작용에 의하여 생성 소멸하는데, 거기에는 늘 그러한 이법(道), 곧 법칙이 있다고 하였다. 그것을 상(常) 곧 '늘 그러한 것'이라 하였다. 즉 우주 만물은 일정한 법칙에 따라서 끊임없이 생성하고 소멸하고 변화하는데, 그 일정하게 변화하는 법칙을 '늘 그러한 것'이라 한 것이다.

그러면 '늘 그러한 것' 즉 변화하는 가운데 변화하지 않는 자연의 이법은 무엇인가? 그것은 '만물이 극도로 성장하면 다시 도로 돌아간다(物極必反)'는 것이다. 그것을 한마디로 말하면 반(反, 復, 復歸), 곧 '돌아감'이라 하였다. 즉 "무거운 것은 가벼운 것의 근본이 되고,

머무름(고요함)은 움직임의 임금(주재자)이 된다"(『노자』26)고 하고, "무릇 만물은 무성하게 자라지만 제각기 그 뿌리로 다시 돌아간다. 뿌리로 돌아가는 것을 일컬어 고요함(静)이라 하고, 그것을 일컬어 제 명으로 돌아간다고 한다. 제 명으로 돌아가는 것을 '늘 그러함'이라 한다"(16)고 하였다. 그리고 "다시 무극(無極)으로 되돌아간다. … 다시 질박한 통나무(樸)로 돌아간다"(28)고 하였다. 사물은 그 성장의 한계에 다다르면 다시 원래의 상태로 돌아간다는 것이다. 이리하여 그는 "돌아감은 도의 움직임의 법칙이다"(40)라고 하였다. 모든 사물이 극도로 성장하면 다시 쇠퇴하여 도에로 돌아가는 것이 도, 곧 자연의 이법(天道)이라는 것이다.

2) 장자도 도로부터 만물이 생성되었다가 소멸하여 다시 도로 돌아간다고 하였다. 즉 "만물은 번성하면 다시 각각 자기의 근본으로 되돌아간다"(『장자』재유)고 하고, "만물은 모두 변화의 기틀에서 생겨나서 모두가 변화의 기틀에 의하여 되돌아가는 것이다"(지락)라고 하였다. 그는 또 만물의 생성과 변화와 소멸은 흘러가는 대자연의 파도와 같이 끊임없이 계속된다고 하였다. 즉 "도는 생겨남도 없고 소멸함도 없지만, 물건은 생겨남과 소멸함이 있다. … 물건의 생성과 소멸은 말이 뛰고 달리는 것과 같이 변화한다"(추수)고 하였다.

그리고 도 곧 기에 의하여 만물이 형성되는 것이므로 만물은 일체이며, 따라서 사람이나 짐승이나 근본적으로 같은 것이라고 하였다. 즉 "천지 만물은 우리와 더불어 생성되었으며, 만물은 나와 더불어 하나이다"(제물론)라고 하였다.

제3장

인 간 론

제1절 순진무구한 인간

도가는 인간이 태어날 때에는 원래 순진무구하였으나, 성장하면서 여러 가지 다양한 욕구, 즉 재물과 지위와 명예와 권력을 얻고자 하는 마음이 일어나서 우환에 시달리게 되었다고 한다.

1) 노자는 사람도 만물과 마찬가지로 공허하고 무형하며, 무위자연한 도(道)로부터 덕을 부여받아 생겨났으므로 사람의 덕, 곧 본성(노자의 德은 유가에서 말한 性 곧 품성과 같은 것)은 원래 순박하다고 하였다. 즉 그는 “덕을 두터이 지닌 것은 벌거벗은 갓난아이에 비유할 수 있다”(『노자』55)고 하여 인간의 덕, 곧 본래의 바탕은 갓난아이처럼 순박하다고 하였다.

그는 “나만 홀로 담박하구나! 낌새조차 알아채지 못하는 것이 마치 웃을 줄도 모르는 갓난아이 같으니!”(20)라고 하였다. 갓난아이나 어리석은 사람은 자아의식이 없고, 대상에 대한 분별의식이 없으며, 그리하여 순진무구하고 무지 무욕하다는 것이다.

2) 장자도 사람의 본성은 순진무구하다고 하였다. 즉 “사람의 삶은 원래 아둔한 것인가? 나만 홀로 아둔하고 세상 사람들은 아둔하지 않는 것일까?”(제물론)라고 하고, “어느 날 숙(남해의 황제)과 홀(북해의 황제)이 혼돈(중앙의 황제)의 땅에서 만났는데, 혼돈으로부터 후한 대접을 받았다. 숙과 홀은 혼돈의 환대에 보답하기로 하였다. ‘사람에게는 일곱 개의 구멍이 있어서 보고 듣고 먹고 호흡할 수가 있으나 혼돈은 구멍이 없으므로 그에게 구멍을 뚫어주자’고 하고, 하루에 구멍을 하나씩 뚫어 주었다. 그러자 7일 만에 혼돈은 죽고 말았

다"(응제왕)고 하였다. 인간의 본성은 원래 순진무구하므로, 그러한 본성을 상하게 하면 안 된다는 것이다.

그리고 그는 사람이 모든 만물과 마찬가지로 도로부터 그 덕, 곧 본성을 얻어서 태어났으므로 동물과 다름없는 본성, 곧 식욕이나 성욕과 같은 본질적 욕구를 가지고 있다고 하였다.

그는 또 현명한 사람이나 우둔한 사람, 원시인이나 문명인, 어린이나 어른 할 것 없이 모든 사람이 똑같은 덕을 갖추고 있다고 하였다.

"지극한 덕이 행하여지던 세상에서는 짐승과 함께 더불어 살았고, 만물과 더불어 한 무리로 살았다. 그러므로 어찌 군자와 소인을 헤아릴 수 있었겠는가? 다같이 한가지로 무지하여 그 타고난 덕에서 떠나지 않았다. 다 같이 아무런 욕심이 없었으므로 이것을 일러 소박함이라 한다. 소박했기 때문에 그 자연스런 본성을 잃지 않았던 것이다."(마제)

인간은 자연 속의 지극히 미소한 존재에 불과하다고 하였다. 즉 "인간이 존재하는 것도 자연으로 말미암은 것이다"(산목)라고 하였으며, 인간의 몸이나 생명은 인간이 가지고 있는 것이 아니라 천지자연의 소유라고 하고(지북유), 인간은 천지에 비교하면 큰 연못의 개미집 정도밖에 안 되는 세계 속에 살고 있으며, 그 세계에 비하면 큰 창고 속의 싸라기 정도밖에 안 되는 중국 속에 살고 있으며, 사람을 만물에 비교하면 말의 몸뚱이에 붙어 있는 하나의 털끝 정도에 불과하다고 하였다(추수).

그리고 모든 사물과 마찬가지로 사람의 삶도 순식간에 지나간다고 하였다. 그는 "모든 존재의 삶은 마치 말이 달리는 것처럼 빨리 지나간다"(추수)고 하고, 인간의 삶은 마치 망아지가 조그만 틈 사이를 통과하는 것처럼 눈 깜짝할 사이에 지나간다고 하였다(지북유).

제2절 만물의 본성은 같음

1) 도가는 모든 만물이 도로부터 생성되었으므로 만물이 한 몸이며, 따라서 만물의 성이나 사람의 성은 같다고 하였다. 노자는 전술한 바와 같이 무형하고 무위자연한 도로부터 덕을 부여받아 생겨났으므로 사람의 본성은 원래 순박하다고 하였다.

2) 장자도 "만물이 도로부터 성을 부여받아서 생성되는 것을 일러 덕이라 한다"(『장자』천지)고 하여 덕을 말하였는데, 여기서 덕을 성의 의미로 말하고 있는 것을 알 수 있다. 그 후 쓰여진 것으로 추정된 『장자』(「외편」이나 「잡편」)에 성(性)자가 쓰였는데, 대체로 덕과 성을 같은 의미로 쓰고 있다. 구태여 덕과 성을 구분한다면 사람(혹은 물건)이 형체를 갖추기 이전을 덕이라 하고 형체를 갖추어 정신을 보유한 상태를 성이라 한다.[9] 즉 '우주론'에서 언급한 바와 같이 장자는 도로부터 하나가 생겨나고, 하나로부터 덕이 갖추어지고, 덕으로부터 명이 이루어지고, 명으로부터 형체가 이루어지고, 형체가 이루어짐으로써 비로소 정신을 갖추고 성을 갖게 된다고 하였다.(천지) 이것은 만물이 도로부터 생성되어 똑같은 본성을 갖추게 되었으며, 따라서 성이나 덕이나 도는 하나라는 것이다.[10]

아무튼 『장자』에 "성이란 생명의 바탕이다"(경상초)라고 하였는데, 이것은 사람이 여러 가지 생리적 욕구를 가지고, 그것을 추구하면서 살아가는 존재로 보고, 그것이 사람의 본성이라는 것이다. 그

9 徐復觀, 『中國人性論史』 118면.

10 위의 책 120면.

러므로 사람의 성은 짐승과 다름이 없으며, 범인과 성인의 성은 같다는 것이다.

3) 왕필은 범인이나 성인의 본성이나 감정은 같다고 하였다.

첫째로, 그는 만물의 본성과 마찬가지로 사람의 성은 자연적인 것이라고 하였다. 즉 “만물은 스스로 그러함(自然)으로서 본성을 삼는다. … 사물의 본성을 개조하려고 하면 반드시 실패할 것이다”(『노자주』29)라고 하고, “자연의 기에 맡겨서 지극한 부드러움의 조화를 이루고, 영아처럼 바라는 바가 없게 할 수 있겠는가? 그렇게 하면 그 본성을 온전히 보존할 수 있을 것이다”(동,10)라고 하였다.

둘째로, 사람의 성에는 선도 악도 없으며, 서로 비슷하다고 하였다. 그는 “공자의 ‘사람의 본성은 서로 비슷하다’는 말이 사람의 성이 모두 완전히 같다는 뜻이라면 서로 비슷하다고 할 수 없다. 만약 모두 완전히 다르다는 뜻이라면 서로 비슷하다는 말 또한 할 수 없다. 이제 비슷하다고 말한 것은 같음도 있고 다름도 있다는 것이다. … 비록 다를지라도 서로 크게 다르지 않으므로 비슷하다고 한 것이다”(황간 『논어의소』)라고 하였다. 사람의 성은 근본적으로 도, 곧 기에서 비롯된 것이므로 선악을 갖추지 않았다는 측면에서 말하면 사람의 성은 모두 같지만, 그 부여받은 기의 많고 적음에 의하여 말하면 사람은 다르다는 것이다.

셋째로 성과 정은 성인과 범인의 차이가 없다고 하였다. 그는 성인이 일반 사람과 다른 점은 신명(神明) 때문이고, 감정에 있어서는 보통 사람과 마찬가지라고 하였다. “성인은 신명이 다르므로 능히 무에 통하여 어울리고, 다섯 가지 감정은 같기 때문에 사물에 응하여 감정이 일어나지 않을 수 없다. 그러나 성인의 감정은 사물에 응하되 사물에 걸림이 없다.”(『삼국지』「위서」종회전) 성인은 신명을 가지고 있어서 바깥 사물에 응하여 감정에 끌리지 않으나, 일반 사람은 감정에 끌림이 있다는 것이다.

제3절 운 명 론

도가는 인간이 오로지 주어진 본성과 운명에 따라서 잘 살기도 하고 못살기도 하며, 요절하기도 하고 장수하기도 하는 것이므로 그저 운명대로 편안하고 즐겁게 살아가야 한다고 하였다.

1) 양주는 운명론, 혹은 숙명론을 주장하였다. 사람은 자기 자신의 능력을 과신하여 무엇을 성취하려고 하지만, 그것은 오직 운명에 의해서 이루어지기도 하고 이루어지지 않기도 한다는 것이다. 양포라는 사람이 나이 · 말씨 · 재주 · 용모는 모두 거의 같음에도 불구하고, 사람마다 수명 · 귀천 · 명예가 크게 다른 것은 어찌된 까닭이냐고 묻자, 그는 "그렇게 되는 까닭을 알지 못하는데도 그렇게 되는 것은 운명이다"(역명)라고 하였다.

그는 사람이 무엇을 바란다고 해서 얻게 되고, 바라지 않는다고 해서 얻을 수 없고, 하고자 한다고 해서 할 수 있고, 하지 않으려고 한다고 해서 안 되는 것이 아니라고 하였다. 즉 "그러므로 살고자 하여 사는 것이 아니고, 죽고자 하여 죽는 것도 아니며, 현명하고자 하여 현명한 것도 아니고, 어리석고자 하여 어리석어지는 것도 아니다. 귀하고자 하여 귀하게 되는 것도 아니며, 천하고자 하여 천하게 되는 것도 아니다"(동상)라고 하였다. 인간의 모든 일은 운명에 의하여 미리 정해져 있으며, 삶과 죽음, 성공과 실패, 부귀와 빈천, 행복과 불행 등 모든 것이 운명에 의하여 결정될 뿐이라는 것이다.

따라서 사람은 누구나 운명에 순응하면서 스스로 만족하고 살아가야 한다고 하였다. 즉 그는 "이미 낳았으면 그대로 버려서 맡겨 두고, 바라는 바를 추구하면서 죽음을 기다리는 것이다"(양주)라고 하였다. 삶이 있으니까 가는 데로의 방향으로 따라가면서, 욕망을 추구하면서 살다가 죽음이 오는 것을 맞이하면 된다는 것이다. 그와 같이 운명에 순응하여 스스로를 만족할 줄 알면서 살아간다면 행복한 삶이 된다는 것이다.

2) 열자는 노자의 인간관을 받아들여, 사람은 도(道=太易)로부터 생겨난 하늘과 땅, 곧 음과 양의 기가 모여서 이루진 것이므로, 이것을 자기 것으로 생각하는 것은 잘못이라고 하였다. 즉 그는 "그것(당신의 몸)은 하늘과 땅에 의해서 이루어진 것이다. 삶도 당신이 갖고 있는 것이 아니다. 그것은 하늘과 땅의 조화에 위탁되어 있는 것이다"(『열자』천서)라고 하였다.

그리고 인간의 생사·부귀·빈천은 모두 운명에 달려 있다고 하였다. 즉 "그렇지만 살게 하고 죽게 하는 것은 밖의 물건도 아니려니와 나도 아니다. 모두가 운명인 것이다"(역명)라고 하고, "삶과 죽음은 자신의 수명이며, 가난함도 자기의 시운인 것이다. 일찍 죽는 것을 원망하는 사람은 수명을 알지 못한 사람이다. 가난함을 원망하는 사람은 시운을 알지 못한 사람이다"(역명)라고 하였다.

3) 장자는 인간의 운명에 대하여 다음과 같이 말하고 있다. 즉 "죽고 사는 데에는 명이 있고, 밤과 낮이 가고 오는 데에는 일정함이 있는 것은 하늘이 하는 일이어서 사람은 간섭할 수 없는 것이다"(『장자』대종사)라고 하고, "죽음과 삶, 가난함과 부유함, 현명함과 어리석음, 비방과 칭찬, 굶주림과 목마름, 추위와 더위는 모두가 사물의 변화요 명의 움직임이어서, 그것들이 밤낮으로 눈앞에서 번갈아 일어나지만, 어떤 지혜로도 그 유래를 헤아릴 수 없다"(덕충부)고 하였다.

이리하여 그는 명에 따라 편안하게 살아가는 것이 현명하다고 하였다. 즉 "사람의 힘으로 어찌 할 수 없음을 알아서 편안한 마음으로 명에 따른다. 이것은 덕의 지극함이다"(인간세)라고 하고, 또 "어떻게 할 수 없음을 알아서 명에 편안히 따르는 것은 오직 덕이 있는 사람이라야만 가능하다"(덕충부)고 하였다.

그는 마음을 비워서 감정에 얽매이지 아니 하고, 편안하게 명을 따르는 사람을 지극한 덕을 갖춘 사람이라고 하였다. 즉 "맹손씨는 어째서 살고 어째서 죽는가를 아주 잊어버린 사람이다. 삶을 좋아할 줄도 모르고, 죽음을 싫어할 줄도 모른다"(대종사)고 하였다. 인간의 의지로는 운명을 변화시킬 수 없기 때문에 그저 자연의 변화에 따르고, 운명의 변화를 기다릴 뿐이라는 것이다.

이리하여 그는 세상에서는 부귀와 장수와 명예를 즐거움이라고 하고, 무위를 괴로움이라고 하지만, 그것은 잘못이라고 하였다. 즉 그는 지극한 즐거움(至樂)이란 세속의 즐거움을 초월하는 데 있다고 하였으며(지락), "그때그때마다 마음을 편하게 갖고, 변화에 순응하면 슬픔이나 즐거움이 끼어들 수 없다. 이것은 옛날 사람들이 말하는 거꾸로 매달려 있는 고통에서 풀려나는 것(縣解)인데, 스스로 풀지 못하는 사람은 바깥 사물에 얽매어 있기 때문이다"(대종사)라고 하였다.

제4절 생사를 초월함

도가는 도로부터 끊임없이 만물이 생성되고, 다시 소멸하여 도로 돌아간다고 하였으므로 사람도 모든 만물이 그러하듯이 밤이 오고 낮이 오는 것처럼 태어났다가 다시 노쇠하여 죽는다고 하였다.

1) 노자는 죽음이란 우주 만물이 생성하여 소멸하는 것과 같은 하나의 자연스런 현상이므로 그것을 무겁게 여길 것이 아니라고 하였다. 즉 "대저 오로지 살기 위하여 일부러 함이 없는 사람은 그 삶을 귀하게 여기는 사람보다 현명하다"(『노자』75)고 하였다.

2) 열자는 사람의 생사는 유전한다고 하였다. 즉 그가 위나라로 가다가 죽은 지 백년도 넘은 해골을 보고, "오로지 나와 이 사람만이 아는 것이지만 일찍이 삶도 없었고 죽음도 없었으니, 해골이 되어버린 저 사람이 과연 슬픈 것인가? 살아 있는 내가 과연 즐거운 것인가?"(『열자』천서)라고 하였으며, "죽음과 삶은 한번 갔다가 한번 되돌아오는 것이다. 그러므로 여기에서 죽은 사람이 저쪽에서 태어나지 않는다는 것을 어떻게 알겠는가?"(동상)라고 하였다. 따라서 이 세상의 삶과 저 세상의 삶 가운데서, 어느 쪽이 더 좋을 것인가는 확실히 알 수 없으므로 현세의 삶에만 집착하는 것은 미혹이라 하였다.

그리고 그는 삶은 여행하는 것과 같고, 죽음은 고향으로 돌아가는 것과 같다고 하여, 죽음이야말로 안식을 얻는 유일한 길이라 하였다. "사람들은 모두 삶이 즐거운 줄로만 알고, 그것이 괴로운 줄은 모른다. … 죽음이 싫은 것으로만 알고, 그것이 편안히 쉬는 것인 줄은 모른다."(동상) "자공이 학문하는 일에 싫증이 나서 공자에게

'얼마 동안 휴식을 취하고 싶습니다'라고 말하자, 공자는 '살아 있는 이상 휴식을 취할 수 없다'고 하였다. 다시 자공이 '저에게는 휴식할 장소가 없는 셈입니까?'하고 묻자, 공자는 '있다. 저 무덤을 보아라'고 하였다. … 그래서 자공이 '크도다! 죽음이여! 군자에게는 휴식처이고, 소인에게는 마지못해 가는 곳이구나!'라고 하였다."(동상)

3) 장자는 인간의 생명은 수만 가지로 변화하는 자연의 와중에서 우연히 있게 된 일시적 현상에 불과하므로 죽음과 삶은 하나라고 하고, 따라서 사람으로 태어났다고 기뻐할 것도 없고, 슬퍼할 것도 없다고 하였다. 즉 "그러므로 죽음과 삶은 서로 마주보고 있는 것이 아니라, 모두 근원적으로는 하나이다"(지북유)라고 하고, "자연의 변화에 의하여 생겨나기도 하고, 또 그 변화에 의하여 죽기도 하는 것이다. 그것을 생물은 서러워하고, 사람들은 슬퍼하는 것이다"(동상)라고 하였으며, "삶이란 죽음의 동반자이며, 죽음이란 새로운 삶의 시작이다. … 생명이란 기가 모인 것이다. 기가 모이면 살게 되고, 흩어지면 죽는 것이다. 만약 삶과 죽음이 이합집산에 불과한 같은 무리라면 삶과 죽음에 대하여 근심할 필요가 있겠는가?"(동상)라고 하였다. 그리고 "기가 변하여 형체가 있게 되고, 형체가 변하여 생명이 있게 되었다. … 이것은 봄 · 여름 · 가을 · 겨울의 사계절이 순환하는 것과 같은 것이다"(지락)라고 하였다.

이리하여 그는 인간의 삶을 한낱 꿈속의 존재와 같다고 하였다.

"어느 날 장주는 꿈속에서 나비가 되었다. 훨훨 나는 것이 확실히 나비였다. 스스로 유쾌하여 자신이 장주인 것을 알지 못했다. 갑자기 꿈에서 깨어나자 엄연히 자신은 장주였다. 장주가 나비가 된 꿈을 꾼 것인지, 나비가 장주가 된 꿈을 꾼 것인지 알 수가 없었다." (제물론)

사람이 살고 죽는 것도 꿈을 꾸다가 깨는 것과 같으며, 죽는 것은 없어지는 것이 아니고 변화하는 것에 불과하다는 것이다.

제4장

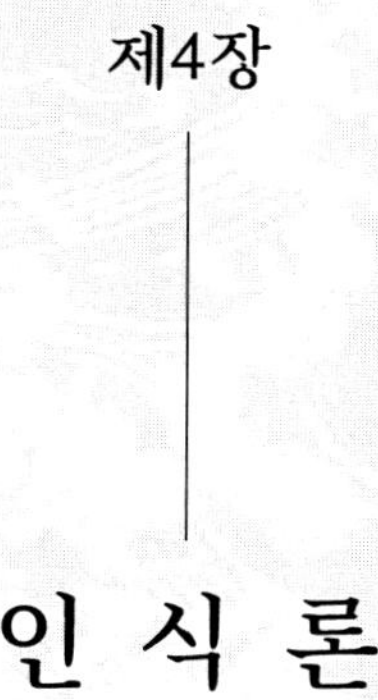

인 식 론

제1절 도를 알고자 함

도가는 끊임없이 변화하는 도, 곧 한비자가 주석하였듯이 '우주 만물의 그러한 근거이며, 모든 이치가 모인 곳'인 도를 알고자 하였다.[11]

1) 노자는 도에 대한 앎만이 참다운 앎이라고 하여 도를 알아야 한다고 하였다. 즉 "천하에 시원이 있었으니, 그것은 천하 만물의 어미 삼을 만하다. 그 어미를 체득하게 되면 그 자식도 알게 된다. 그 자식을 알게 되면 다시 그 어미도 지킬 수 있다"(『노자』52)고 하였다. 어미는 도를 가리키며, 자식은 그로부터 생성된 만물을 가리킨다.

그는 "옛날의 도를 파악하면 지금의 사물을 이끌어 갈 수 있으며, 옛날의 시초를 알 수 있다"(14)고 하였다. 이것은 도를 알고 도로부터 생겨난 만물을 알고, 도를 관통하는 도의 작용, 곧 도의 변화의 원리를 알게 된다면 만물을 이끌어 갈 수 있다는 것이다.[12]

따라서 그는 "(우주 만물의) 조화를 아는 것을 '늘 그러한 것(常)을 아는 것'이라 하고, '늘 그러한 것'을 아는 것을 밝음(明哲함)이라 한다"(55)고 하고, "'늘 그러한 것'을 알면 (만물을) 포용하게 되고, 포용하면 공평하게 되고, 공평하면 왕자가 되고, 왕자가 되면 하늘과 같게 되고, 하늘과 같게 되면 도와 같게 되고, 도와 같게 되면 오래가게 되어 몸이 다하도록 위태롭지 않게 된다"(16)고 하였다. 여기서 조화(和) 곧 '어울림'이나 '늘 그러한 것'은 영원불변의 도의 작용을

---

11 金敬琢, 『新譯 老子』 299면.

12 오오하마 아끼라, 임헌규 옮김 『노자의 철학』 112면.

말하므로,[13] 이러한 도를 아는 것은 참다운 앎으로서 절대적인 앎 곧 진지(眞知)라는 것이다. 그리고 그러한 앎은 매우 유익하다는 것이다.

2) 장자도 도를 인식하는 것을 인식의 궁극 목표로 삼았다. 즉 "지(知)가 무위위(無爲謂)에게 물었다. '저는 선생에게 물어보고 싶은 것이 있습니다. 어떻게 생각하고 어떻게 헤아려야만 도를 알 수 있습니까? 어떻게 처신하고 어떻게 행동해야만 도에 안주할 수 있습니까? 어떤 것을 따르고 어떤 길로 가야만 도를 얻을 수 있습니까?' 세 번이나 물었으나 무위위는 대답하지 않았다"(『장자』 지북유)고 하였다. 도는 말하기 어렵다는 것이다.

그리고 도는 우리의 인식능력으로는 알 수 없으므로 사람들이 흔히 안다고 하는 것은 도에 대한 것이 아니다. 따라서 그러한 앎은 가치가 없다고 하였다. 즉 그는 "그 지혜가 알지 못하는 곳에 머물러 있게 되었다면 그것은 지극한 것이다. … 만약 그것(道)을 알 수 있는 사람이 있다면 그야말로 하늘의 보고(天府)라 할 수 있다"(제물론)고 하였다.

그는 도야말로 인간이 추구하고 간직해야 할 최고 인식의 경계라고 하였다. 즉 최고 단계의 앎에 대하여 말하기를 "옛날 사람 가운데서 그 지혜가 지극한 경지에 이른 사람이 있었다. 어째서 지극하다고 하는가? 처음부터 (개개의) 사물이 존재하지 않는 것으로 생각하는 사람이 있었는데, 이것은 지극하고도 완전한 것이어서 여기에 무엇을 더할 수가 없는 것이었다"(제물론)라고 하였다. 그는 어떤 경계나 구분이 없는 세계, 곧 만물이 생겨나기 이전의 도의 세계를 아는 것을 인식의 최고 단계라고 하고, 그러한 도를 어떻게 알 수 있는가에 관하여 다음 항목에서 말하는 바와 같이 여러 가지로 언급하고 있다.

---

13 위의 책 113면.

제2절 신비적 직관

전술한 바와 같이 도가의 인식론은 우주 만물의 근원인 도를 알고자 하는 것이다. 그런데 그러한 도는 황홀하여 있는 것 같기도 하고 없는 것 같기도 하여, 우리의 인식능력으로는 인식할 수 없다. 다시 말하면 우리의 일상적인 인식 방법, 곧 감각적 직관이나 이성적 사유로는 알 수 없고, 오직 신비적 직관을 통해서만 알 수 있다고 하였다.

1) 노자는 우리의 인식능력으로는 현상계의 사물은 알 수 있으나, 끊임없이 움직이고 변화하는 도는 알 수 없다고 하였다. 다시 말하면 도는 눈으로 보려고 해도 볼 수 없고, 귀로 들으려고 해도 들을 수 없고, 손으로 잡으려고 해도 잡을 수 없으므로 우리의 인식 능력으로는 인식할 수 없다는 것이다.

그렇다면 도를 어떻게 인식할 수 있을 것인가? 노자는 마음을 통해서 즉 일종의 신비적 직관을 통해서만 황홀한 가운데 움직이고 있는 도의 형태(狀)와 형상(象)을 인식할 수 있다고 하였다.

직관이란 원래 우리의 감각이 대상인 사물을 접촉하여 사물의 형상을 그대로 받아들이는 것을 말한다. 그러므로 우리의 감각으로 인식할 수 있는 형상을 갖춘 사물, 곧 대상이 있어야 한다. 그러나 도는 기(氣)로서 형태나 형상이 없는 황홀한 것, 곧 끊임없이 생성 소멸하는 에너지같은 것이므로 감각적 직관으로는 인식할 수 없고, 감각적 직관이 아닌 신비적 직관을 통해서만 인식할 수 있다는 것이다.[14]

---

14 金敬琢, 『新稿 中國哲學概論』 30면.

신비적 직관이란 우리의 경험이나 사유나 추리에 의존하지 아니하고, 우리의 의식이 대상과 직접 대하여 아는 직관적인 앎을 말한다. 이러한 직관적 앎이란 우리들의 의식과 의식의 대상과의 사이에 아무런 매개 없이 순간적으로 얻어지는 앎을 말하는데, 도는 이러한 직관, 즉 장미꽃이 붉다는 것을 알 수 있는 것과 같은 직관을 통해서 알 수 없고, '1+2=3'이라는 이성적 논리를 통해서도 알 수 없으며, 오로지 신비적 직관으로만 인식이 가능하다는 것이다.[15]

노자는 현상계 곧 우주 만물은 우리의 감각을 통해서 보려고 하면 볼 수 있지만, 도의 본체는 감각을 통해서 보려고 해서는 볼 수가 없고, 마음을 텅 비우고 바람이 없는 상태(無欲)에서만 인식이 가능하다고 하였다. 즉 그는 또 "그러므로 늘 욕심이 없으면 그 묘한 것(妙 ; 본체)을 볼 수 있고, 늘 욕심이 있으면 그 가장자리(徼 ; 현상)를 볼 뿐이다"(『노자』1)라고 하였다.

그는 "마음을 텅 비우고, 고요함을 지키기를 독실하게 한다. 만물이 더불어 자라나는데, 나는 그것들이 돌아가는 것을 볼 뿐이다"(16)라고 하였으며, "현묘한 거울(마음)을 깨끗이 닦아서 때가 없도록 할 수 있겠는가?"(10)라고 하여 마음을 비우고 깨끗이 하여 바깥 사물에 영향을 받음이 없이 선입견이나 고정관념을 완전히 떨쳐버리고 나서 마음을 고요하게 해야만 도를 직관할 수 있다는 것이다.

그는 일일이 사물을 살펴보지 않고도 도를 알 수 있다고 하였다.

"문밖을 나가지 않고도 천하의 일을 알고, 창틈으로 엿보지 않고도 하늘의 도를 본다. 그 멀리 나가면 나갈수록 그 아는 것은 더욱 더 줄어든다. 그러므로 성인은 나다니지 아니하고도 알고, 보지 아니하고도 그 이름을 지을 수 있다."(47)

도의 인식은 문이나 창, 곧 감각이나 이성의 중개자 없이, 마음

---

15 朴異汶, 『老莊思想』 57면.

을 비우고, 정관을 함으로써 가능하다는 것이다.[16]

2) 장자는 현상계의 사물은 형체가 있으므로 우리의 감각으로서 접촉하고, 마음으로 사려함으로써 알 수 있다고 하였다. 즉 "앎은 사물을 접촉함으로써 생긴다. 지식은 사려에 의하여 이루어진다"(『장자』경상초)고 하고, "대체로 경험한 것은 알 수 있으나, 경험하지 못한 것은 알 수 없다. 인식능력 안에 들어온 것은 알 수 있으나, 인식능력 안에 들어오지 않는 것은 알 수 없다"(지북유)고 하였다. 이것은 현상계의 사물은 우리의 감각기관으로 접촉하여 우리의 마음에 들어온 것을 사유하고 분석함으로 알 수 있다는 것이다. 그러나 이러한 현상계의 사물에 대한 앎은 참다운 앎이 아니라고 하였다. 즉 그는 "작은 지혜를 버려야만 큰 지혜가 밝혀진다"(외물)라고 하여 현상계의 사물에 대한 앎은 작은 지혜(小知)이므로 버리라고 하고, 도에 대한 앎은 큰 지혜(大知), 곧 참다운 앎이라고 하여 이것을 알아야 한다고 하였다.

그러면 도를 어떻게 알 수 있을 것인가? 도는 형체가 없을 뿐만 아니라, 끊임없이 변화하는 황홀한 것이므로 우리의 감각적 경험으로는 인식할 수 없고, 또한 이성 속에 본래부터 지니고 있는 관념도 아니므로 우리의 이성적 사유를 통해서도 알 수 없는 것이다. 이리하여 그는 도를 알기 위해서는 심재(心齋), 곧 마음을 비워서 깨끗이 해야 한다고 하였다.[17] 그는 "아무 생각도 하지 않고, 아무 것도 마음에 두는 일이 없어야 비로소 도를 알 수 있을 것이다"(지북유)라

---

16 라즈니쉬는 세상이란 자신이 확대된 것에 불과하므로 무엇을 알기 위해서는 밖으로 나갈 필요가 없다고 하였다. 자신의 사랑을 알면 다른 사람들의 사랑을 알 수 있고, 나의 욕망을 알면 다른 사람의 욕망을 알 수 있다고 하였다. 그리고 한 모금의 바닷물이 짜다는 것을 알면 모든 바닷물이 짜다는 것을 알 수 있다고 하였다. — 김석환 외 옮김 『삶의 춤, 침묵의 춤3』 593면.

17 리우 샤오간, 최진석 옮김 『장자철학』 168면.

고 하고, “당신은 먼저 재계함으로써 당신의 마음을 비워서 당신의 정신을 깨끗이 해야 하며, 당신의 지혜를 쳐부수어야 할 것이요!”(동상)라고 하였다. 감각과 사려를 통한 사물에 대한 지식이나 관념을 모두 떨쳐버리고, 마음을 비워야 한다는 것이다.

그는 좌망(坐忘)의 상태에서 직관함으로써 도를 인식할 수 있다고 하였다. 좌망이란 한마디로 ‘고스란히 잊음’이라 할 수 있는데, 이에 대하여 그는 “내 사지와 육체를 잊어버리고, 내 눈이나 귀의 작용도 멈추고, 육신을 떠나 앎마저도 잊어 버려 위대한 도와 하나가 되는 것을 고스란히 잊음(좌망)이라 한다”(대종사)고 하였다.

그리고 그는 보다 구체적으로 다음과 같이 도를 체득하는 과정을 묘사하고 있다. “나는 도를 닦게 하며 그를 가르치니, 3일이 지나자 천지를 잊어버리게 되었고, … 7일이 지나자 만물을 잊어버리게 되었으며, … 9일이 지나자 생사를 잊어버리게 되었으며, 이미 생사를 잊어버리게 된 뒤에는 아침 햇살이 문틈으로 비추는 것처럼 순식간에 마음이 밝아졌고(朝徹), 이렇게 된 다음에 도를 볼 수 있었다.”(대종사) 천지를 잊고, 만물을 잊고, 자기 자신마저도 잊어버린다는 것은 심재와 좌망의 경지에 이르렀다는 것이며, 그런 후에 도를 볼 수 있다고 한 것이다. 이것은 신비적인 직관적 체험이라고 할 수 있다.

제3절 회 의 론

1) 노자는 앎에 대하여 회의적인 입장을 취하였다. 노자는 전술한 바와 같이 일상적인 앎이나 지식, 혹은 학문을 부정하였다. 즉 "지혜라는 것이 나오자 큰 거짓이 있게 되었다"(『노자』18)고 하고, "성스럽다는 것을 끊고, 지혜라는 것을 버리면 백성들의 이익은 백배로 늘어날 것이다"(19)라고 하였다. 그는 또 "앞서서 안다고 하는 것도 도의 꽃과 같은 것으로서, 그것은 곧 어리석음의 시초인 것이다"(38)라고 하였다. 지식이란 꽃처럼 화려한 것이지만, 그것은 참다운 지식이 아니므로, 곧 시들어버리는 꽃과 같다는 것이다. 이리하여 그는 일상적 경험적 지식은 가치가 없다고 하였다. 그는 "아는 사람은 말하지 않는다. 말하는 사람은 알지 못한다"(56)고 하였으며, "알면서도 아는 것 같지 않은 것이 가장 좋은 것이다. 알지 못하면서도 아는 것 같이 하는 것은 병이 된다"(71)고 하였다. 흔히 안다거나 박식하다는 것은 도에 관한 것이 아니고 일상적인 것이므로, 그것은 참으로 아는 것이 아니라는 것이다.

2) 열자는 노자의 부정적인 지식이론을 받아들여서 회의론을 주장하였다. 즉 "보통 지혜 있다는 사람이 안다고 하는 것은 천박한 것이라고 한다"(『열자』황제)고 하였다. 그리하여 근원적 존재인 도는 형상이 없으므로 그것을 우리의 감각으로는 알 수 없다고 하였다. 즉 "도를 잘 좇는 사람은 귀를 쓰지도 않고, 눈을 쓰지도 않으며, 힘을 쓰지도 않고, 마음을 쓰지도 않는다. 도를 좇고자 하면서도 시각이나 청각, 육체나 지식으로서 그것을 구하려고 하는 것은 마땅하지 않다"(중니)고 하였다.

그리고 어떤 사람이 우주는 끝이 있느냐고 묻자, 그는 "무(無)라면 끝이 없을 것이고, 유(有)라면 끝이 있겠지만, 내가 그것을 어떻게 알겠느냐?"(탕문)라고 하고, "나로서야 또한 천지의 밖에 더 큰 천지가 없다는 것을 어찌 알겠느냐?"(천서)라고 하였다. 그리고 또 "천지가 무너질 것이라고 말하는 사람도 잘못이지만, 천지가 무너지지 않을 것이라고 말하는 사람도 역시 잘못이다. 무너질지 무너지지 않을지는 우리로서는 알 수가 없는 일이다"(천서)라고 하였으며, "그러므로 살아 있을 때는 죽음을 알지 못하고, 죽은 후에는 삶을 알지 못한다"(천서)고 하였다.

3) 장자는 안다는 것은 천박하고, 알지 못한다는 것은 투철하다고 하여 일상적인 지식을 부정하였다. 즉 "알지 못하는 것이 곧 아는 것인가? 아는 것이 곧 알지 못하는 것인가?"(『장자』지북유)라고 하였다. 사람들이 흔히 안다고 하는 것은 참다운 앎, 곧 도에 대한 앎이 아니라 일상적인 앎에 불과하다고 하였다.

그는 또 지식을 부정하였다. 즉 설결이 "당신은 당신이 알지 못한다는 것을 알고 계십니까?"라고 묻자, 왕예는 "내가 어찌 그것을 알겠는가?"라고 하였다. 설결이 다시 "그렇다면 사물에 대해서 아무것도 모른다는 것입니까?"라고 묻자, 왕예는 "내가 어찌 그것을 알겠는가? 그러나 그것에 대하여 시험 삼아 말해본다면 내가 알고 있다고 한 것이 실은 알지 못한 것인지도 모르고, 내가 모른다고 한 것이 실은 알고 있는 것인지도 모른다"(제물론)고 하였다.

이같이 그는 부정적이고 회의적인 입장을 취하였는데, 그는 우리의 인식능력은 그것의 한계가 있다고 하였다. 즉 "우리의 생애는 끝이 있으나, 알아야 할 것은 무한하다. 끝이 있는 생애를 가지고 끝이 없는 지식을 추구하는 것은 위태로운 일이다"(이상, 양생주)라고 하였다.

그는 감각적 인식의 대상은 그 성질이 상대적인 것이라고 하였다. 즉 "유(有)다 무(無)다 하지만 그 유와 무는 어느 것이 유이고, 어느 것이 무인지를 알 수 없다"(제물론)고 하였다. 책상을 책상의 관점에서 보면 이루어진 것(成)이지만, 나무의 관점에서 보면 허물어진 것(毁)이라 할 수 있는 것처럼 도의 관점에서 보면 유와 무, 생성과 소멸이란 있을 수 없다는 것이다.

그는 또 인식이 의거하는 객관적 표준이 없다고 하였다. 즉 "앎이라는 것은 그것이 의거하는 표준이 있고 나서야 옳고 그름을 알 수 있다. 그런데 그 의거하는 표준이 없으므로 옳고 그름을 판정할 수가 없다"(대종사)고 하였다. 객관적 표준이 없으므로 내가 아는 것이 참으로 아는 것인지, 판정할 도리가 없다는 것이다. 사람은 습기가 많은 곳에서 자면 요통을 앓아 반신불수가 되지만 미꾸라지는 아무 탈 없이 사는데, 이들 가운데서 어느 것이 바른 거처라고 할 수 있겠느냐는 것이다.

그는 우리의 인식 대상인 사물이나 우리의 인식 주관인 마음은 항상 변하므로 잘 알 수 없다고 하였다. 즉 여희는 진나라 왕이 그를 강제로 데리고 갈 때에는 울고불고했지만 궁정에서 왕의 사랑을 받으면서 살게 되자, 자신이 슬퍼했던 일을 후회했다고 하였다.(제물론)

그는 진리의 기준에 관한 문제, 곧 옳고 그름, 참과 거짓이 있는가 없는가에 관해서도 회의론적 논증을 하였다. 즉 "나와 그대가 논쟁을 하였다고 가정하자. 그대가 나를 이기고 내가 그대에게 졌다면, 과연 그대가 옳고 내가 그른 것인가? 반대로 내가 이기고 그대가 졌다면, 내가 옳고 그대가 그른 것일까? 그 어느 쪽이 옳고 그 어느 쪽이 그른 것일까? 우리 모두가 옳고, 우리 모두가 그른 것일까? 나나 그대나 모두가 알 수 없는 것이다"(대종사)라고 하였다.

제4절 진지와 소지

앞에서 언급한 바와 같이 도가는 도에 대한 앎만이 참다운 앎이라 하고, 일상적인 앎은 참다운 앎이 아니라고 하여 일상적인 앎, 곧 지식이나 학문을 부정하였다.

1) 노자는 "그러므로 유와 무는 서로 낳고, 어려움과 쉬움은 서로 이루어주며, 길고 짧음은 서로 겨루고, 높고 낮음은 서로 기울며, 노래와 소리는 서로 어울리고, 앞과 뒤는 서로 뒤 따른다"(『노자』2)고 하고, "꼬부라지면 온전해지고, 굽히면 펴지게 되고, 파이면 고이게 되고, 낡으면 새로워지게 되고, 적으면 얻게 되고, 많으면 미혹하게 된다"(22)고 하였으며, "화는 복이 의지하는 곳이고, 복은 화가 숨어 있는 곳이다. … 바른 것은 다시 기이한 것이 되고, 좋은 것은 나쁜 것이 된다"(58)고 하였다. 우주 만물은 끊임없이 도로부터 생성되고 소멸하며, 그것들은 서로가 서로를 만들어주고 이루어주는데, 사람들은 그 한쪽에 치우쳐서, 즉 생성 소멸의 변화의 한편만 보고, 그것이 '길다 짧다' '높다 낮다'하고 구분하고 다투는 것은 잘못이라는 것이다.

2) 장자는 감각으로 얻을 수 있는 상대적인 앎을 작은 지혜(小知)라고 하였으며, 무지 무욕의 상태에서 마음을 비우고 직관을 함으로써 얻을 수 있는 절대적인 앎을 큰 지혜(大知), 곧 진지(眞知)라고 하여 이 둘을 구분하였다. 즉 "작은 지혜는 큰 지혜에 미치지 못하고, 잠시를 사는 것은 오래 사는 것에 미치지 못한다. 어떻게 그러함을 아는가? 아침에 났다가 저녁에 죽어 버리는 버섯은 밤낮을 모를 것이고, 쓰르라미는 봄과 가을, 그리고 겨울을 알지 못할 것이 분명

하기 때문이다.”(『장자』소요유)

그는 또 유한한 인간의 감각적이고 주관적 관점에서 본 옳고 그름, 선과 악, 크고 작음, 삶과 죽음 등의 분별도 상대적인 작은 지혜에 불과하다고 하였다. 따라서 도의 입장에서 사물을 봄으로써 분별을 초월하여 시비를 모두 용납하고, 귀천을 구분하지 않는 것이 옳다고 하였다. 즉 “삶이 있으면 죽음이 있고, 죽음이 있으면 삶이 있다. 가능한 것이 있으면 불가능한 것이 있고, 불가능한 것이 있으면 가능한 것이 있다. 옳음으로 말미암아 그름이 있고, 그름으로 말미암아 옳음이 있다”(제물론)고 하고, “천하 만물 가운데 가을 짐승 털끝보다 더 큰 것이 없다고 할 수도 있고, 태산을 작다고 할 수도 있다”(제물론)고 하였다. 사람은 자기중심적 판단에 의한 지식이나 가치를 절대적 지식인 양 착각하고, 그것을 고집함으로써 시비에 빠져서 다툼을 일삼고 있다는 것이다.

이리하여 그는 도추(道樞), 곧 도의 지도리(돌쩌귀)와 양행(兩行), 곧 양편이 통하여 어울린 것만이 참다운 지혜라고 하였다. 즉 “물건은 저것이 되지 않는 것이 없고, 또 이것이 되지 않는 것도 없다. … 이것은 또 저것이 되고, 저것은 또 이것이 된다. … 저것과 이것이라는 상대적인 개념이 없는 것, 그것을 일러 ‘도의 지도리’라고 한다”(제물론)고 하고, “원숭이를 기르던 사람이 원숭이들에게 도토리를 주려고 하면서 ‘아침에 세 개를 주고, 저녁에 네 개를 주겠다’고 하자, 원숭이들이 화를 냈다. 다시 ‘그러면 아침에 네 개를 주고, 저녁에 세 개를 주겠다’고 하자, 원숭이는 모두 기뻐하였다. … 그러므로 성인은 시비를 넘어서서 자연의 평등함에 몸을 맡긴다. 이것을 일컬어 양행이라 한다”(제물론)고 하였다.

지도리(樞)는 회전하는 고리의 중심을 말하므로 도추는 현상을 초월하여 도의 관점에서 사물을 보는 것을 말한다. 그리고 양편이 통하여 어울림, 곧 양행은 시비를 초월하여 물아일체의 경지에 이르는 것을 말한다.

그가 이와 같이 도추와 양행의 관점에서 본 지혜를 참다운 지혜라고 하게 된 것은 첫째로, 우리가 일상적으로 분별하는 것, 즉 있음과 없음, 이것과 저것, 옳고 그름, 선과 악 등의 서로 모순 대립되는 것은 서로 의존하여 성립된 것이므로, 한쪽이 없으면 다른 쪽이 성립될 수 없으므로 분별은 무의미하며, 둘째로, 만물은 모두 도에 근원한 것이므로 근본적으로 같은 것이기 때문에 무차별적이라는 것이다. 이리하여 그는 "이것 역시 저것이고, 저것 역시 이것이다. 저것 역시 하나의 시비이고, 이것 역시 하나의 시비이다"(제물론)라고 하고, "문둥이와 미녀인 서시, 이상한 것과 괴이한 것들이 모두 도의 관점에서 보면 모두 통하여 하나가 된다"(동상)고 하였다. 이것이 그의 만물이 하나이며(齊物), 자연은 평등하다(天均)는 사상이다.

제5절 언어의 부정

도가는 언어가 그 한계로 말미암아 그것이 가리키려고 하는 대상을 정확히 가리킬 수 없으며, 오히려 존재를 왜곡시킬 수도 있다고 하였다. 더구나 형체가 없는 도를 언어로 드러내고 가리키는 것은 불가능하다고 하여, 언어에 대하여 매우 부정적으로 말하였다.

1) 노자는 도를 언어로써 정확하게 표현하고, 분명하게 전달할 수 없다고 하였다. 즉 도라는 것이 형체가 없으므로 우리의 감각으로 인식할 수 없을 뿐만 아니라, 그러한 도를 언어로써 표현하거나 이름 지어 부르는 것은 불가능하다고 하였다. 즉 "도를 도라고 할 수 있지만, 그것은 늘 그러한 도는 아니다"(『노자』1)라고 하였다. 우리는 언어 곧 명칭으로서 어떤 사물을 드러내려고 하지만, 그 어떤 명칭으로도 실제 사물을 그대로 드러낼 수 없다는 것이다. 더구나 근원적 존재인 도는 형체가 없는 것이므로 더더욱 그것을 어떤 명칭으로 드러내는 것은 불가능하다고 한다.

언어, 곧 어떤 사물에 대한 명칭은 그 언어가 가지고 있는 의미로 한정되어버리는 것이므로 명칭으로는 그 사물이 가지고 있는 실질을 정확하게 그대로 드러낼 수 없다는 것이다. 다시 말하면 언어는 그것의 한계로 말미암아 참다운 존재, 혹은 진리를 어느 지점까지 안내할 수는 있어도 그것을 그대로 정확하게 전달할 수는 없다는 것이다.[18]

---

18 B.S. 라즈니쉬, 김석환 외 옮김 『삶의 춤, 침묵의 춤1』 24면.

이리하여 그는 "아는 사람은 말하지 않는다. 말하는 사람은 알지 못한다"(56)고 하였으며, "믿음직스런 말은 아름답지 못하고, 아름다운 말은 믿음직스럽지 못하다. 좋은 사람은 말을 잘하지 못하고, 말을 잘하는 사람은 좋지 못하다"(81)고 하였다.

그는 『노자』의 맨 첫머리에서 '도를 도라고 할 수 있지만 그것은 늘 그러한 도는 아니다(道可道非常道)'라고 하였는데, 이것은 참다운 존재는 언어로 표현할 수 없고, 그리고 언어를 통해서는 그것을 전달할 수도 없다는 것이다. 그러나 전달하기 위해서는 말로 하지 않을 수 없으므로 그것을 도라고도 하고, 무라고도 하고, 또 현이니, 일이니, 기이니, 무극이니 하는 등의 말로 비유하여 표현하였다.

2) 장자도 도는 형체가 없는 황홀한 존재이기 때문에 우리의 일상 언어로써 그것을 표현한다거나 이름 붙일 수가 없다고 하였다. 즉 "무릇 도라는 것은 아득하여 말로 표현하기 어렵다"(『장자』지북유)고 하였으며, "도라는 것은 마땅한 이름을 붙일 수 없다"(지북유)고 하였다. 도라는 것은 우리의 인식능력으로 알 수 없으므로 그것에 이름을 붙이거나 그것을 말로 설명할 수 없다는 것이다.

따라서 도를 아는 사람은 그것에 대하여 말하지 않는다고 하였다. 즉 "도를 물었을 때, 그에 대하여 대답을 하는 사람은 참다운 도를 알지 못하는 사람이다"(지북유)라고 하고, "(도에 대하여) 좋은 변설로 말하는 것도 침묵을 지키는 것만 못한 것이오! … 그것에 대하여 듣는 것은 귀를 막고 듣지 않는 것만 못한 것이오!"(지북유)라고 하였으며, "그러므로 참으로 알고 있는 사람은 말하지 않는다. 말하는 사람은 참으로 알지 못한다. 그러므로 성인은 말없이 가르치는 것이다"(동상)라고 하였다. 그리고 "무릇 큰 도는 일컬을 수 없고, 위대한 변론은 말이 없는 것이다"(제물론)라고 하였다.

그는 또 언어라는 것은 한계가 있다고 하여 언어를 부정하였다. 즉 "도에는 본시 한계가 없고 말에는 본시 항구성이 없는 것이다”(제물론)라고 하고, “말이란 풍파와 같은 것이다. … 풍파란 요동하기 쉬운 것이다”(인간세)라고 하여, 언어가 항구적인 것이 아니라고 하였다. 즉 언어의 의미는 풍파처럼 변한다는 것이다.

그는 말하려고 한 것과 말한 사실, 곧 그 말이 지시하는 대상이 일치하지 못함을 지적하였다. 즉 언어라는 것은 실제 사물의 실상을 그대로 드러낼 수 없는 것이라고 하였다.

“무릇 말은 바람 부는 소리가 아니요, 말에는 말하고자 하는 것(지시대상)이 있는데, 말하고자 하는 것은 특별히 고정된 것이 아니다. 그러면 말이란 과연 있는 것인가? 아직 있지 아니한 것인가? 말이란 새가 알을 깨고 나오는 소리와 다른 것인데, 또한 분별할 수 있는 것인가? 없는 것인가?”(제물론)

그는 또 언어 곧 문자로는 전달하고자 하는 뜻을 제대로 표현하거나 전달할 수 없다고 하였다. 즉 제나라 왕 환공의 마차를 만드는 목공이 책을 읽고 있는 환공에게 “그러니 지금 임금님께서 읽고 계시는 책이 바로 옛 사람이 뱉어 놓은 찌꺼기가 아니겠습니까?”(천도)라고 하였다.

그는 또 언어, 곧 사물에 대한 명칭은 실제 사물과 같은 것이 아니므로 그것은 사물을 그대로 가리키지 못하고, 다만 어느 지점까지 안내할 수 있는 도구에 불과하다고 하였다. 다시 말하면 언어는 임시로 사물을 설명하는 수단이요, 도구에 불과하다는 것이다. 그러므로 언어를 절대적인 것으로 믿고 거기에 집착해서는 안 된다고 하였다. “통발은 고기잡이에 쓰는 도구이므로 고기를 잡으면 통발을 잊어버리고, 올가미는 토끼잡이에 쓰는 도구이므로 토끼를 잡으면 올가미를 잊어버리듯이, 언어는 뜻을 표현하는 도구이므로 뜻만 알면 잊어버려야 한다.”(외물)

3) 왕필은 일상적인 언어나 명칭으로는 참다운 존재인 도, 곧 무를 드러낼 수 없다고 하였다. 즉 “말을 하면 그 참다운 것을 잃게

되고, 이름을 붙이면 그 진실한 것에서 벗어난다. … 그러므로 성인은 말을 중요시하지 아니한다"(『주역약례』명상)고 하였다. 그리고 그 참된 것을 언어로 나타낼 수 없으므로 즉 언어의 불완전성 혹은 결함을 보완하기 위하여 설정한 상징(象 ; 여기서는 형상의 의미가 아니라 현상을 본뜬 괘상을 의미)으로도 도를 표현할 수 없다고 하였다.

그러나 언어나 상징(象)이 아니면 뜻(意)을 드러낼 수 없으므로 뜻을 드러내기 위해서는 언어나 상징을 이용할 수밖에 없다고 하였다. 그는 "대체로 상은 뜻을 드러내는 것이고, 언어는 그 상을 분명히 밝혀주는 것이다. 뜻을 충분히 드러내는 것으로는 상만한 것이 없고, 상을 충분히 설명할 수 있는 것으로는 언어만한 것이 없다"(동상)고 하였다. 그러므로 뜻을 전달하기 위해서는 상을 이용해야 하며, 상을 드러내기 위해서는 언어를 이용해야 한다는 것이다. 이리하여 그는 "언어는 상을 드러내기 위하여 생긴 것이므로 언어를 살펴보면 상을 이해할 수 있고, 상은 뜻을 드러내기 위해서 생겼으므로 상을 살펴보면 뜻을 알 수 있다"(동상)고 하였다. 언어를 살펴보면 상의 의미를 알 수 있고, 상을 살펴보면 뜻을 알 수 있다는 것이다.

그는 언어나 상은 뜻을 드러내기 위한 수단이요, 도구에 지나지 않으므로 뜻을 얻으면 곧 잊어버려야 한다고 하였다.

"뜻은 상으로써 잘 표시되고, 상은 언어로써 잘 드러난다. 그러므로 언어는 상을 밝히기 위한 것이며, 상을 얻으면 언어는 잊는 것이다. 또한 상은 뜻을 밝히기 위한 것이므로 뜻을 얻으면 상은 잊는 것이다. 마치 올가미는 토끼를 잡기 위한 것이므로 토끼를 잡고 나면 올가미는 잊고, 통발은 물고기를 잡기 위한 것이므로 물고기를 잡고 나면 통발을 잊는 것과 같다."(동상)

제5장

수 기 론

제1절 도를 체득함

1) 불교나 기독교나 플라톤철학처럼 이 세상에서의 삶을 고통으로 보고, 이들이 저승, 곧 내세나, 천국이나, 영혼의 세계 같은 것을 인정한 것과는 달리, 도가는 이 세상 이외의 어떤 다른 곳을 인정하지 않는다. 그리하여 비록 이 세상에서의 삶이 괴롭기는 하지만, 우리가 그것을 극복하면 얼마든지 즐겁고 행복한 삶을 살 수 있다고 하였다.

흔히 사람들은 부귀나, 명예나, 지위나, 권력 같은 물질적 외면적인 것으로부터 즐거움과 행복을 얻을 수 있을 것으로 생각하고, 그것을 얻기 위해서 편안히 쉬지도 못하고 번민하며, 피땀 흘려서 일하고 다투면서 자기 몸과 마음을 망가뜨리고 우환(憂患–苦)에 시달리면서 살아가고 있다고 한다. 그러므로 그러한 물질적이고 외면적인 것들을 모두 버리고, 인생을 본성에 따라 무위자연하게, 그리고 정신적 내면적 즐거움을 추구하면서 살아가면, 곧 소풍을 즐기는 것처럼 인생을 즐겁고 행복하게 살아갈 수 있다는 것이다.[19]

도가는 이와 같이 인생을 즐겁고 행복하게 살아가기 위해서 첫째로는 도를 체득하라고 하고, 둘째로는 우리의 일상적인 지식을 버리라고 하고, 셋째로는 욕망을 버리라고 하고, 넷째로는 마음을 비우고 고요하게 하라고 하고, 다섯째로는 심재·좌망을 통하여 소요무애의 경지에 이르도록 하라고 하였다. 이것은 곧 행복한 삶을 살아가기 위한 방도, 곧 수기의 방법이라고도 할 수 있다.

---

19 朴異汶, 『老莊思想』 111면.

2) 노자는 인간이 우환으로부터 벗어나기 위해서는 도와 그 이법(理法)을 체득하여 그것에 따라 욕망을 버리고 무위자연하게 살아가야 한다고 하였다. — 그에 있어서 도는 존재의 근원이요, 이법이면서, 행위의 준칙이기도 하다. — 그는 "도라는 것은 만물의 오묘한 보금자리이다. 그것은 선한 사람의 보배로 쓰이는 것이요, 선하지 못한 사람도 간직해야 하는 것이다"(『노자』62)라고 하고, "그러므로 성인은 하나(道)를 껴안아 천하의 모범이 된다"(22)고 하였다. 그리고 또 "현명한 사람이 도를 들으면 힘써 행하고, 보통사람이 도를 들으면 긴가민가하고, 어리석은 사람이 도를 들으면 크게 비웃는다"(41)고 하였다. 그리고 "다시 그 어미(道)를 지킬 줄 알면 몸이 다할 때까지 위태롭지 않을 것이다"(52)라고 하였다.

그는 또 도를 체득하여 그것을 실천한다는 것은 고요하고 텅 비어 있는 도의 상태로 돌아가는 것이라고 하여 다음과 같이 말하였다.

"수컷다울 줄 알면서 암컷다움을 지킨다면 하늘 아래의 골짜기처럼 될 것이다. 하늘 아래의 골짜기처럼 되면 변함없는 덕이 떠나지 아니하여 다시 갓난아이의 상태로 돌아갈 것이다. 밝을 줄 알면서 어두움을 지킨다면 천하 만민의 모범이 될 것이다. 천하 만민의 모범이 되면 변함없는 덕이 어긋나지 아니하여 다시 무극으로 되돌아갈 것이다. 영예를 누릴 줄 알면서도 굴욕을 지킨다면 하늘 아래의 골짜기처럼 될 것이다. 하늘 아래의 골짜기처럼 되면 변함없는 덕이 넉넉하여 다시 통나무상태(질박함)로 되돌아갈 것이다."(28)

3) 장자는 사람이 모든 만물과 마찬가지로 도로부터 생성되었으므로 그 본성은 원래 순박하였는데, 바깥 사물과 접촉하여 욕망을 갖게 되고, 그리하여 인위(人爲)에 빠짐으로써 본성을 잃고 자신을 상하게 되었다고 하였다. 다시 말하면 사람들이 바깥 사물, 곧 명예와 이익, 좋아함과 싫어함, 옳음과 그름, 선과 악, 삶과 죽음 등에 집착하여, 곧 성심(成心)으로 말미암아 순박한 자기의 본성을 잃고

자신을 망치고 있다고 하였다.(『장자』변무) 따라서 바깥 사물의 구속(이것을 外馳 혹은 坐馳라고 함)으로부터 벗어나서 도, 곧 자연의 상태인 천성에 따라서 살아야 한다고 하였다. 즉 "삶을 보양하는 방법은 하나(道)를 끌어안아서 그것을 잃지 않도록 하는 것이다"(경상초)라고 하고, "올바른 경지에 이른 사람은 성명의 본질을 잃지 않는다"(변무)고 하였다. 그리고 "도를 체득한 사람에게는 천하의 군자들이 따르게 되는 것이다"(지북유)라고 하였다.

그리고 "지혜의 소유주가 되지 말라! 무궁한 도를 철저히 체득하여 아무 조짐도 없는 경지에 노닐도록 하라!"(응제왕)고 하고, "무릇 천지의 덕을 분명하게 체득하는 것, 이것을 만물의 '위대한 근본(大本)'이라 하고, '위대한 마루(大宗)'라고 한다. 이것이 바로 하늘과 조화를 이루는 것이다. … 하늘과 조화를 이루는 것을 '하늘의 즐거움(天樂)'이라 한다"(천도)고 하였다.

그리고 도, 혹은 덕을 체득한다는 것은 구체적으로 만물의 이법을 통달한 것이라고 하였다. 즉 "성인이란 하늘과 땅의 아름다움을 근원으로 삼고, 만물의 이법에 통달한 사람이다. 그러므로 지극한 사람은 일부러 함이 없고, 위대한 성인이 하려고 하지 아니한 것은 천지의 이법을 달관하고 있기 때문이다"(지북유)라고 하였다.

제2절 지식을 버림

도가는 일상적인 지식 혹은 지혜라는 것은 사물을 분별하여 시비에 빠지게 하고, 헛된 욕망을 갖게 하여 도를 체득하는 데 방해가 된다고 하였다. 그러므로 이러한 지식 혹은 지혜를 없애버리지 않으면 안 된다고 하였다.[20] 우선 우리가 부귀와 명예와 지위와 권력 같은 것이 우리를 행복하게 해주는 것으로 알고 그것을 추구하고 있으나, 그것들은 오히려 우리들을 우환(고통)에 빠지게 하는 것이라고 하였다. 즉 우리가 알고 추구하는 것들은 오히려 우리를 불행하게 하는 것이므로 그러한 일상적인 지식을 버려야 한다는 것이다.

1) 노자는 사람들이 흔히 말하는 감각적 일상적인 지식, 곧 앎을 부정하고 그것을 버려야 한다고 하였다. 즉 "언제나 백성들로 하여금 아는 것이 없게 하고, 욕심이 없도록 한다. 대저 지혜롭다고 하는 자들로 하여금 감히 일부러 하는 일이 없도록 한다"(『노자』3)고 하고, "지혜라는 것이 나오자 큰 거짓이 있게 되었다"(18)고 하였으며, "성스러움을 끊고 지혜를 버리면 백성의 이익은 백배로 늘어날 것이다"(19)라고 하여 일상적인 지식을 부정하였다.

그리고 "배우기를 중단하면 근심이 없어질 것이다"(20)라고 하였으며, "배우는 것은 날로 더하게 되지만, 도를 행하면 날로 덜어내게 된다"(48)고 하였다. 지식 곧 학문을 통하여 세밀히 파고들어 구분하고 분별하면, 더욱 더 할 일이 많아지고 근심이 늘어난다는 것

---

20 박이문 교수는 인간의 지식이란 결국 베이컨이 말한 대로 자연을 인간의 도구로 이용하기 위한 것이라 하였다. — 박이문, 『老莊思想』 92면

이다. 그러나 도를 체득하여 모든 것이 하나라는 것을 알면 할 일이 줄어들고, 근심도 없어진다는 것이다.

이리하여 그는 일상적 경험적 지식은 가치가 없다고 하였다. 그는 "안다고 하는 사람은 박식하지 못하고, 박식하다고 하는 사람은 알지 못한다"(81)고 하였다. 흔히 안다거나 박식하다는 것은 도에 관한 것이 아니고 일상적인 것으로서, 그것은 참으로 아는 것이 아니라는 것이다.

2) 장자는 안다는 것은 천박하고 소홀한 것이며, 알지 못한다는 것은 깊고 투철한 것이라 하여 일상적인 지식을 부정하였다. 즉 "알지 못하는 것은 깊다고 할 수 있고, 무엇을 안다고 하는 것은 천박하다고 할 수 있다"(『장자』지북유)고 하였다. 그리고 "옛날 사람들은 혼돈스럽고 망연한 가운데서, 온 세상 사람들과 더불어 담박하고 적막하게 살았다. … 사람들은 비록 지식이 있어도 쓸 곳이 없었다"(선성)고 하고, "그러므로 성스럽다는 것을 끊고, 지혜라는 것을 버리면 큰 도둑이 없어질 것이다"(거협)라고 하였으며, "명예는 서로 알력을 불러일으키고, 지식은 다툼의 무기가 된다. 이 두 가지는 흉기이므로 세상에 횡행하게 해서는 안 된다"(인간세)고 하는 등, 여러 곳에서 앎, 곧 지식을 버릴 것을 주장하였다.

그리고 기계를 다룰 일이 생기게 되면 기계에 대한 마음(機心)이 가슴속에 차있게 되고, 그러면 순박한 천성을 잃게 되고, 그렇게 되면 마음의 안정을 잃게 되고, 그렇게 되면 도에서 멀어지게 된다고 하였다(천지). 그는 또 "어린 아이들은 움직이지만 자기가 하는 일을 알지 못하고, 걷기는 하지만 자기가 가는 곳을 알지 못하여, 몸은 마른 나뭇가지와 같고, 마음은 불에 탄 재와 같다. 이런 사람에게는 재난도 닥칠 수가 없으며, 불행도 찾아 올 수가 없다"(경상초)고 하였다. 일상적인 앎, 곧 소지는 인간을 불행에 빠지게 하는 것이므로 그것들을 버려야 한다는 것이다.

제3절 욕망을 버림

도가는 욕망을 우환의 근원이라고 생각하여 그것을 억제할 것을 주장한다. 다만 어느 정도, 그리고 어떻게 욕망을 억제할 것인가에 관하여 견해가 다를 뿐이다.

1) 노자는 무욕을 말하면서도 욕망을 아예 없애버리라고는 하지 않았다. 즉 "욕심낼 만한 것을 보이지 않으면 백성들의 마음이 어지러워지지 않을 것이다"(『노자』3)라고 하고, "가지고 있으면서 가득 채우려는 것은 그만두느니만 못하다. … 금과 옥이 집에 가득하면 그것을 지키기 어렵다"(9)고 하였으며, "그러므로 성인은 극심한 것을 버리고, 사치한 것을 버리고, 지나친 것을 버린다"(29)고 하였다.

그리고 그는 욕망이나 사사로움을 버리면 오히려 이롭게 된다고 하였다. 즉 "천지는 장구하다. 천지가 장구할 수 있는 것은 자기만 살려고 하지 않기 때문이다. 그러므로 능히 오래 갈 수 있는 것이다. 이리하여 성인은 자신을 뒤로하므로 오히려 자신이 앞서게 되고, 자신을 도외시하므로 자신이 있게 된다. 그것은 사사로움이 없기 때문이 아니겠는가?"(7)라고 하고, "만족할 줄 알면 욕되지 않을 것이고, 그칠 줄 알면 위태롭지 않을 것이다"(44)라고 하였으며, "화는 만족할 줄 모르는 것보다 더 큰 것이 없고, 허물은 얻고자 하는 욕망보다 더 큰 것이 없다"(46)고 하였다.

2) 양주는 사람들은 쓸데없는 지나친 욕망에 얽매어 삶을 즐기지 못한다고 하였다.

"백성들이 휴식을 취하지 못하는 것은 다음 네 가지 일 때문이다. 첫째는 수명이요, 둘째는 명예요, 셋째는 지위요, 넷째는 재물이다. 이 네 가지에 얽매인 사람은 귀신을 두려워하고, 사람을 두려워하며, 위세를 두려워하고, 형벌을 두려워하게 된다. 이런 사람을 자연의 이치로부터 도망치려는 사람(遁人)이라 한다."(『열자』 양주)

그리고 그는 사람들이 욕망 때문에 고통에 시달리면서 즐거움을 누리지 못하게 된다고 하였다. "황망히 한때의 헛된 영예를 다투면서 죽은 뒤에나 남을 영화를 도모하려고, 우물쭈물 귀와 눈으로 듣고 보는 것을 삼가고, 몸을 아끼느라고 누가 시비나 걸지 않을까 전전긍긍하다가 공연히 좋은 시절의 지극한 즐거움을 놓쳐버리고, 한시도 자기 마음대로 행동하지 못한다면 형틀에 매어 있는 중죄인과 무엇이 다르겠는가?"(양주) 자연의 성품에 거슬리는 헛된 욕망에 얽매이면 즐거움을 누리지 못하고 고통에 시달리게 된다는 것이다.

3) 장자는 사람의 본성은 원래는 순박하였는데, 바깥 사물과 접촉함으로 욕망을 갖게 되어 인위에 빠짐으로써 본성을 잃고, 자신을 상하게 되었다고 하였다. 즉 "다 같이 욕망이 없었는데, 이것을 소박함이라 한다. 소박함으로써 백성들의 본성이 보전되는 것이다"(『장자』 마제)라고 하였다. 사람의 본성은 소박하여 욕망이 없었다는 것이다. 그리고 "임금께서 욕망을 채우고, 좋아하고 싫어함에 따라서 행하고 계시는데, 그것은 성명(性命)의 본질을 해치는 것입니다"(서무귀)라고 하고, "욕심이 많은 자는 그 타고난 기틀이 천박하다"(대종사)고 하였으며, "누구나 밖의 물건을 소중히 여기게 되면 마음은 졸렬해진다"(달생)고 하였다.

그는 또 사람들이 바깥 사물, 곧 명예와 이익, 좋아함과 싫어함, 옳고 그름, 선과 악, 삶과 죽음 등에 집착하여, 곧 성심(成心)으로 말미암아 자기의 본성을 잃고 자신을 망치게 된다고 하였다(변무).

제4절 마음을 고요하게 함

도가는 인간이 원래 순진무구하고 무지무욕하였으므로 우환, 곧 근심과 걱정이 없었다. 따라서 마음을 가지런히 하여 좌망의 경지에 이르러서 원래의 고요한 상태로 돌아가서, 편안하고 즐거운 경지에 이르도록 해야 한다고 하였다.

1) 노자는 우주 만물의 근원인 도는 텅 비어 있으며 고요하다고 하고, 인간은 도로부터 생겨났으므로 원래 고요한 것이라고 하였다. 따라서 인간은 그 마음을 비워서 고요하게 해야 한다고 주장하였다(主靜說). 즉 "도는 텅 비어 있으나 아무리 써도 고갈되지 않는다"(『노자』4)고 하고, "무거운 것은 가벼운 것의 근본이 되고, 고요함은 움직임의 임금(주재)이 된다"(26)고 하였다. 그리고 "그러므로 성인의 다스림은 백성들의 마음을 비우게 하는 대신에 그들의 배를 채워준다"(3)고 하였으며, "내가 고요함을 좋아하므로 백성들이 스스로 바르게 되었다"(57)고 하였다. 마음을 비우게 되면 고요하게 되고, 고요하게 되면 능히 자기를 바르게 할 수 있으며, 또한 천하를 바르게 할 수 있다는 것이다.

그는 또 "무릇 만물이 무성하게 자라지만 그것들은 제각기 그 뿌리로 다시 돌아간다. 뿌리로 돌아가는 것을 일컬어 고요함이라 하고, 이것을 일컬어 제 명으로 돌아간다고 한다. 제 명으로 돌아가는 것을 '늘 그러한 것'이라 한다. '늘 그러한 것'을 아는 것을 밝음(明)이라 한다"(16)고 하였으며, "(마음을) 고요하게 하여 욕망을 없게 하면 천하가 저절로 안정될 것이다"(37)라고 하였다.

2) 장자는 텅 빔(虛)과 고요함(靜)을 사물의 정상적 상태로 보고,

사람이 수기를 하기 위해서는 마음을 비우고 고요하게 해야 한다고 하였다. 즉 "도는 오직 텅 비어 있는 곳에 모이는 것이다. 텅 비우는 것이 마음의 재계인 것이다"(『장자』인간세)라고 하고, "진정한 기쁨은 마음을 비우는 데서 나온다"(제물론)고 하여 마음을 비워야 한다고 하였다.

그리고 그는 "마음을 비우면 고요해지고, 고요하면 움직이게 되고, 움직이면 마땅함을 얻게 된다. 고요하면 무위하게 되고, … 무위하면 즐겁게 되고, 즐겁게 되면 근심이나 걱정이 없게 되어 오래오래 살 수 있다"(천도)고 하였으며, "성인의 마음이 고요한 것은 고요한 것이 좋아서 고요한 것이 아니다. 만물의 어느 것도 그 마음을 어지럽힐 수 없기 때문에 고요한 것이다"(천도)라고 하였다.

3) 왕필은 우주 만물의 근원인 도를 텅 비어 있으며, 고요하여 움직이지 않는 것으로 보았다. 따라서 고요함 곧 머무름이 움직임의 근본이라고 하였다. 그는 "무릇 움직임을 멈춘 것이 곧 머무름이지만, 머무름은 움직임의 상대적인 것이 아니다. … 그러므로 비록 천지가 커서 그 안에 만물이 풍성하고, 우레 치고 바람 불어 움직이고 변화하지만, 고요하게 머물러 있는 지극한 무가 바로 그 근본이다"(『주역주』복괘)라고 하고, "무릇 모든 만물은 비어 있는 것(虛)에서 생겨나고, 움직임은 머무름에서 일어난다. 그러므로 만물은 비록 함께 움직여서 생겨나지만, 결국 비어 있음과 머무름으로 돌아간다"(『노자주』16)고 하였다.

그는 운동과 변화가 있음을 부정한 것은 아니지만, 그 운동과 변화는 단지 머무름의 특수한 형태라고 하고, 머무름을 절대적인 것이라고 한 것이다. 그리고 만물은 움직이고 변화하지만 그것은 결국 그 근본인 머무름, 곧 고요함으로 돌아간다고 하였다.[21]

---

21 張松如 外, 『도가철학지혜』 264면.

제5절 심재·좌망

도가는 인간은 원래 순진무구하고, 무지 무욕하여 근심과 걱정이 없었으므로 심재(心齋), 곧 마음을 닦아 텅 비워서 좌망의 경지, 곧 자기를 잊는 경지에 이름으로써 원래의 편안하고 즐거운 상태로 돌아가도록 해야 한다고 하였다.

1) 노자는 전술한 바와 같이 도는 원래 텅 비어 있으며, 고요한 것이므로 마음을 비우고 고요하게 해야 한다고 하였으며, 무지 무욕하고, 마음을 담박하게 하여 좌망의 경지에 이르도록 하라고 하였다.

"나 홀로 담박하구나! 그 낌새조차 알아채지 못하는 것이 마치 웃을 줄도 모르는 갓난아이 같으니! / 지치고 또 지쳤구나! 돌아갈 곳이 없으니! / 뭇 사람들은 모두 여유가 있는데, 나 홀로 남음이 없는 것 같구나! 나는 어리석은 사람의 마음과 같으니! / 혼돈스럽구나! 세상 사람들은 똑똑하지만 나 홀로 흐리멍덩하고, 세상 사람들은 잘도 살피지만 나 홀로 답답하니!"(『노자』20)

이것은 무지 무욕하고, 그리하여 편안하고 담박하여, 즉 좌망의 경지에 이른 사람을 서술한 것이라 할 수 있겠다.

2) 장자는 진인 혹은 성인의 경지에 이르려면 바깥 사물에 마음을 쓰지 않고, 어떤 감정도 품지 아니함으로써 마음을 허정하고, 염담하고, 적막하고, 무위하게 해야 한다고 하였다. 즉 "대체로 '텅 비어 고요함(虛靜)'과 '편안하고 담담함(恬淡)'과 '적적하고 쓸쓸함(寂寞)'과 '일부러 하지 않음(無爲)'의 네 가지는 천지의 표준이요, 도덕의 극치이다. 그러므로 제왕과 성인은 이러한 경지에 머무는 것이다"(『장자』천도)라고 하고, "그러므로 담담하고 고요하며, 허무하고

무위한 것은 천지의 올바른 도리이며, 도덕의 본질이라고 했던 것이다"(각의)라고 하였다.

그는 편안하고 담박한 경지에 이르기 위해서는 도를 인식할 때와 마찬가지로 마음의 재계(心齋), 곧 마음을 비워서 청정하게 하는 것이 필요하다고도 하였다. 즉 "그대는 그대의 뜻을 한결같이 하여 귀로서 듣지 말고 마음으로 듣도록 해야 한다. 다음에는 마음으로 듣지 말고 기(氣)로서 듣도록 해야 한다. … 도는 텅 빈 곳에 모이게 마련이다. 텅 비게 하는 것이 마음의 재계인 것이다"(인간세)라고 하였다.

더 나아가서 자기를 잊고(忘己, 喪我, 忘我), 사물을 잊는 경지(忘物)에 이르러야 한다고 했다. 이것을 좌망(坐忘)이라고 하였다. 즉 팔다리를 늘어뜨리고, 마음과 육신을 떠나고, 지혜를 버려서, 도와 하나가 되는 경지를 좌망이라 한다고 하고(전술), "내 사지와 육체를 잊어버리고, 나의 눈이나 귀의 작용도 멈추고, 육신을 떠나 앎마저도 버려서 대도(大道)와 하나가 되는 것을 고스란히 잊음이라 한다"(대종사)고 하였으며, "만물을 잊고 하늘을 잊으면 자기를 잊었다고 한다. 자기를 잊은 사람을 하늘에 들어간 사람이라고 한다"(천지)고 하였다.

그리고 "제가 선생의 말씀을 들은 뒤로, 1년을 지나 소박하게 되었고, 2년이 지나 밖의 사물을 따르게 되었고, 3년이 지나 사물의 이치에 통달하게 되었고, 4년이 지나 모든 사물에 동화되었고, 5년이 지나 사람들이 따라오게 되었고, 6년이 지나 귀신과 통하게 되었고, 7년이 지나 자연과 화합하게 되었고, 8년이 지나 죽음과 삶을 초월하게 되었고, 9년이 지나 지극히 묘한 경지(깨달음)에 들어가게 되었습니다"(우언)라고 하였다. 이것은 안으로는 자기 자신을 잊고, 밖으로는 우주 만물을 잊어버리는 경지요, 이러한 경지는 나와 우주 만물 사이의 경계가 없는 천인합일의 경지이다.

제6절 이상적 인간상

1. 무위 무욕하게 살아가는 성인

도가의 이상적 인간은 인위적인 문화를 버리고, 자연의 '스스로 그러함'의 섭리를 터득하여 순박한 경지에 이른 사람, 곧 심재 좌망하여 소요무애의 경지에 이른 사람이라 할 수 있다.

노자는 사람이 도로부터 덕을 부여받아 태어났으므로 원래 갓난아이처럼 순진무구하고 어리석은 사람처럼 무지 무욕하다고 하였다. 그리하여 무위자연하게, 그리고 무사(無私)하고, 무욕하게 살아가는 사람이야말로 성인이라고 하였다.

그는 무위자연의 도를 간직하고 행하는 성인의 덕을 여러 곳에서 구체적으로 말하고 있는데, 중요한 것을 들면 다음과 같다.

첫째로, 성인은 사사로움과 욕망이 없다고 하였다. 즉 "본래의 흰 바탕을 보여주어서 질박함을 끌어안도록 하며, 사사로움을 적게 하고 욕심을 줄이도록 하라!"(『노자』19)고 하였다. '본래의 흰 바탕(素)'은 자연을 상징하고, '질박함(樸)'은 인위를 가하지 않음을 말한다. 사람들의 소박한 무위자연의 삶을 방해하는 것이 사심과 욕망이므로 사심을 줄이고 욕망을 적게 하라고 한 것이다. 그는 또 "성인은 쌓아두지 아니하고, 다른 사람을 위함으로써 자신이 더 가지게 된다"(81)고 하였다.

둘째로, 성인은 자애롭고 겸허하다고 하였다. 즉 "그러므로 성인은 사람을 잘 구제하며, 그리하여 사람을 버리지 않는다. 늘 사물을 잘 구제하며, 그리하여 사물을 버리지 않는다"(27)고 하였으며,

"그러므로 성인은 모나면서도 남을 해치지 않고, 청렴하면서도 남을 다치게 하지 않고, 곧으면서도 남에게 방자하지 않고, 빛이 나면서도 지나치게 튀어나지 않는다"(58)고 하였다.

셋째로, 성인은 다투지 아니한다고 하였다. 즉 "(성인은) 대저 오로지 다투지 아니하므로 천하에 그와 맞서서 다툴 사람이 없다"(22)고 하고, "하늘의 도는 이롭게 하면서도 해치지 아니하고, 성인의 도는 잘 하여주면서도 다투지 아니한다"(81)고 하였다.

이리하여 그는 이상적 경지에 이른 사람을 다음과 같이 그렸다. 즉 "뭇 사람들은 희희낙락하면서 큰 잔치를 벌이는 것 같고, 따뜻한 봄날에 누대에 오르는 듯한데, 나만 홀로 담박하구나! 낌새조차 알아채지 못하는 것이, 마치 웃을 줄도 모르는 갓난아이 같구나!"(20)라고 하고, "뭇사람들은 모두 다 여유가 있는데, 나만 홀로 여유가 없는 것 같구나! 나는 어리석은 사람의 마음과 같구나!"(20)라고 하였다. 갓난아이나 어리석은 사람은 자아의식이 없고 대상에 대한 분별 의식이 없기 때문에 언제나 대상과 분리됨이 없이 대상, 곧 만물과 조화를 이룰 수 있는 것이다. 이리하여 그는 갓난아이나 어리석은 사람처럼 순박하고 겸허하며, 지식이나 욕망을 초월한 인간을 도와 합일(天人合一)한 성인으로 본 것이다.

2. 무아지경에 이른 지인

열자는 사람은 자기의 일정한 마음(成心), 곧 선입견을 버리고, 천지자연의 대도에 동화되어 천성에 따라 살아가야 하며, 바깥 사물에 대한 집착을 버리고 자아에 대한 집착도 떨쳐버려야 한다고 하였다. 즉 "그 백성들은 욕망이 없고 자연에 따라 살아갈 따름이었다. 삶을 즐길 줄도 모르거니와 죽음을 싫어할 줄도 모르므로 일찍 죽는 일이 없다. 자기를 사랑할 줄도 모르거니와, 바깥 사물을 멀리할 줄도 모르기 때문에 사랑하는 일도 증오하는 일도 없다”(『열자』황제)고 하였다.

이러한 경지를 천인합일, 혹은 물아일체, 또는 무아(無我)의 경지라고 하였다. 그는 술에 만취한 사람이 달리는 수레에서 떨어지더라도 다치지 않는데, 그것은 그의 정신이 온전하여 수레를 탄 것도 알지 못하고, 수레에서 떨어지는 것도 알지 못하는 무아의 경지에 이르렀기 때문이라 하였으며(황제), 술에 의하여 온전하게 된 사람조차도 이와 같거늘, 하물며 천성에 의하여 온전하게 된 사람이야말로 어떻겠느냐고 하였다.(황제)

그는 이러한 무아의 경지에 이른 사람을 지인(至人), 곧 지극한 사람이라 하여 다음과 같이 묘사하고 있다. 즉 “지극한 사람은 물속을 다녀도 숨이 막히지 아니하고, 불을 밟아도 뜨겁지 아니하며, 만물 위의 높은 곳을 날더라도 두려워하지 아니한다”(황제)고 하였다. 이상적인 인간인 지인은 생사와 시비와 이해득실을 초월하며, 무아지경에 이르러 천지 만물, 곧 자연과 하나가 된다는 것이다.

3. 소요의 경지에 이른 진인

장자는 소요무애(逍遙無碍)의 경지에 이른 성인을 일컬어 진인(眞人), 곧 참된 사람, 또는 지인(至人) 곧 지극한 사람이라고 하고, 신인(神人) 곧 신 같은 사람, 천인(天人) 곧 하늘같은 사람, 대인(大人) 곧 위대한 사람이라고도 하였다. 즉 “이러한 순수함과 소박함을 체득한 사람을 참된 사람이라 한다”(『장자』각의)고 하였으며, “만물의 근원(道)을 떠나지 않는 사람을 하늘같은 사람이라 하고, 도의 정수를 지키고 있는 사람을 신 같은 사람이라 하며, 참된 것으로부터 떠나지 않는 사람을 지극한 사람이라 하고, 하늘을 으뜸으로 삼고 덕을 근본으로 삼으며, 도로써 문을 삼아 변화를 초월하는 사람을 성스런 사람(聖人)이라 한다"(천하)고 하였다.

노자가 자기 자신을 보전하는 방법을 말함으로써 자아에 집착한 것과는 달리, 그는 자아에 대한 집착을 버렸다. 즉 "지극한 사람은 자기를 의식하지 아니하고, 신 같은 사람은 공을 생각하지 아니하고, 성스러운 사람은 명예를 얻으려고 하지 아니한다"(소요유)고 하였다. 이것은 참된 사람은 명예와 이익을 초월하며, 좋아하고 싫어함을 초월하고, 옳고 그름을 초월하며, 삶과 죽음을 초월하여 이 세상의 속박으로부터 벗어나서 소요 자재할 수 있다는 것이다.

그리고 그는 광막하고 무궁한 대자연의 관점에 서서 삶을 살아감으로써, 인생의 우환이나 괴로움을 떨쳐버릴 수 있다고 하였다. 즉 "저 천지 자체를 타고서 육기(淸, 濁, 風, 雨, 明, 暗)의 변화에 따라 무궁한 경지에서 노니는 사람이라면 도대체 의지할 것이 무엇이 있겠는가!"(소요유)라고 하고, "이 세상이 싫증나면 먼 하늘을 날아가는 새를 타고 세상 밖으로 나가서 아무것도 없는 곳(無何有之鄕)에서 노닐고, 끝도 갓도 없는 들판에서 쉬겠다"(응제왕)고 하였으며, "지극한 사람(至人)은 정신을 시작이 없는 곳(太初)으로 돌리고, 아무것도 없는 곳에서 단잠을 잔다"(열어구)고 하였다.

그가 시공에 걸림이 없이 자유자재로 소요한다는 것은 물론 육체적인 것이 아니라, 정신적인 소요, 곧 혼의 여행을 말하는 것이다.

그는 또 이러한 사람을 다음과 같이 묘사하였다. 즉 "지극한 사람(至人)이란 신령스런 사람이다. 커다란 풀숲지대를 불태워서도 그를 뜨겁게 할 수 없고, 황하와 한수를 얼어붙게 하는 추위로도 그를 춥게 할 수 없다. 뇌성벽력이 산을 헐고 태풍이 바다를 뒤흔들어도 놀라게 할 수 없다. 그러한 사람은 구름을 타고 해와 달을 몰아 이 세상 밖에서 노는 것이다"(제물론)라고 하였다. 이것은 소요무애의 정신적 자유의 최고 경계를 묘사한 것이라 할 수 있다.

4. 세속으로부터 초연한 지인

곽상은 이상적인 인간을 지인(至人), 또는 의지함이 없는 사람(無待之人)이라고 하고, 이러한 사람은 일체의 차별을 잊어버려 천지와 하나가 될 수 있으며, 무궁하고 무극한 세계에서 노닐 수 있다고 하였다.

"이리하여 지인(지극한 사람)은 천지가 하나의 손가락이고, 만물이 하나의 말임을 안다. 그러므로 매우 편안하다. 천지 만물은 각기 그 다름이 있지만 스스로 그 본성을 가지고 있다는 점에서는 동일하다"(『장자주』제물론)고 하고, "그러므로 크고 작음을 초월한 경지에서 노니는 자는 무궁할 수 있고, 삶과 죽음의 구분에 어두운 자는 무극할 수 있다."(소요유)

따라서 지극한 사람은 우주 만물의 수만 가지 변화에 순응할 수 있고, 세상에 두루 순응해 나가기 때문에 어느 것 하나도 잃는 것이 없고, 그러면서도 세상 일에 마음이 걸리는 일이 없으며, 세상의 안팎에 융합하고 세상 밖에서 노닐 수 있다고 한다.

이러한 그의 이상적 인간은 장자가 말하는 세상에 동떨어져 있으면서도, 홀로 유유자적하게 살아가는 참된 사람(眞人)이 아니라, 속세 속에서 살면서 아무런 마음 없이 살아가는 사람이다. 그는 "이른바 속세를 벗어난다는 것은 산림에 엎디어 있는 것이 아니다"(동상)라고 하였으며, "대개 신 같은 사람이라는 것은 요즈음의 성인이다. 성인은 몸은 비록 묘당에 있으나, 그 마음은 산림 속에 있는 것과 다름이 없다"(소요유)라고 하였다.

제6장

윤리론과 이상사회

제1절 윤리 도덕을 부정

도가는 유가에서 중시하는 인·의·충·효와 같은 덕이나 예를 부정하였다. 이러한 덕목을 강조하는 것은 순수한 도덕(大道), 곧 참다운 도의(道義)가 없어졌기 때문이라는 것이다.

1) 노자는 인의(仁義)의 덕이나 예라는 것은 원래의 순박하고 평화로운 인간의 사회가 혼란에 빠지게 되자, 그것을 다시 회복하기 위하여 만들어낸 인위적인 것이라고 하였다. 즉 "큰 도가 없어지자 인이나 의가 있게 되었다. … 육친이 화목하지 못하자 효도나 자애라는 것이 있게 되었다. 나라가 어지러워지자 충신이 나오게 되었다"(『노자』18)고 하였다.

이것은 유가에서 중시한 인·의·충·효와 같은 도덕이나 형식에 치우친 당시의 허례를 거부하고, 순수한 자연스런 덕(上德)이나 원래의 예로 돌아가라고 한 것이다. 이리하여 그는 다음과 같이 말하였다. "인을 끊고 의를 버리면 백성들은 다시 효도하고 자애할 것이다."(19) "높은 예는 하려고 하며, 응하지 않으면 팔을 끌어 당겨서라도 하게 한다. … 대체로 예라는 것은 진정한 믿음이 엷어짐으로써 나온 것이요, 그것은 모든 어지러움의 머리가 되는 것이다."(38)

당시의 예는 겉치레나 형식에 치우쳤을 뿐만 아니라, 위정자들에 의해서 강제됨으로써 마땅함과 의로움에서 나온 순수한 본래의 덕이나 예가 크게 변질되어 버렸다는 것이다.

2) 장자도 유가에서 말하는 인의의 도덕을 사람의 본성에 배치되는 인위적인 것이라고 하여 반대하였다. 즉 "무엇 때문에 인과 의

를 들고 나와 북을 치고 다니면서 잃어버린 자식을 찾듯 하십니까? 슬프게도 선생은 사람들의 본성을 어지럽히고 있습니다"(『장자』천도)라고 하고, "예와 음악으로 다듬고 인의로 달래어 세상 사람들의 마음을 바로잡으려고 하는 것은 오히려 사람들의 본성을 잃어버리게 하는 것이다"(변무)라고 하였다. 그리고 "무릇 효제나, 인의나, 충신이나, 정절이나, 청념 같은 것은 스스로 힘써서 그 본연의 덕성을 해치는 것으로 숭상할 것이 아니다"(천운)라고 하였다.

그는 도덕이 쇠퇴하여지자 인위적인 정치나 교화의 폐단이 일어나서 더욱 혼란스러워졌다고 하였다. 즉 "덕이 쇠퇴해지자, 요·순이 비로소 천하를 다스리게 되었다. 그리하여 정치와 교화의 폐단이 일어났으며, 순박함이 사라지고, 자연의 도를 이탈하여 인위적 행위를 일삼게 되었다. 그런 뒤로 사람들은 본성을 버리고 각기 사사로운 마음을 따르게 되었으며, 서로 남의 마음속을 엿보아서 앎으로써 천하를 안정시킬 수 없었다"(선성)고 하였다.

3) 혜강은 유교의 윤리 도덕, 곧 명교(名敎)는 사회의 혼란을 조성하는 근본 원인이라고 하였다. 즉 사회가 분화되어 계층이 생기고, 사회규범이나 윤리규범이 출현하여 사회가 복잡해지고 혼란스러워졌으며, 인의(仁義)를 만들어 사람의 마음을 제약하고, 명분을 만들어 행위를 통제하고, 학문을 만들어 사람을 피곤하게 하였다고 한다.(『혜강집』난자연호학론)

그는 또 "인의(仁義)는 인위적으로 행위를 다스리려는 것이지만, 그것은 생명을 기를 수 있는 것은 못 된다"(동상)고 하고, 더 나아가서 "명교의 노예들이 육경을 높여서 표준으로 삼고, 인의를 주장하여 본성을 억누르고, 법도로서 타고 다니는 수레로 삼고, 학문을 강구하기를 젖먹이 기르는 것과 같이 한다"(동상)라고 하였다.[22]

---

22 王處輝 편, 심귀득 외 옮김 『中國社會思想史』上 286면.

제2절 이상사회

전술한 바와 같이 도가는 인간이 타고난 순수하고 소박한 자연 상태 그대로 순진무구하게 살아가는 것을 이상적인 삶으로 생각하기 때문에 인위적인 문물이나 제도를 거부한다. 따라서 인간의 타고난 순수하고 소박한 자연스런 삶을 살아갈 수 있는 사회를 이상적인 사회라고 하였다.

1) 노자는 이러한 이상사회를 다음과 같이 그려 놓았다.

“나라의 크기를 작게 하고, 백성의 수를 적게 한다. 열 가지 백 가지 기물이 있어도 그것을 쓸 일이 없게 하고, 백성들로 하여금 죽는 것을 무겁게 여기도록 하여 멀리 이사 다니지 않도록 한다. 비록 배와 수레가 있어도 그것을 타는 일이 없도록 하고, 갑옷과 병기가 있어도 그것을 쓸 일이 없도록 한다. 사람들로 하여금 다시 새끼를 매듭지어 쓰도록 한다. 그 음식을 달게 먹도록 하고, 그 의복을 아름답게 입도록 하고, 그 거처를 편안하게 여기게 하고, 그 풍속을 즐기도록 하여 준다. 그렇게 하면 이웃 나라가 서로 바라다 보이고, 닭과 개가 울부짖는 소리가 서로 들려도 백성들이 늙어 죽을 때까지 서로 왕래하지 않을 것이다.”(『노자』80)

그는 이러한 소국과민(小國寡民)의 사회를 이상사회로 그려 놓았다. 즉 영토나 인구 등 규모가 작은 나라에서, 백성들이 오로지 삶을 중히 여길 뿐, 기물이나 물질을 중시하지 않고, 지식이나 욕망을 추구하지 아니하며, 소박하게 살면서 다툼이나 전쟁이 없이 평화롭게 사는 나라를 이상적인 나라로 제시한 것이다.

2) 장자는 이러한 노자의 소국과민의 이상향을 받아들였다. 즉

노자가 말했던 노끈을 묶어서 문자로 사용하던 시대가 가장 잘 다스려졌다고 하고(『장자』 거협), "혁서씨의 시대에는 백성들은 집에 있어도 하는 일이 없었으며, 길을 떠나려고 해도 갈 데가 없었다. 입에 음식을 문 채로 즐거워하였고, 배를 두드리며 놀았다"(마제)고 하였다. 그리고 이 시대의 사람들은 자기 마을을 벗어날 필요가 없었으므로 "이런 때에는 산에는 오솔길도 나지 않았고, 강에는 배나 다리도 없었다"(동상)고 하고, 그러한 세상에서는 사람들이 짐승들과 함께 어울려 살았으며, 그리하여 군자와 소인의 구별이 없었으며, 다 같이 무지하고 무욕하여 자기의 천성대로 소박하게 살 수 있었다고 하였다.(동상)

장자는 ㉠ 사람들이 오직 천성에 따라서 무지하고 무욕하게 살아가며, ㉡ 자연 속에서 동물과 함께 어우러져서 살아가며, ㉢ 아무런 도구나 기구도 사용하지 아니하고, 즉 자연에 대한 아무런 작위도 가하지 아니하며, ㉣ 가정이나 국가도 없었고, 군자나 소인 등의 구분도 없었으며, ㉤ 아무런 규범이나 구속도 없는 자유로운 삶을 살 수 있는 사회를 이상향으로 그렸음을 알 수 있다.

더 읽어야 할 책

朴異汶, 『老莊思想』 문학과 지성사.

金恒培, 『老子철학의 연구』 사사연.

이강수, 『도가사상의 연구』 고대 민족문화 연구소.

______, 『노자와 장자』 길.

崔廉烈, 『노자철학』 교문사.

원정근, 『도가철학의 사유방식』 법인문화사.

金容沃, 『老子哲學 이것이다』上, 통나무.

______, 『노자와 21세기』1, 2, 3, 통나무.

都珖淳, 『도가사상과 도교』 범우사.

김용섭, 『회남자철학의 세계』 경산대출판부.

정세근, 『위진현학』 예문서원.

한국도교사상연구회 편, 『노장사상과 동양문화』 아세아문화사.

한국동양철학회 편, 『東洋哲學의 本體論과 人性論』 연세대출판부.

동양철학연구회 편, 『중국철학사상논구』1, 여강출판사.

勞思光, 鄭仁在 옮김 『中國哲學史』 고대,한당,송명,명청편, 탐구당.

馮友蘭, 정인재 옮김 『中國哲學史』 형설출판사.

______, 박성규 옮김 『중국철학사』 상·하, 까치.

______, 곽신환 옮김 『중국철학의 정신』 서광사.

方東美, 남상호 옮김 『원시유가도가철학』 서광사.

董光璧, 이석명 옮김 『도가를 찾아가는 과학자들』 예문서원.

許抗生, 노승현 옮김 『노자철학과 도교』 예문서원.

張其昀, 중국문화연구소 옮김 『中國哲學의 根源』 문조사.

侯外廬 엮음, 양재혁 옮김 『중국철학사』 상·하, 일월서각.

리우샤오간, 최진석 옮김 『장자철학』 소나무.

알프레드 포르케, 양재혁 외 역주 『중국고대철학사』 소명출판사.

북경대철학과연구실, 박원재 옮김 『중국철학사』 1, 자작아카데미.

________________, 유영희 옮김 『중국철학사』 2, 자작아카데미.

劉夢義 외, 김문용 외 옮김 『중국의 철학연구』 이성과현실.

藏原惟人, 김교빈 옮김 『중국고대철학의 세계』 죽산.

牟宗三, 정인재 외 옮김 『中國哲學特講』 형설출판사.

_____, 송항룡 옮김 『中國哲學特質』 범학.

郭沫若, 조성을 옮김 『中國古代思想史』 까치.

王處輝, 沈貴得 외 옮김 『中國社會思想史』上, 까치.

任繼愈 편저, 전택원 옮김 『中國哲學史』 까치.

_________, 이문주 옮김 『중국철학사』1, 청년사.

張岱年 외 편, 중국민중사상연구회 옮김 『中華의 智慧』상, 민족사.

方立天, 이기훈 외 옮김 『중국철학과 우주본체의 문제』 예문서원.

_____, 이기훈 옮김 『중국철학과 인식의 문제』 예문서원

_____, 이홍용 옮김 『중국철학과 이상적 삶의 문제』 예문서원.

王治心, 전명용 옮김 『중국종교사상사』 이론과실천.

守野直喜, 吳二煥 옮김 『中國哲學史』 을유문화사.

金谷治 외, 조성을 옮김 『중국사상개론』 이론과 실천.

________, 조성을 옮김 『중국사상사』 이론과실천.

우노세이찌, 김진욱 옮김 『중국의 사상』 열음사.

오오하마 아끼라, 임헌규 옮김 『노자의 철학』 인간사랑.

酒井忠夫 외, 최준식 옮김 『도교란 무엇인가』 민족사.

小柳司氣太, 김낙필 옮김 『노장사상과 도교』 시인사.

福永光司, 이동철 외 옮김 『장자』 청계.

大濱晧, 김교빈 외 옮김 『중국고대의 논리』 동녘.

홈스 웰치, 윤찬원 옮김 『노자와 도교』 서광사.

앙리 마스페로, 신하령 옮김 『도교』 까치.

D.H. 메도우즈 외, 김승한 옮김 『인류의 위기』 삼성문화문고.

________________, 황건 옮김 『지구의 위기』 한국경제신문사.

김용옥, 『길과 얻음』 통나무.

김달진, 『선시와 함께 엮은 장자』 고려원.

김학주 옮김 『장자』 을유문화사.

______ 역해 『신역 列子』 명문당.

제2부

불교철학

제1장

서 론

제1절 불교의 의의

불교(佛敎, Buddhism)라는 명칭은 범어의 붓다 다르마(Buddha-Dharma)를 한자로 번역한 것이다. 불법(佛法), 불도(佛道), 불학(佛學) 등으로도 일컬어지고 있다. 불교는 석가모니(釋迦牟尼, Śākyamuni), 곧 불타(佛陀, Buddha, 이는 覺者라는 뜻, 부처 또는 부처님은 우리말 음역)가 깨달은 진리의 가르침으로 하여 만들어진 철학, 혹은 종교라는 뜻이며, 불법은 부처의 가르침을 법이라고 하므로 붙여진 것이며, 불도는 부처가 되는 길이라는 뜻이다.

대승불교의 탄생 이후로는 대체로 불교의 철학적 이론은 주로 학승들에 의하여 발전되었다. 그런데 불교가 중국에 전래된 후 종교적으로나 철학적으로 크게 발전하였는데, 일찍이 공자가 신화를 탈피하고 인문주의 철학을 제시하여 유교를 창시한 이후로 이를 신봉하여온 중국의 지식인들은 불교를 도가·묵가·법가·음양가와 같은 하나의 철학적 학파라는 의미로 불가(佛家)라고도 하고, 불교철학이라는 의미로 불학이라고도 하였다.

백성욱은 '불교는 순전히 철학'이라 하였다.[1] 그리고 김동화는 "불교는 불타의 교리, 즉 진리를 중심으로 한 것이다. 철학은 진리를 애호하고 탐구하는 학문인만큼, 이 진리 위주의 불교는 철학적 불교라고 할 수 있다"고 하고, '그러므로 불타는 이 진리를 명확하게 밝히기 위하여 많은 노력을 기울였던 것이며, 그러므로 불교는 다분히 철학적이다'라고 하였다.[2]

---

1 이종익, 『불교사상개론』 37면.

석가는 "나는 인간의 몸으로 태어났고, 인간으로 성장하였으며, 인간으로서 부처가 되었다"(『증일아함』28)고 하였으며, "삼명(三明)을 갖춘 바라문으로서 단 한 사람이라도 브라만(Brahman, 梵)을 본 사람이 있는가? 만일 본 일도 없고, 볼 수도 없는 브라만을 믿고 받든다면 마치 어떤 사람이 한 여인을 사랑한다고 하면서, 그녀의 얼굴도 본 일이 없고, 이름도 거처도 모른다고 하는 것과 무엇이 다르겠는가?"(『장아함)』16)라고 하여, 자신이 신이 아님은 물론, 신이나 영혼은 없다고 하였다.

그리고 석가의 교설에 설사 초세간적인 교설과 그 실천적인 형태가 있다 할지라도 그것은 방편적인 교설이요, 또한 그 실천의 수단 방법일지언정 결코 불법의 진수나 그 목적은 아닌 것이다.[3] 따라서 그 교리의 핵심은 인생의 고(苦), 곧 괴로움을 어떻게 극복할 것인가 하는 문제에 집중되어 있으며, 그것을 이성적·합리적으로 해결할 방법을 집중적으로 말하였다. 그리고 그 후 불교계승자들은 석가의 이러한 교설을 토대로 하여, 그것을 꾸준히 발전시켜왔으므로 불교를 철학으로 볼 수 있을 것이다.[4] — 서울대 철학과를 비롯한 우리나라의 대부분의 철학과에서는 종교가 아닌 철학과목의 하나로 불교철학강좌를 개설하여 가르치고 있다.[5]

그러나 그 후 오랜 세월을 거치면서 석가의 이러한 철학을 토대로 하면서도, 석가를 신격화하고, 내세를 인정하고, 조직을 갖추고, 사원을 짓고, 불상을 세워서 기도하고 기원하는 종교로 발전하였다.

---

2 김동화, 『불교학개론』 8면.

3 김동화, 『불교윤리학』 19면.

4 우리나라 대학들의 철학과에서 종교가 아닌 철학으로서 불교를 가르치고 있다.

5 길희성, 『인도철학사』와 심재룡, 『중국불교철학사』 이외에는 철학과 교수가 쓴 불교철학에 관한 교재를 찾아 볼 수 없는 것은 이해할 수 없다.

제2절 불교의 성립 배경

1. 정통 브라만사상

1) 『베다』

일찍이 인도의 인더스강 유역에는 드라비다족을 비롯한 여러 민족이 살고 있었는데, 그 가운데 드라비다족은 기원전 3,000년경에 인더스강 유역에서 농경생활을 하면서, 수신(樹神) · 사신(蛇神) · 성기(性器) 등을 숭배하는 다신교적 원시신앙을 가지고, 모계 · 부족중심의 집단생활을 하였다.

기원전 15세기경 중앙아시아에서 유목생활을 하던 아리안족이 침입하여 이곳을 점거하였다. 이들은 유럽어족으로, 부계중심의 대가족제도를 토대로 한 부족중심으로 목축을 주로 하면서 살았다. 그리고 태양신 중심의 다신교인 브라만교, 곧 바라문교(婆羅門敎)를 신앙하였다. 이들은 여러 신에게 제사를 지냈는데, 이때의 찬가를 모아 놓은 것이 『리그베다(Rig－Veda, 讚歌)』이다.

그 후로 제사 의식에 관한 『사마베다(Sama－)』와 『야주르베다(Vajur－)』가 결집되었으며, 또 재앙을 물리치고 복을 기원하는 『아타르바베다(Atarva－)』가 결집되었다. 이상의 4개의 『베다(Veda)』를 본집(本集)이라 한다. 단순히 『베다』라고 할 때에는 이 본집을 가리킨다. — 그런데 그 후에 편찬된 『브라마나(Brāhmana, 梵書)』 『아라냐카(Āranyaka, 森林書)』 『우파니샤드(Upanishad, 奧義書)』를 『베다』에 부수된 문헌으로 보아 '베단타(Vedanta)'라고 하고, 이들 모두를 합쳐서 『베다』라고도 한다.

2)『브라마나』

기원전 10세기경부터 기원전 8세기 사이에 인더스강 유역에 정착하고 있던 아리안족은 갠지스강 상류지역의 원주민을 정복하고 그곳에 정주하였다. 그들은 피정복민을 노예로 부렸는데, 그 후 브라만, 쿠샤트리아, 바이사, 수드라의 4성계급제도(caste)가 발생하였다.

그 후로『베다』의 영향을 받아 종교의식이 더욱 강화되었는데, 그것을 기록한 것이 바로『브라마나(Brāhmana)』이다.

이것은 브라만(Brāhman, 梵)은 그들과 함께 최고신으로서 프라쟈파티(Prajāpati, 창조주)를 상정하여 세계의 창조주라 하였다. 그 후로 브라만(梵)을 최고신으로 하는 사상이 형성되었으며, 또한 이에 대응하여 영혼적 존재인 아트만(Ātman, 숨, 호흡), 곧 아(我)를 상정하여 이것을 개인 생명의 근원이며, 활동의 중심체라고 하였다. 그리고 사후에는 아, 곧 소아(小我)인 아트만은 대아(大我)인 브라만과 융합하게 된다고 하였다.

그 후에 산림 속에서 전수되어온 제사의식에 대하여 자세히 설명을 한『아라냐카』가 형성되었다. 이것은『브라마나』의 끝 부분으로 수록되어 있다. 이것은『브라마나』에서『우파니샤드』에 이르는 중간적인 것으로서 흙·물·불·공기·허공의 5원소설을 내세우고 있다.

3)『우파니샤드』

기원전 8세기경부터 바라문교에서는 아트만의 신격화가 강화되고, 업(業)과 윤회와 해탈에 관한 사색이 시작되었다. 이 시기에 사회 환경의 변화에 따라 다양한 계층의 사람들에 의하여 다양한 내용의 심오한 철학서인『우파니샤드』가 형성되기 시작하여 계속 추가되었다. 이것은 우파니샤드(Upanishad, 가까이 앉다)란 말대로 스승과 제자가 가까이 앉아서 은밀한 대화를 나누는 형식으로 되어 있다.

이『우파니샤드』는 석가에게 큰 영향을 미쳤는데, 그것은 신에 대한 제사나 의례 대신 사색, 곧 지적 탐구를 통한 해탈을 모색한 것으로서, 삶은 괴로움으로 가득 차 있으며, 이 괴로움은 과거·현재·미래의 3세에 걸쳐서 전개되는 윤회를 통해서 지속된다는 것이요, 우주의 보편적 원리이자, 모든 존재의 근원이 되는 우주창조신 브라만이 다양한 현상계를 낳았으며, 개별적 존재의 참다운 본질인 아트만(小我)은 브라만(大我)과 동일하다는 것이다.

윤회는 바로 이러한 참다운 지혜를 깨닫지 못하고, 나타난 현상을 진정한 실재라고 착각하는 무지로 인하여 쌓게 되는 업에 의하여 이루어진다고 하였다. 그러므로 윤회의 고통으로부터 해탈하여 열반에 들어가려면 명상과 수행을 통해서 실재에 대한 참다운 진리를 깨달음으로써, 업의 족쇄로부터 탈피하여 참다운 '나'인 아트만으로 돌아가서 브라만(大我)과 합일하게 되어야 (梵我一如) 고통이 없는 세계(梵天)에 영생할 수 있다고 하였다.

2. 반 브라만사상

기원전 6세기경에 갠지스강 상류지역에 정착하였던 아리안 족은 그 후 점차 갠지스강 중류지역으로 진출하였다. 그곳은 땅이 비옥하여 농산물이 많이 생산되어 물자가 풍성해지고, 상공업이 번창하게 되어 소도시가 이루어졌으며, 군소 국가들이 생겨났다. 상공업자들이 화폐경제의 발달로 부를 축적하여 나갔다. 이리하여 브라만 계급은 점차 그 권위를 상실하였으며, 사람들은 종래의 바라문교를 단순한 미신으로 취급하기에 이르렀다. 이러한 풍토 속에서 비정통 브라만 사상이 출현하였다. 이 새로운 사상가들은 사문(沙門, 곧 '노력하는 사람')으로 불리었는데, 그들 가운데서 석가 이외에 특히 유력한 여섯 명을 지칭하여 불교에서는 '육사외도(六師外道)'라고 하였다.

1) 푸라나(Purana)는 선과 악은 사회적 관습에 의한 일시적인 것

이며, 사람이 선행을 하든 악행을 하든 필연적인 인과응보는 있을 수 없다고 하였으며, 그리하여 도덕을 부정하였다.

2) 파쿠다(Pakudha)는 각 개체는 7개의 요소(흙, 물, 불, 공기, 괴로움, 즐거움, 삶)로 구성되어 있다고 하였다. 따라서 칼로 사람을 베어도 칼이 7개의 요소 사이를 통과할 뿐이라고 하였다.

3) 마칼리(Makkhali)는 모든 생물은 12개의 요소(흙, 불, 물, 공기, 허공, 영혼, 본성, 실체, 괴로움, 즐거움, 삶, 죽음)로 구성되어 있다고 하였다. 그리고 모든 생물은 오직 운명과 환경과 천성에 의하여 변하는 것이지, 업에 의하여 결정되어지는 것이 아니라는 숙명론을 주장하였다.

4) 아지타(Ajita)는 세계는 오직 4원소(흙, 물, 불, 공기)가 허공에 독립하여 상주하고 있으며, 인간도 이 4개의 원소로 되어 있다는 유물론을 취하였다. 그리하여 사람이 죽으면 소멸하여 없어져버리며, 현세도 내세도 없고, 선도 악도 없으며, 보시나 제사도 아무런 의미가 없다고 하였다.

5) 산자야(SanŠjaya)는 내세나 업보에 관한 지식은 명확히 알 수 없고, 말할 수도 없다고 하여 불가지론(不可知論)을 주장하였다. 지식은 모두 개인적인 것이어서 보편성이 없기 때문에 그러한 지식으로는 문제의 해결이나 해탈을 할 수 없으므로 판단을 중지해야 한다고 하였다.

6) 니간다(Nigantha)는 자이나교를 창시하였다. 그는 창조신을 부인하여 제사를 거부하고, 영혼 · 법 · 비법 · 물질 · 허공이 실재한다는 요소 실재설을 주장하였다. 카스트제도를 반대하였으며, 무소유와 불살생을 매우 중시하였다. 그리고 사람의 영혼은 육체에 속박되어 윤회의 괴로움에 빠져있으므로 이로부터 해탈하기 위해서는 홀로 출가하여 알몸으로 요가와 선정을 행하고, 혹독한 고행을 행하도록 하였다.

제3절 불교의 창시와 그 발전

1. 인도의 불교

이들 반 브라만 자유사상가들, 곧 육사외도(六師外道)들이 적극적으로 그들의 철학을 전개하고 있을 무렵에 석가(B.C. 566?~486? = 남방불교)가 불교를 창시하였다. 석가는 브라만이나 육사외도들과는 달리, 무의미한 형이상학적 문제를 피하고, 또한 자이나교가 신을 부정하면서 자력으로 해탈하기 위해서 엄격한 금욕주의적 규범을 강요하는 것과도 달리, 쾌락도 고행도 아닌 중도의 수행을 하여 참된 진리를 깨달아, 해탈·열반에 이르는 것을 그 목표로 삼았다.

석가 사후에 500여 명의 제자들이 라자가하(王舍城) 부근 바이와라산 중턱의 칠엽굴(七葉窟)에 모여 마하가섭(摩訶迦葉)을 총책임자로 하여 7개월에 걸쳐서 그의 설법을 결집(結集)하였다. 아난다(阿難陀)가 중심이 되어 법(法)을 송(誦)하고, 우바리(優婆離)가 중심이 되어 율(律)을 송하면 다른 제자들이 박수를 쳐서 승인하는 식으로 이루어졌다고 한다. 그로부터 100여 년 후에 베살리 성에 500명의 비구들이 모여서 야사(耶舍)를 좌장으로 하여 제2결집을 하였다. 그로부터 100년 후에 아쇼카왕의 명으로 1,000명의 비구들이 화씨성에 모여서 제수(帝須)를 좌장으로 하여 결집을 행하였는데, 이것이 제3결집으로써 그동안 구전되어 오던 것이 이때(기원전 1세기경) 비로소 문자화되었다.

그 후 2세기 전반에 대월지국에서 카니슈카왕의 도움으로 500명의 비구들이 모여 결집하였는데, 이 제4결집은 주로 불경에 관한 주석서들이었으므로 중시하지 않는다.

이것들을 '전해오는 가르침'이라는 뜻으로 아가마(Āgama)라고 하였는데, 한자로 음역하여 '아함(阿含)'이라 하였으며, 그 경을 『아함경(阿含經)』이라 하였다. 여기에 담겨있는 교리를 흔히 '원시불교' 라고 한다. — 석가 생존시대의 불교를 근본불교라고 하기도 한다.[6]

기원전 4세기 초부터 계율에 관하여 엇갈린 견해가 발생하여 불교 교단은 보수적인 상좌부(上座部)와 진보적인 대중부(大衆部)로 분열하였다. 상좌부는 바라문교의 윤회전생설, 삼계설, 요가수행법 등을 취하였으며, 자기 일신의 해탈·열반만을 위해서 속세와는 인연을 끊고, 엄격한 수련으로 아라한(阿羅漢, 羅漢, arhan)이 되려고 하였다. 이와는 달리 대중부는 중생은 누구나 부처가 될 수 있다는 진보적인 입장을 취하여 대중 속으로 파고들어가려고 하였다. 그 후 기원전 1세기경까지 18개 혹은 20개 부파로 분열되었다. 그리하여 이 시기의 불교를 흔히 부파불교(部派佛敎)라 한다.

그런가 하면 이 시대 후반기에 이르러서 몇 개의 부파가 『아함경』을 깊이 연구하고, 체계화를 시도한 결과 아비달마(阿毘達磨, Abhidharma)[7] 논서들이 나왔다. 이 시대의 불교, 곧 부파불교의 후반기의 불교를 특히 아비달마불교라고 한다. 이 아비달마불교시대에는 율과 경에 대한 주석과 연구에 몰두함으로써 승원 중심, 출가승 중심의 학문불교, 곧 아비달마로 변하여 대중성을 상실하였다. 이 시기의 불교를 소승불교(小乘佛敎)라 하기도 한다. 이 시기는 기원전 1·2세기부터 기원후 2·3세기까지이며, 그 중기와 후기는 인도불교사의 제3기인 대승불교(大乘佛敎) 초기와 서로 겹친다.[8]

---

6 목정배, 『불교윤리개설』 31면.

7 아비달마는 abhidharma(abhi는 '~에 대한', dharma는 법)의 음역으로서 阿毘曇, 혹은 毘曇이라고도 한다. 이것은 경에 관한 연구를 의미한다. 부파불교의 유력한 부파는 철학적인 교학을 전개하였다.

8 三枝充悳 편, 김재천 옮김 『존재론·시간론』 20면.

이 부파불교시대 후기의 아비달마시대에는 율과 경에 대한 연구에 몰두함으로써 승원 중심, 출가승 중심의 학문 불교, 곧 아비달마로 변하여 대중성을 상실하였다.

기원후 1세기경에는 이를 배척하여 이론보다 신앙과 실천을 중시하고, 아라한 대신에 보살(菩薩, bodhisattva)이라는 새로운 인간상을 제시하여 자기만의 해탈(解脫)이 아니라, 모든 중생의 해탈을 목표로 하는 대승불교운동이 일어났는데, 그 후 쿠산왕조의 카니슈카왕의 적극적인 불교 장려에 힘입어 크게 발전하였다. 이 무렵, 대승불교는 여러 나라로 전파되었다.

이 대승불교 시대의 2세기경에 용수(龍樹, Nāgārjuna, 2~3세기)가 '만유가 유(有)로서 존재한다'는 부파불교, 특히 설일체유부(說一切有部, 약칭 有部)의 입장을 비판하여, '만유는 공(空)이기 때문에 본질적으로 동일하다'는 중관론(中觀論)을 전개하였다. 이를 따르는 사람들을 중관파, 혹은 중관학파라 한다.

4세기경에는 이 중관학파와 대립되는 유가행파(瑜伽行派)가 등장하는데, 이들은 중관학파의 공사상에서 미흡했던 부분을 보충하여, 일체의 존재는 심식이 변전한 것이라는 유식설(唯識說)을 주장하였다. 미륵(彌勒, Maitreya)과 그의 제자 무착(無着, Asa'nga)과 세친(世親, Vasubandhu 4~5세기) 형제가 유식설을 발전시켰다. 특히 세친은 용수의 공관을 인정하면서도, 미륵과 무착의 아뢰야식(阿賴耶識)을 받아들여 유식학을 완성하였다.

7세기 중엽에 이르러 대승불교 특히 유가행파가 발전하면서 지나치게 이론적 경향으로 흘러, 일반 대중과 유리되었다. 이리하여 중관학파나 유가행파는 쇠퇴하고, 힌두교의 미신적 요소와 결합한 밀교(密敎)가 일어나, 일반 대중에게 널리 전파되었다.

13세기 초에는 이슬람교도들이 인도를 침입하여 탄압함으로써 불교는 쇠퇴하여 본토에서는 사라져버렸다. 그러나 대승불교는 중국, 한국, 일본 등지로 전파되어 발전하였다.

2. 중국의 불교

중국에는 후한 명제 때(67년)에 한나라의 사신 채음(蔡愔)이 인도에 가서 불법을 얻어가지고 귀국할 때에 두 승려(迦葉摩騰과 竺法蘭)를 데리고 옴으로써 전래되었다고 하는 것이 통설이다.

그러나 한나라 때에는 널리 전파되지 못하고, 위진 남북조시대의 혼란기에 이르러서 확산되었으며, 수·당 시대에 이르러서는 왕실의 보호와 장려로 말미암아 크게 번창하였다.

전진왕 부견은 도안(道安)을 장안으로 초청하여 8년간 대규모의 역경사업을 전개하였다. 여기에 참여했던 도안의 제자인 혜원(慧遠)은 노장사상(老莊思想)으로 불교를 해석하였으며, 백련사(白蓮社)를 조직하고, 선실을 마련하여 선정(禪定)과 염불(念佛)을 통하여 도를 깨치려고 하였다. 또 부견은 서쪽 구자국의 구마라집(鳩摩羅什)을 초청하여 12년 동안 경전 번역 사업을 전개하면서 불교발전에 크게 공헌하였다.

구마라집 곧 라집은 그의 제자들과 함께 『금강경』『법화경』『유마경』『아미타경』 등의 경전과 용수의 『중론(中論)』『십이문론(十二門論)』 제바(提婆)의 『백론(百論)』 등을 번역하였는데, 『중론』『십이문론』『백론』의 3론을 바탕으로 하여 삼론종(三論宗)이 탄생되었으며, 승조(僧肇, 384~414년)에 이르러 철학적으로 크게 발전하였다. 그리고 『금강경』『법화경』『유마경』을 근거로 천태종(天台宗)이 세워졌으며, 지의(智顗, 538~597)에 의하여 완성되었다.

그 후 당태종 때, 현장(玄奘)이 인도에서 불경을 공부하고 돌아와서 새로이 여러 경전을 번역하였다. 그가 번역한 『성유식론』을 기본 경전으로 삼아 제자였던 규기(窺基)에 의해 법상종(法相宗)이 일어났다.

라집이 들어왔던 비슷한 시기에 들어온 각현(覺賢)에 의하여 『화엄경』이 번역되었는데, 이것을 근거로 화엄종(華嚴宗)이 일어나 법장(法藏, 643~712) 이후 크게 발전하였다. 그리고 현장이 가져온 『구사론』을 토대로 하여 구사종(俱舍宗)이 일어났다. 또 계율을 중시하는 율종(律宗)이 일어났다.

그 후 인도의 선무외(善無畏)와 금강지(金剛智)와 그 제자 불공(不空) 등에 의해서 『대일경(大日經)』과 『금강정경(金剛頂經)』 등 밀교 경전들이 번역되어 밀종이 한때 성행하였다.

그리고 염불을 통하여 서방극락정토에 왕생할 수 있다는 혜원의 주장이 받아들여져서 『무량수경』『관무량수경』『아미타경』을 기본경전으로 한 정토종(淨土宗)도 발생하였다.

한편 양나라 무제 때에는 달마(達磨, ?~536?)가 중국에 들어와서 교리보다 선정(禪定)을 중요시하는 선종(禪宗)을 전파하였는데, 혜능(慧能, 638~713) 이후 크게 번창하여 중국을 대표하는 종파가 되었다.

이외에도 여러 종파(14종)가 있었으나, 이들 중에서 천태종, 화엄종, 선종의 3대 종파는 상당한 독자성을 갖추고 있으므로 중국적인 불교라고 할 수 있다. 이들 중에서 특히 선종은 당나라 이후로 다른 종파가 쇠퇴하였음에도 불구하고, 정토종과 함께 계속 발전하였다. 송나라 이후에는 선종 이외에는 신유학에 눌려 쇠퇴하였다.

3. 한국의 불교

한국에 불교가 전래된 공식 기록은 372년(소수림왕 2년)으로, 전진(前秦) 왕 부견(符堅)이 사신과 함께 순도(順道)를 고구려에 보내면서 불경과 불상을 함께 전한 것이 처음이다. 392년(광개토왕 2년)에는 평양의 아홉 곳에 절을 지었으며, 그 후 불교는 널리 전파되어 많은 고승들이 배출되었다.

백제에는 384년(침류왕 1년)에 인도의 승려 마라난타(摩羅難陀)가 중국의 동진을 거쳐 바다를 건너 들어왔다. 그는 경기도 광주의 남한산에 절을 짓고 포교하면서 많은 승려를 배출하였으며, 왕흥사·미륵사·수덕사 등을 지었다. 무왕 때에는 익산에 웅대한 미륵사를 지어 불교를 크게 발전시켰다.

신라에는 527년(법흥왕 14년)에 이차돈(異次頓)의 순교가 있은 후에야 공인되고, 국가의 보호를 받아 크게 발전하면서 수많은 사찰과 탑이 세워졌다. 원승(圓勝)·혜숙(惠宿)·혜공(惠空) 등 많은 고승들도 배출되었다. 그리고 원광(圓光)은 화랑도의 세속오계를 만들어 호국불교의 기원을 이루었다.

통일신라시대에는 많은 고승들이 속출하였다. 원효(元曉, 617~686)는 불교를 자기 나름대로 소화하여『금강삼매경론』『대승기신론소』등 80여 종을 저술하였으며, 독특한 포교 방법으로 불교를 널리 유포시켰다. 그리하여 해동종(海東宗)의 조사로 일컬어졌다. 의상(義湘)은 당에 유학하여 화엄교학을 터득하고 돌아와서 수많은 제자들을 가르쳐서 교단을 크게 발전시켰다.

고려의 태조는 불교를 국교로 채택하였으며, '훈요십조'를 제정하여 후손들이 불교를 신앙하도록 하고, 개경에는 법왕사·흥국사 등 많은 사찰을 세웠다. 그 후 국사제도를 두고 과거에 승과를 둠으로써 불교가 발전하였다. 고려 초에는 신라 말에 형성되기 시작한 구산선문(九山禪門)이 완성되는 등 선종이 번창하였는데, 그럼에도 불구하고 화엄학만은 그 세력을 잃지 않았다. 의천(義天)은 화엄학을 공부하고, 송나라에 유학하고 돌아와서 교종과 선종의 일치를 주장하면서 천태종을 포교하였다.

그 후 선종이 부진했는데, 지눌(知訥, 1158~1210)이 선종을 중흥시켰다. 그는『진심직설』등을 저술하여 우리나라 불교의 정통인 조계종을 확립하였다.

조선시대에는 숭유억불(崇儒抑佛) 정책으로 인하여 불교가 수난기를 맞이한다. 태조는 독실한 불교신자로서 자초(自招, 無學大師)를 따랐다. 그 후 태종이 억불숭유정책을 강력히 추진하면서 불교는 쇠퇴의 길로 들어섰다.

세종은 초기에 불교의 7대 종파를 선교 양종으로 통합하여 18개 사찰만 본산으로 인정하고, 그 이외의 사찰의 토지와 노비를 몰수하였으나, 후에는 궁내에 불당을 짓고, 불교를 신앙하였다.

명종 때에는 걸승 보우(普雨)가 문정왕후의 도움으로 불교를 적극적으로 보호하고, 폐지되었던 과거의 승과(僧科)를 시행함으로써 휴정(休靜)과 유정(惟政) 등이 배출되었으며, 그 후 임진왜란 때에는 이들은 승병을 모아 직접전투에 참여하여 전과를 거두기도 하였으며, 특히 휴정은 전후에는 많은 제자를 양성하여 불교의 중흥을 이루었으며, 『선가귀감(禪家龜鑑)』을 비롯한 10여종의 저서를 남기기도 하였다.

그러나 1565년 문정왕후가 죽자, 유림의 집중 공격을 받은 보우는 제주도로 귀양가서 죽임을 당하였으며, 그 후 불교는 탄압을 받아 쇠퇴하였다.

불심이 돈독했던 정조는 수원에 경기도 제1가람인 용주사를 창건하는 등 불교를 지원했으나, 순조 이후 다시 침체의 길로 들어섰다.

제4절 불교의 경전

불교의 경전인 불경(佛經, 聖典, Sutra)은 불타(佛陀), 곧 깨달은 자(覺者)인 석가의 가르침(說法)과 그에 관한 모든 서적을 총칭한 것이다. 흔히 대장경(大藏經)이라고도 하고, 3장(三藏)이라고도 한다(藏은 典籍을 수장한다는 뜻).

석가는 동부 인도의 마가다를 중심으로 교화하였기 때문에 그 지방의 속어인 마가다어가 초기 경전의 언어로 사용되었다. 그러나 불교가 인도의 각지에 전파됨에 따라 각 지방의 속어로 된 경전도 나오게 되었다. 지금은 서북 인도의 속어인 팔리어(Pali)로 쓰여진 것이 스리랑카 · 미얀마 · 타이 · 크메르 등 남방으로 전파되어 남아 있다. 그리고 또한 아어(雅語)이며 표준어인 범어(Sanskrit)로 옮겨진 것은 티베트로 전해져 티베트어로 번역된 것이 중국으로 전해지면서 한문으로 번역되었는데, 이것이 남아 있다.

1. 경 장

경장은 석가의 제자들이 석가의 가르침을 결집한 것으로서, 남방으로 전래된 남전불경(南傳佛經)과 북방으로 전래된 북전불경(北傳佛經)이 있는데, 북방 곧 한문으로 번역된 북전불경으로는 『장아함경(長阿含經)』 『중아함경(中阿含經)』 『잡아함경(雜阿含經)』 『증일아함경(增一阿含經)』 등 4부가 있다.

남방으로 전래된 것, 곧 팔리어 경전으로는 『장부경(長部經)』(–『장아함경), 『중부경(中部經)』(–『중아함경』), 『상응부경(相應部經)』(–『잡아함경』),

『증지부경(增支部經)』(−『증일아함경』), 『소부경(小部經)』 등 5부(部, Nikāya)가 있다. 이 남전 5부 가운데 앞의 4부는 북전불교의 4부 『아함경』과 내용이 거의 같다. 그리고 『소부경』은 『법구경(法句經)』을 비롯한 15종의 문헌으로 되어 있다.

이외에 대승경전에서 중요한 것으로 『대반야경(大般若經, 般若經)』『묘법연화경(妙法蓮華經, 法華經)』『십지경(十地經)』『무량수경(無量壽經)』『유마경(維摩經)』『능엄경(楞嚴經)』『금강경(金剛經)』『화엄경(華嚴經)』『열반경(涅槃經)』『승만경(勝鬘經)』『능가경(楞伽經)』『대일경(『大日經』)』『금강정경(金剛頂經)』『해심밀경(解深密經)』 등이 있다.

2. 율 장

율장은 불교도들이 실제 집단생활을 하면서 지켜야 할 계와 율을 집성해 놓은 것이다. 석가는 많은 제자들과 함께 생활하면서 옳지 않은 행위를 하는 것을 볼 때마다 '그렇게 하면 안 된다'고 하면서, 그 이유를 말하곤 했을 뿐이었다. 즉 석가가 5계니, 10계니, 250계니 하고 말했던 것이 아니었다. 그 후 부파불교 시대에 교단이 형성되어 번창하면서, 그 교단의 기강을 세우고 질서를 유지하기 위해서 정리하였던 것이 율장이다.

율장은 북전 율장과 남전 율장이 있으나, 북전 율장은 한역 5종의 광율(廣律)이 있는데, 소승부파 법장부의 율장인 『사분율(四分律)』, 화지부의 『오분율(五分律)』, 대중부의 『마하승기율(摩訶僧祇律)』, 유부의 『십송율(十誦律)』과 『근본율(根本律)』과 『유부비내야(有部毘奈耶)』 등이 있으며, 이외에 각 파마다 각기 율장을 가지고 있었다. 남전 율장으로는 팔리율(巴利律)이 있다.

3. 논 장

논장은 주로 경장의 해설이나 주석을 통해서 교리나 학설을 체계화한 것이다. 중요한 것으로는 기원전 1세기경에 가다연니자(迦多衍尼子)가 쓴 『발지론(發智論)』이 있으며, 그 후 세우(世友)가 쓴 『이부종륜론(異部宗輪論)』이 있다. 그리고 『발지론(發智論)』의 주석서인 500대 아라한 편저 『대비바사론(大毘婆沙論)』, 시타반니(尸陀般尼)의 『비바사론(鞞婆沙論)』, 법승(法勝)의 『아비담심론(阿毘曇心論)』, 법구(法救)의 『잡아비담심론(雜阿毘曇心論)』과 경량부(經量部) 하리발마(訶梨跋摩)의 『성실론(成實論)』이 있다.

그 후 굽타왕조시대(기원후 4~5세기)에 세친의 저술로 알려진 『아비달마구사론』(『阿毘達磨俱舍論』–『俱舍論』)이 나왔다.

대승의 용수가 쓴 『중론(中論)』 『12문론(十二門論)』 『대지도론(大智度論)』과 제바(提婆)가 쓴 『백론(百論)』이 있고, 미륵이 쓴 『유가사지론(瑜伽師地論)』, 무착의 『섭대승론(攝大乘論)』, 세친의 『이십유식론(二十唯識論)』 『삼십유식론(三十唯識論)』, 진나(陳那)의 『집량론(集量論)』, 마명(馬鳴)의 『대승기신론(大乘起信論)』이 있다.

중국의인들의 중요 저작으로는 승조의 『조론(肇論)』, 승우(僧祐)의 『홍명집(弘明集)』, 지의의 『법화현의(玄義)』와 『마하지관(摩訶止觀)』, 길장(吉藏)의 『대승현의(大乘玄義)』 『삼론현의(三論玄義)』, 규기(窺基)의 『성유식론소(成唯識論疏)』, 법장의 『화엄오교장(五敎章)』 『화엄금사자장(金獅子章)』, 종밀(宗密)의 『선원제전집도서(禪源諸詮集都序)』, 혜능의 『단경(壇經)』이 있다.

우리나라의 대표적인 저작으로는 원효의 『법화경종요(宗要)』 『금강삼매경론』 『대승기신론소』 『화엄경소(華嚴經疏)』, 의천의 『대각국사문집』, 지눌의 『진심직설(眞心直說)』 『원돈성불론(圓頓成佛論)』, 그리고 휴정의 『선가귀감(禪家龜鑑)』이 있다.

제5절 불교의 철학적 영역

1. 철학에서 종교로 발전

석가는 '자기 자신을 등불로 삼고(自燈明), 법을 등불로 삼아라(法燈明)!'라고 유언하였으며, 제행무상과 제법무아 등을 말하고, 신을 부인하였다. 인도의 철학자들이 대부분 그런 것처럼 석가도 올바른 앎을 통해서 인생의 괴로움(苦)을 해결하고자 하였던 철학자였다.[9] 그러나 그 후 그의 추종자들이 그를 신격화하여 불교라는 종교를 만들었던 것이다.

고대 인도에서는 종교적인 것과 철학적인 것이 결합되어 있었으며, 불교도 그러한 경향이 없지 않았던 것이다. 그러므로 전술(제1장 제1절)한 바와 같이 불교를 철학이라고 하는 사람도 있으며, 철학적인 색채가 강한 종교라고 하는 사람도 있다.[10]

불교는 석가 이후 점차 종교로 발전되어, 무수하게 많은 종파가 발생했을 뿐만 아니라, 그들의 철학적 내용이 매우 다양하고 풍부하게 되었다. 그러나 이들 가운데서 철학적으로 중요한 유파로는 인도 부파불교의 하나였던 유부의 철학과 대승의 중관학파·유가행파가 있으며, 중국 대승불교의 천태종·삼론종·화엄종·선종 등으로 나누어 볼 수 있다.

---

9 김동화는 "석가가 一心의 自由境에 도달하여, 그 일심의 知的 작용은 철학적 이론을 구성하게 되고, 그 情的 작용은 종교적 정서로 발전시켰으며, 또 意的 작용은 윤리학을 산출하도록 하였다"라고 하였다. — 김동화, 『불교윤리학』 28면.

10 三枝充悳, 김재천 옮김 『존재론·시간론』 58면.

2. 불교철학의 영역

이들의 구조적인 면모를 보면 우주론, 인간론, 인식론, 수행론, 윤리론의 5대 영역이 있는데, 석가의 교설들은 그 내용이 서로 얽혀 있어서 영역을 구분하기가 쉽지 않다.

다시 말하면 석가의 교설, 곧 불교의 근본교리로서 흔히 말하는 연기설 및 12연기설, 그리고 3법인설, 5온설, 12처설과 18계설, 4성제설과 8정도설, 업설, 윤회전생설 등은 그 내용이 서로 얽혀 있어서 그것을 영역별로 구분하기가 쉽지 않다.

그러나 연기설이나 3법인설 가운데 제행무상인과 제법무아인은 우주론으로 분류할 수 있으며, 12연기설, 5온설, 4성제설, 일체개고인, 업설 등은 인간론에 속한다고 할 수 있다. 그리고 5온설, 12처설, 18계설 등은 인식론과도 관련되어 있으며, 4성제설, 8정도설, 열반적정인 등은 수행론에 해당되며, 또 업설, 12처설, 18계설, 윤회전생설, 5계 등은 윤리론에 해당된다고 할 수 있다.

그런데 석가의 사후에 발생한 여러 유파들의 사상은 이러한 석가의 근본교설을 부연하여 만들어 낸 것이므로 유교나 도가와는 달리 창시자인 석가의 교설, 곧 근본교설을 이해하는 것이 매우 중요하다. 왜냐하면 도가는 노자의 사상만으로는 그 철학 체계가 빈약하며, 유교는 공자의 사후 중국의 중심 철학으로 지속적으로 발전하다가 천 수 백년이 지난 후 주자, 그리고 왕수인 등에 의하여 그 철학적 체계가 완성되었으므로 개창자의 교설만으로는 그 철학 체계가 완전하지 못하기 때문이다.

아무튼 석가는 당시 인도의 높은 수준의 철학과 종교 사상을 배경으로 하고, 35세에 득도(得道)한 이후로 80세의 장수를 누리면서 45년 동안을 지속적으로 깊이 사색하고, 설법한 끝에 이미 그 이론 체계를 완성하다시피 하였으므로 석가의 교설이 곧 불교철학의 기틀, 곧 중심 교설이 되었으며, 따라서 그 후의 불교이론은 석가의 교설을 부연한 것으로 볼 수 있으므로 불교를 철학이라고 할 수 있는 것이다.

다음에서는 우주론, 인간론, 인식론, 수행론, 윤리론의 순으로 서술한다.

제2장

우 주 론

제1절 서 설

오늘날도 마찬가지지만, 2·3천 년 전에도 사람들이 흔히 우주 만물에 대한 의혹과 호기심을 가지고 있었다. 사람들은 그것을 밝히기 위하여 깊이 사색하고 진지하게 탐구하는 과정에서 철학이 탄생하였다. 그리하여 철학의 출발점이자 핵심이 되는 것이 서양철학의 존재론 내지 형이상학과 동양철학의 우주론이었다. — 그런데 유교나 도가는 우주 만물의 본체를 인정하고 그것을 밝히려 하였지만, 불교는 본체를 인정하지 않았다.

석가는 원래 인간의 현실적인 괴로움(苦)의 문제를 어떻게 해결할 것인가 하는 것, 곧 해탈·열반에 이르는 것을 최대의 목표로 삼았으며, 그것을 달성하기 위해서 현존하는 세계, 곧 우주 만물이 어떤 것인가 하는 근본적인 문제부터 깊이 사색하여 그 해답을 찾아내려고 하였다. 그리하여 '우주 만물이 어떤 것인가?' '인간은 어떤 존재인가?' '우리가 '어떻게 살아야 할 것인가?' 하는 것 등을 분리하지 않고 말하였다. 다시 말하면 이미 앞에서 언급한 바와 같이 불교의 우주론과 인간론과 인식론과 수행론과 윤리론 등이 얽혀 있어서, 이를 분리하기가 쉽지 않다는 것이다.[11]

석가는 인간의 현실세계, 곧 인간의 삶을 고해(苦海)라 하였으

11 우리나라 불교학개론서들이 석가의 교설을 우주론·인간론·인식론 등의 문제 중심으로 구분하여 다루지 않고, 별도로 '근본교설'(동국대, 『불교학개론』) '불교의 근본교리'(김동화, 『불교학개론』) '원시불교의 교리'(황성기, 『불교학개론』) '근본불교'(이종익, 『불교사상개론』)라는 항목을 설정하여 서술하였으나, 이것들은 불교 사상서이지 엄밀하게 말하면 개론서라 할 수 없는 것이다.

며, 이러한 고(苦) 곧 괴로움을 '어떻게 해결할 것인가'를 최대의 문제로 삼고 고심하였다. 그는 우선 우리가 살고 있는 이 현상계, 곧 우주 만물의 일체 현상을 여러 각도에서 깊이 관찰하였다.

그리하여 우주 만물은 어떻게 생성되었으며, 우주 만물의 실체는 어떤 것인가? 우주 만물의 구성 요소는 무엇이며, 그리고 세계(곧 세간)는 어떻게 구성되었는가? 정신과 물질, 인간과 만물은 어떤 관계인가? 등등, 우리 인생을 둘러싸고 있는 현상계의 모든 문제를 총체적으로 철저히 탐구하여, 연기설·3법인설·5온설·12처설·18계설 등을 제시하였다. 이러한 불교의 우주론은 합리적이며, 과학적이었다.

원시불교시대부터 우주 만물을 분류하는 방법에는 여러 가지가 있었는데, 유위(有爲)·무위(無爲)의 존재로 나누는 것이 보편적이었다. 석가는 "모든 존재를 유위의 존재와 무위의 존재로 나눌 수 있다"(『잡아함』31, 『증일아함』12)고 하였다. 유위라는 것은 '만들어진 것'이라는 의미이다. 세친의 『구사론』(권5)은 그것을 더 구체적으로 색·수·상·행·식의 5온은 유위의 존재라고 하였다.

무위의 존재는 유위의 존재에 반대되는 존재로서, 현상계의 모든 존재처럼 인연에 의하여 조작되지 않고, 불생불멸하는 존재(眞如 등)를 가리키는 것이다. 곧 우주 만물의 실체를 가리키는 것이다.

요컨대 불교는 세계, 곧 우주 만물에 대해서 여러 방면, 또는 여러 차원으로 설명하고 있다. 그것들 가운데서 철학적인 측면에서 보아 생성론 곧 연기론, 실상론 곧 실체론, 우주구성요소론, 세계구조론, 곧 세계형태론의 순서로 살펴보는 것이 좋을 것 같다.[12]

---

12 方立天의 『불교철학개론』은 우주론을 생성론, 본체론, 요소론, 구조론으로 구분하고 있다.

제2절 생성론, 곧 연기론

석가는 우주와 인생에 관한 진리로서, 불교의 특징을 가장 잘 나타내는 것으로 3법인(三法印), 혹은 4법인을 말하였다. 그런데 여기에서의 법(法, dharma)이란 진리를 말하고,[13] 인이란 도장, 곧 확실한 표지를 뜻한다.

4법인 중 첫 번째 인(印)인 제행무상인(諸行無常印)의 행(行, samskāra)은 '흐르다' '옮기다'라는 뜻인데, 이것은 모임(集)의 뜻을 지닌 상스카라를 번역한 말이다. 따라서 제행이란 제법, 곧 일체, 또는 우주 만유, 다시 말하면 객관적인 외계의 모든 존재와 주관적인 정신의 여러 상태를 총칭하는 것이다.[14] 그리고 무상(無常, anitya)이라 함은 이러한 모든 존재가 시시각각으로 변하여 상주(常住)하는 것이 없다는 의미이다. 일체 곧 우주 만유는 한 순간도 머무름이 없이 인연화합에 의하여 끊임없이 생성 소멸하며 변화한다는 것이다. 그리고 이것이 현상계의 모든 만물(一切諸法)의 진실한 상태로서 틀림없는 진리라 하여 제행무상인(印)이라 한 것이다.[15]

그런데 이것은 현상계의 우주 만물은 인(因, hetu)과 연(緣, pratyaya)에 의해서 이루어진다고 하는 연기설, 혹은 연기법을 토대로 한 것

---

13 불교에서 법이라는 말은 여러 가지 의미로 쓰이고 있지만, 법이라는 말의 가장 일반적인 용법은 일체의 존재를 일컫는 것이다. 그것은 모든 존재들은 법칙성을 지니고 있기 때문이다. — 조계종포교원, 『불교교리』 175면.

14 불교에서는 물질적 존재만이 아니라, 정신적 존재까지 포함하여 말하므로 우주 만물이라는 말보다, 萬有, 一切, 諸法, 諸行, 世界, 世間이라는 말을 쓴다.

15 김동화, 『불교윤리학』 75면.

이다. 즉 이 연기법은 '인(因)은 반드시 과(果)를 초래한다'는 것이므로 인과론이라고도 한다. 아무튼 이것은 현상계의 모든 존재(일체법)는 모두 인과관계에 있다는 것이다. 다시 말하면 현상(現象)으로 드러나는 데는 시간적으로 서로서로 도와가면서 존재하며, 그것이 공간적으로는 서로서로 의지하여(相依相資) 존립한다는 것이다.

이 연기법의 연기(緣起, pratītya-samutpāda)는 인연생기(因緣生起)를 줄인 말이다. 이것은 석가가 발견한 만고불변의 진리로서, 모든 존재 곧 우주 삼라만상은 전지전능한 어떤 신에 의해서가 아니라, 인연 곧 인과 연에 의해서 스스로 생성 소멸한다는 것이다.[16]

석가는 "만일 연기(緣起)를 보면 법을 보는 것이며, 만일 법을 보면 곧 연기를 보는 것이다"(『중아함』7·32)라고 하고, "이것이 있으므로 저것이 있으며, 이것이 생기므로 저것이 생겨난다. 이것이 없으므로 저것이 없으며, 이것이 소멸하므로 저것이 소멸한다"(『잡아함』15)고 하였는데, 이것들은 모든 사물이 연기의 법칙에 의해서 생겨나고 사라진다는 것이다.

좀 더 구체적으로 말하면 이 연기법은 첫째로, 모든 존재(一切法)는 연기 곧 인과의 법칙에 의하여 생성 소멸한다는 것이다. 사물(예컨대 나무)은 인간의 의지적 행위, 곧 업(業 ; 목수)으로 말미암아 필연적 결과를 가져오게 되는 것(報 ; 집·책상 등)처럼 원인과 결과 사이에 인과관계가 있다는 것이다(因果性). 그리고 인간과 인간의 관계(예컨대 남자와 여자가 만나 자식을 낳음)도 마찬가지이다. 둘째로, 모든 존재 곧 사물의 생멸 변화에는 인, 곧 제1차적인 직접적 원인인 내인(內因 ; 예컨대 콩)과 연, 곧 제2차적인 보조적 원인인 외연(外緣 ; 예컨대 흙, 수분, 온도 등)의 화합에 의하여 생성 소멸한다는 것이다(因緣和合性). 셋째로, 모든 존재는 상호 의존하여 존재한다는 것이다. 즉 이것으로 말미암

16 因이나 緣을 因緣의 뜻으로 쓰기도 한다.

아 저것이 있게 되고, 저것으로 말미암아 생겨나기도 하고 사라지기도 한다는 것이다(相依相關性).[17]

그리고 우주 만물, 곧 모든 존재는 무상한 가운데 일정한 법칙이 있다(法住說)고 하였다(『잡아함』12). 또 모든 존재는 법칙을 요소로 해서 성립한 것이라고 하여 법계(法界)라고도 하였다(상동). 모든 존재는 법칙을 그 본성으로 삼고 있다고 하여 모든 존재, 곧 일체를 제법이라고도 하였다.[18]

연기법은 모든 사물이나 현상은 연기의 법에 의하여 끊임없이 생멸하고 변화한다는 것으로, 결국 '독자적으로 영원히 존재하는 것, 곧 상주(常住)하는 것은 아무것도 없다'는 것이 불교의 근본 철학이다. 이것은 우주론과 인간론을 비롯한 모든 불교이론의 바탕과 근거가 되는 것이라 할 수 있다.

석가는 '누가 이 연기법을 지었느냐?'고 묻는 어떤 비구에게 '연기법은 누가 지은 것이 아니라 원래 있었던 것이라'고 하였다. 즉 그는 '연기법을 스스로 깨달아 무상정등정각(無上正登正覺, 열반)을 이룩한 뒤에 중생들을 위하여 현시했다'고 하였다.

이상과 같은 연기의 이론에는 여러 가지 유형이 있는데, 그 가운데 중요한 것으로는 업감연기설(業感緣起說), 아뢰야식연기설(阿賴耶識緣起說), 진여연기설(眞如緣起說, 如來藏緣起說), 법계연기설(法界緣起說)이 있다.

---

17 고익진, 『불교의 체계적 이해』 40면 이하.

18 고익진, 위와 같음.

제3절 실상론 곧 실체론

우주 만물을 시간적으로 관찰하면 인(因), 즉 제일원인과 연(緣), 즉 보조원인이 만나서 이루어지는 것임을 알아보았다. 그러면 그러한 우주 만물은 공간적으로 관찰하면, 즉 그 실상 혹은 그 실체는 어떤 것인가? 이에 관한 이론이 실상론(實相論), 곧 실체론(實體論)이다.

석가는 이 우주 만물의 실상에 대하여 시간적 견지에서 보면 그것은 제행무상이요, 공간적 견지에서 보면 그것은 제법무아라는 것이다.

4법인 중 두 번째 인인 제법무아인(諸法無我印)의 제법은 제행과 같이 일체, 곧 모든 존재를 의미하므로 같은 말이라고 할 수 있지만, 엄밀하게 말하면 제행의 행은 상스카라(集)이고, 제법의 법은 다르마(존재)이므로 제법은 제행보다 포괄적인 의미를 가지고 있다.[19] — 단순히 법이라 하면 석가가 말한 교설의 의미이지만, 제법이라 하면 정신적·물질적인 모든 것, 곧 일체의 존재라는 의미이다.

그리고 무아(無我, anātman)란 공간적으로 고정 불변의 아(我, Ātman), 곧 실체, 또는 본체가 없다는 것이다. 그런데 이것은 고정불변의 실체가 없다는 것이지, 현상의 존재까지 부정하는 것이 아니라는 것임을 알아야 한다. — 이러한 제법무아는 불교에서만 내세우고 있는 독특한 이론이다.

일체 곧 모든 만물(一切諸法)이 시간적으로 찰나에 멸하는 것이

---

19 동대불교문화대교재편찬위원회, 『불교사상의 이해』 103면.

라 한다면, 그것은 모든 만물이 실체가 없음(無實體性)을 의미하는 것이다. 만일 모든 만물이 공간적으로 고정 불변하는 실체가 있는 것이라면 그것은 시간적으로도 절대로 전변(轉變)할 수 없다. 그러나 시간적으로 무상한 존재라면 그것은 공간적으로 실체가 없는 것이요, 또 실체가 없는 것이라면 그것은 곧 무상한 것이다.[20]

당시의 바라문교의 근본철학이 담겨있는 『우파니샤드』에 의하면 인간의 영적 존재로서 아트만인 내가 영원불변의 브라만과 합일하게 되어(梵我一如) 상주불멸의 범천(梵天)의 세계에서 영생하게 된다고 하였다.

그러나 석가는 당시의 반 브라만 비정통사상가들과 마찬가지로 『우파니샤드』의 아트만이나 브라만을 부정하고, 새로운 철학을 제시하였다. 즉 석가의 4법인설(四法印說) 중 제행무상인(諸行無常印)이나 제법무아인(諸法無我印)은 아트만이나 브라만을 부정한 것이었다.

이상과 같이 우주 만물은 인연으로 말미암아 생겨났다가 인연이 다되면 소멸하는 것이므로, 영원불변의 실체는 있을 수 없다고 하는 것이다. 그러나 이러한 석가의 주장에도 불구하고 그 후 불교에서는 '실체가 있다'고 하는 주장, '실체는 있기도 하고 없기도 하다'는 주장 등, 다양한 설이 나와서 간단하지 않다. 실체에 관한 중요한 설로는 제법개공설(諸法皆空說), 법체유공설(法體有空說), 무상개공설(無相皆空說), 유공중도설(有空中道說), 제법실상설(諸法實相說) 등이 있다.

---

20 위와 같음.

제4절 구성요소론

1. 서 설

우주의 구성요소론(構成要素論)은 우주 만물의 구성 요소에 관한 학설이다. 이것은 발전과정상으로 보면 크게 두 가지로 나누어 살펴볼 수 있다. 하나는 우주의 구성요소를 3과(三科), 곧 5온(五蘊)과 12처(十二處)와 18계(十八界)로 분석한 것이 그것인데, 인간을 우주 만물인 대우주와 유사하다고 여겨, 사람의 구성 요소가 곧 우주의 구성요소여서 인간 현실의 분석을 통해서 우주 현상을 분석해 낼 수 있다고 한 것이다.[21]

다른 하나는 전체 우주의 견지에서 본 것인데, 우주의 구성 요소를 5위법(五位法)으로 분석하고 배열한 것이다. 세친은 『구사론』을 써서 일체 현상을 '5위 75법'으로 나누었다. 그 후에 『백법명문론(百法明門論)』을 썼는데 여기에서는 이를 더 보완하여 '5위 100법'으로 나누었다.

3과설 곧 5온 · 12처 · 18계는 사람을 중심으로 하여 사람의 육체와 정신의 구조의 분류, 특히 사람의 정신 요소에 치중한 것이라 할 수 있고, 5위설(五位說)은 우주 만물의 구성 요소에 치중한 분석이라 할 수 있다.[22] 그런데 그 후로 3과설이 중시되어 왔다.

---

21 方立天, 유영희 옮김 『불교철학개론』 139면.

22 方立天, 위와 같음.

2. 3과 ; 5온·12처·18계

1) 5온

석가는 우주 만물의 구성 요소로서 색·수·상·행·식의 5온을 제시하였는데, 온(蘊, skandha)이란 근간적인 부분이라는 뜻으로, 모임 또는 쌓임(積聚)으로 번역되기도 한다. 오온(五蘊)은 5음(陰), 5취온이라고도 하였다. 특히 인간에 한정하여 말할 때에는 5취온(五取蘊)이라 하였다. — 원시경전에는 5온이란 말이 가장 많이 쓰였다.

물질적 요소인 색(色)과 정신적 요소인 수(受)·상(想)·행(行)·식(識)의 화합으로 우주 만물이 이루어졌다는 것이다(『잡아함』3). 우주 만물은 5온의 인연에 의하여 천변만화하면서, 물심(物心) 양계의 천태만상을 형성하고 있다는 것이다.

색은 극히 작은 알맹이(極微, 현대과학의 원자 혹은 원소)이며, 지(地)·수(水)·화(火)·풍(風)의 4대 요소로 되어 있다고 하였다(『잡아함』12). 그리고 수·상·행·식 가운데, 수와 상은 지적 작용을 하고, 행은 의적 작용을 하는 것이며, 식은 분별해서 알아내는 작용을 하는 것이다.

2) 12처

12처설은 인식을 성립시키는 인간의 감각기능과 그 대상의 두 방면에 대한 고찰에서 출발한 것이다. 이것은 불교의 기본적인 우주관이요, 인간관이라 할 수 있는 것으로서, 모든 존재를 인간 중심, 곧 인간의 인식 여부에 따라 판정하는 것이다. 즉 사람에 의해 인식되지 않는 것은 일단 존재하지 않는 것으로 보는 기본 입장을 취하고 있다.[23]

석가는 "일체란 12처를 말한 것이니, 안(眼, 눈)과 색(色, 빛깔), 이

---

23 고익진, 『불교의 체계적 이해』 23면.

(耳, 귀)와 성(聲, 소리), 비(鼻, 코)와 향(香, 냄새), 설(舌, 혀)과 미(味, 맛), 신(身, 몸)과 촉(觸, 감촉), 의(意, 의식, 의지)와 법(法, 존재, 개념)이다"(『잡아함』 13)라고 하여, 우주에는 이 12처가 존재한다고 하였다. 그래서 모든 것이 그 속에 들어간다는 뜻을 취하여 12입처설(入處說)이라고도 하였다. 처라는 말은 '영역' '들어오는 곳' '의거할 곳'의 뜻이 있다.[24]

이 12처설에서 인식의 주체인 6근(六根)은 그대로 인간의 정신적 요소를 나타내고, — 근(根)은 '절대적인 힘을 가진 어떤 것'이라는 뜻을 가진 인드리야(indrya)의 역이다. — 인식의 객체인 6경(六境)은 자연을 비롯한 대상의 요소를 가리킨다. 여기서 주체적 인간의 특질을 의지로 파악하고 있음을 알 수있다.[25] 여기서 주목해야 할 것은 여섯 기관 중의 제6근인 의(意)를 자율적인 의지, 또는 마음으로 보아, 인간을 자율적 주체적 존재로 보고, 제6경인 법(法)을 의지가 없는 자연물로 파악하고 있음을 알 수 있다.[26]

3) 18계

다른 곳에서는 18계를 일체라고 하는 곳도 있다. 여기서 계(界)는 종류 또는 영역을 의미한다. 주관인 6근이 객관, 곧 대상인 6경을 만나서 인식주(認識主)인 식이 요별(了別) 활동을 함으로써 즉 3사(三事; 根·境·識)가 화합하여 안식·이식·비식·설식·신식·의식의 6식을 얻게 되는데, 이 6식을 12처에 합하여 18계를 이룬다는 것이다.

다시 말하면 안근으로 사물(色境)을 보고 식별활동을 하여 얻게 되는 안식, 이근으로 소리를 듣고 식별활동을 하여 얻게 되는 이식,

---

24 고익진, 위와 같음.

25 고익진, 위의 책 24면.

26 고익진, 『불교의 체계적 이해』 24면. 그리고 그는 12처설에서 인간이 자유의지를 가지고 의지가 없는 자연을 지배하고 있는 것으로 본다.

비근으로 냄새를 맡고 식별활동을 하여 얻게 되는 비식, 설근으로 맛을 보고 식별활동을 하여 얻게 되는 설식, 신근으로 사물을 접촉하여 식별활동을 하여 얻게 되는 신식, 의근으로 대상(法境)을 인식하는 활동을 하여 얻게 되는 의식의 6식이 12처에 더해져서 18계를 이룬다는 것이다.[27]

이 18계설은 세계의 모든 존재를 안계 · 색계 · 안식계, 이계 · 성계 · 이식계, 비계 · 향계 · 비식계, 설계 · 미계 · 설식계, 신계 · 촉계 · 신식계, 의계 · 법계 · 의식계의 18계로 분별하고 있으며, 이 18계를 우주 만물을 구성하는 요소로 언급한 곳도 있다(『중아함』7). 이것 역시 사람의 감각기관인 6근과 인식의 대상인 6경이, 식의 요별 활동을 통하여 각기의 식, 곧 6식을 얻게 되는데, 이 18요소가 우주 만물을 구성한다는 것이다.

3. 5위 75법, 5위 100법

1) 5위 75법

세친은 『구사론』에서 유위(有爲)의 세계의 우주 만물(諸法)을 5위 75법으로 분류하였다. 위(位)는 종(種)의 개념이고, 법(法)은 유(類)의 개념이다. 그러므로 모든 존재를 유위법(有爲法)인 물질(色), 마음(心), 마음에 딸린 것(心所), 마음과 상응하지 않는 행(心不相應行), 그리고 무위법(無爲法)의 5종으로 나눈 것이다.

이 5위 75법은 물질적 존재이자, 감각의 대상인 색법(色法) 11종, 모든 것의 근거인 마음 곧 심왕법(心王法) 1종, 마음에 속하는 인식 작용인 심소법(心所法) 46종, 마음에 상응하지 않는 것인 심불상응

---

27 고영섭, 『불교란 무엇인가』 53면. 손 벽을 쳐서 얻은 소리를 耳識이라 할 수 있듯이, 6근이 6경을 접하여 얻은 것을 6식으로 보기도 한다.

행법(心不相應行法) 14종, 그리고 만들어지지 않는 것, 내지 생멸 변화가 없는 것인 무위법(無爲法) 3종을 칭한 것이다.[28]

2) 5위 100법

세친은 후에 원래의 5위 75법에 심왕법 7가지, 심소법 5가지, 심불상응행법 10가지, 무위법 3가지를 덧붙여 심왕법 8, 심소법 51, 색법 11, 불상응행법 24, 무위법 6의 총 5위 100법으로 분류하였다.

숫자가 다른 이유는 전문적인 것이므로 생략하고, 순서가 다른 점만 언급하면 부파불교에서는 색을 앞세우고, 대승불교의 유가행파는 심을 앞세웠는데, 그 이유는 부파불교는 객관적 물질계를 실재하는 것으로 보기 때문에 이 물질계의 구성요소인 색을 앞세웠고, 유가행파는 객관적 물질계를 실재로 보지 않고, 마음에서 나타난 영상으로 보기 때문에 심을 앞세운 것으로 보인다.

이상의 5위법 가운데 색법은 물질적인 것, 심왕법과 심소법은 정신적인 것(心所는 마음의 작동의 뜻), 불상응행법은 비정신적 비물질적인 것, 무위법은 원리적인 것이라 할 수 있다.

---

28 고영섭, 『불교란 무엇인가』 64면.

제5절 세계형태론

1. 세계의 형태

석가는 현실 세계를 파악하기 위해서 전력을 다하였으나, 세계의 기원이라든지 세계의 구조 등에 관해서는 별 관심을 두지 않았다. 그러나 교화의 필요상 당시에 널리 퍼져 있던 세계에 관한 설을 이용한 것으로 보인다. 그런데 부파불교 시대 이후로는 이를 더욱 적극적으로 받아들였다.

불교에서는 우주, 곧 세계 구조에 대하여 여러 가지로 말하고 있다. 하나는 세속세계와 불국세계로 나누는 것이요, 다른 하나는 유정세간(有情世間)과 기세간(器世間)으로 나누는 것이다.[29] 그런가 하면 당시 인도의 수미산(須彌山 – 妙高山) 중심설을 채용하거나,[30] 3천대천세계설을 내놓기도 하는 등, 우주는 공간적으로는 무량무변(無量無邊)하며, 시간적으로는 무시무종(無始無終)으로 무궁하다고 하였다.

1) 세속세계와 불국세계

우주는 공간적으로 광대무변하며, 그 가운데 삼라만상은 그 수가 실로 무한하다고 하였다. 그리고 앞에서 언급한 바와 같이 불교는 세계를 세속세계와 불국세계, 곧 불국정토(佛國淨土)로 나누었다.

---

29 세계의 형태에 관한 설은 인도 일반의 古說이다. —김동화, 『불교학개론』 129면.

30 고대 인도에서는 세계의 중심에 수미산이 우뚝 솟아 있고, 이를 중심으로 9산 8해가 있으며, 四洲와 日月 등이 있다고 했다. — 홍법원 『불교학대사전』

(1) **세속세계, 곧 삼계**

세친은 세속세계는 유정세간과 같은 것으로, 이 세속세계를 다시 욕망이 지배하는 욕계(欲界), 저급한 욕망이 단절된 색계(色界), 욕망도 형체도 없는 생명들이 사는 무색계(無色界)의 3계로 나눈다(『구사론』8,초).

(2) **불국세계**

불국정토 혹은 불토(佛土)라고도 하는데, 부처님이 계시는 곳을 가리킨다. 유부에서는 부처님이 태어나신 이 세상, 곧 사바세계(娑婆世界)를 말한다. 대승불교에서는 부처님이 살고 있는 세계를 정국(淨國), 정토(淨土), 정계(淨界)라 하고, 중생이 살고 있는 세속의 세계를 예국(穢國), 예토(穢土), 욕계(欲界)라고 하였다.[31] 그런가 하면 불국정토를 『무량수경』과 『불설아미타경』과 같은 정토계 경전에서는 미타정토(彌陀淨土 ; 국토가 황금으로 도처에 연꽃이 만발…)라고도 하고, 『화엄경』에서는 화엄세계(華嚴世界 ; 연화장 세계)라고도 한다.

2) 유정세간과 기세간

불교는 세계 또는 세간을 크게 나누어 유정세간과 기세간의 2종으로 나누기도 한다. 불교에서 말하는 세(世)는 변화, 혹은 괴멸의 뜻이 있으며, 간(間)은 간격의 뜻이 있다. 따라서 세간이란 부단히 변화하는 세계라는 뜻이다.

유정세간이란 육체와 정신을 소유한 자들의 세계로서, 중생세간이라고도 하는데, 지옥 · 아귀 · 축생 · 아수라 · 인간 · 천계의 6종이 있다.[32]

기세간이란 국토세간이라는 곳으로, 일체 중생이 살고 있는 세간이란 뜻이다. 이곳은 앞에서 언급한 욕계, 색계, 무색계의 3계가

---

31 方立天, 『불교철학개론』 176면.

32 김동화, 『불교학개론』 128면.

있다고 한다.[33]

2. 우주의 유지상속

우주 만물이 그 형태를 공간적으로 균형을 잃지 않고 존재할 수 있는 것은 인과관계에 의하여 생성 소멸하기 때문이요, 또 시간적으로 오래 존속할 수 있는 것은 역시 연기법에 의하기 때문이다. 즉 무한한 인과에 의하여 모든 만물이 시시각각으로 무상하게 변천하고 있는 것인데, 이 상태를 성·주·괴·공이라 한다.

다시 말하면 우주가 구성되어서 무너져 없어지는 기간을 4겁(四劫), 곧 성(成)·주(住)·괴(壞)·공(空)의 4기로 나누고 있다.(유부가 말한 四相 곧 生·住·異·滅과 같다) 불교는 가장 짧은 시간을 찰나(刹那, ksana의 음역, 0.013초)라 하고, 이에 상대되는 무한히 긴 시간을 겁파(劫派, kalpa의 음역)라 하는데, 겁파를 줄여서 겁(劫)이라 하였다. 다수의 찰나(24시간은 64억 9만 9천 80찰나)가 모여서 1소겁(1천 5백 9만 18년)을 이루며, 성·주·괴·공을 거친다. ① 성겁은 우주가 생성되는 기간으로서, 20소겁을 요하며, 1천 5백 9만 18년을 1소겁이라 한다. ② 주겁은 이렇게 성립된 세계가 유지되는 기간을 말하는 것으로 20소겁을 요한다고 한다. ③ 괴겁은 주겁이 다하여 점차로 파괴되는 기간으로, 이에도 20소겁이 걸린다고 한다. ④ 공겁은 다 없어져 공허하게 되어 어둠만 있는 기간을 말하는데, 여기에도 20소겁이 걸린다고 한다. 각 20소겁을 1중겁이라 하고, 또 각기의 중겁 곧 4중겁을 1대겁(12억 7천 984년)이라 하는데, 이 기간이 다하면 끊어지지 않고, 순환이 이어지며, 그리하여 세계가 헤아릴 수 없이 긴 시간에 걸쳐서 존재한다고 하였다.[34]

---

33 김동화, 위의 책 128면 이하.

34 方立天, 『불교철학개론』 186면 이하.

더 읽어야 할 책

김동화, 『불교학개론』 보련각. 『구사학』 뇌허불교학술원.

_____, 『불교유심사상의 발달』 『불교윤리학』 뇌허불교학술원.

고익진, 『불교의 체계적 이해』 새터.

황성기, 『불교학개론』 법륜사.

이중표, 『근본불교』 민족사. 『아함의 중도체계』 불광출판사.

최태종, 『월하문집』

동대불교문화대교재편찬위원회, 『불교사상의 이해』 불교시대사.

조계종 포교원, 『불교교리』 조계종출판사.

方立天, 유영희 옮김 『불교철학개론』 민족사.

木村泰賢, 박경준 옮김 『원시불교사상론』 경서원.

三枝充悳 편, 김재천 옮김 『존재론 · 시간론』 불교시대사.

上山春平 외, 정호영 옮김 『아비달마의 철학사』 민족사.

제3장

인 간 론

제1절 서 설

석가는 인간의 문제(苦)를 해결하기 위하여 출가하였다. 그러므로 인간론은 불교의 중심 문제라고 할 수 있다. 그런데 불교에서는 인간(manusya)을 비롯하여 신과 동물을 묶어서 유정(有情, sattva, 의식·영혼을 가진 존재) 혹은 일체 중생(衆生, sattva, 짐승에서 유래)이라고 한다. 중생이란 말은 원래 잡다한 생명체라는 뜻이지만, 흔히 인간의 뜻으로 사용하고 있다. 그리고 깨달은 사람을 부처라 하고, 그렇지 못한 사람을 중생이라고도 하였다.

그런데 석가는 무아설을 내세워 중생, 곧 인간은 그 실체가 없는 존재라고 하는가 하면, 인간의 존재를 인정하기도 하였다. 즉 5온설, 6근설, 6식설, 12인연설 등을 주장하여 인간의 존재를 구체적으로 밝히기도 하였다.

석가는 인간을 자신의 의지를 가지고 자유롭게 살아가는 존재라고 하였으며, 자신의 힘으로 자신을 변혁할 수 있으며, 자신의 노력으로 해탈·열반에 이를 수 있는 존엄한 존재라 하였다. 경전에서는 인간의 몸으로 태어난 것의 가치를 '눈먼 거북이가 망망대해를 떠다니다가 작은 구멍이 뚫린 나무판자를 만나 자신의 머리를 그 구멍 속에 집어넣어서 살아나는 것과 같다(盲龜遇木)'고 하였다. 인간의 존귀함을 말한 것이다.[35]

그런데 석가는 고정불변의 실체가 없다는 제법무아인을 말하며 인간을 비롯한 모든 만물은 색·수·상·행·식의 5온에 의하여

---

35 『瑞應經』의 '天上天下 唯我獨尊'의 誕生偈는 인간의 존엄성을 천명한 것이라 한다.

가화합한 것에 불과한 일시적 존재이므로 상주불멸하는 실체가 있을 수 없다고 한다. 즉 그 여러 가지의 질료가 다만 인연에 의하여 무로부터 일시적으로 유가 생겨난 것에 불과하다고 한다.[36]

"너는 중생이 있다고 하지만, 그것은 곧 악마의 소견이다. 오직 빈 쌓임의 무더기이니 중생이라는 것은 거기에는 없다. 마치 여러 가지 재목을 한데 모아 만든 것을 세상에서 수레라고 일컫는 것처럼, 모든 쌓임의 인연이 모인 것을 임시로 중생이라 부른다."(『잡아함』45)

인간(有情)은 여러 가지 질료가 화합되어 이루어진 거짓된 존재요, 고정 불변하는 어떤 실체가 아니라는 것이다. 다시 말하면 5온 가화합(假和合)의 아(我)에 대하여 상주 불변의 실아관(實我觀)을 갖는 것은 그릇된 견해(執見), 곧 망상에 불과한 것이요, 그 실상인즉 무아(無我)라는 것이다.

그러면 우리가 일상적으로 말하고 인지하는 자아는 무엇인가? 그것은 '존재를 이루고 있는 여러 가지 요소들이 일시적으로 모여서 이루어진 집합체에 주어진 이름에 불과하다'는 것이다. 이와 같이 자아는 일시적 집합체로서의 다섯 구성요소(五蘊)에 대하여 이름 붙여진 것일 뿐이지만, 없다고도 할 수 없는 것이다. 즉 일시적인 집합체로 모인 것(이름)이기는 하지만 자아는 있기 때문에 없다고도 할 수 없다는 것이다.[37]

이처럼 실체적으로는 없지만 일시적 집합체로서 모여 기능하는 이름으로 있는 자아는 우리의 일상적 '아'로서 활동하는 것이다. 이러한 자아는 경험적 자아로 인정되어야 하는 것이다. 석가는 이러한 자아로서 생명을 보존하고 활동하는 경험아, 특히 도덕책임의 주체로서 경험아까지 부정하지 않는다. 다시 말하면 석가의 무아설은

---

36 김동화, 『불교윤리학』 104면.

37 안옥선, 『불교윤리의 현대적 이해』 309면 이하.

독립적으로 존재하는 실체로서의 자아를 부정하지만, 열반을 지향해가는 주체로서의 자아를 긍정하고, 도덕책임의 주체로서 윤리적 자아를 긍정하며, 또한 이를 확립한다.

아무튼 불교는 인간이 어떤 존재인가에 관한 내용이 간단하지 않다. 다음에서 인간실상과 12연기, 인간생성인과 업, 심식설, 일체개고(一切皆苦)와 인간 등의 순으로 살펴보겠다.

제2절 인간실상과 12연기

1. 인간의 구성요소

석가는 전술한 바와 같이 대체로 인간을 성립시키는 근거가 되는 요소에 두 종류가 있다고 하였다. 하나는 정신적 요소이고, 다른 하나는 물질적 요소이다. 이 두 요소가 결합된 곳에 유정, 곧 인간이 성립한다는 것이다.[38] 석가에 의하면 5온 가운데 수·상·행·식이라는 4온은 정신적 요소이며, 그리고 색(色)은 물질적 요소로서 지·수·화·풍의 4대로 되어 있다.

석가는 우주론에서 언급한 바와 같이 이 5온 이외에 12처에서 6근과 6경을 말하고, 여기에 6식을 추가하여 18계를 말하기도 하였는데, 이 가운데서 6근은 인간의 감각 내지 정신을 말한 것이다. 여기서 주목해야 할 것은 여섯 기관 중의 제6근인 의(意)를 자율적인 의지 또는 마음으로 보아, 인간을 자율적 주체적 존재로 보고, 객체적 대상 곧 제6경인 법(法)을 의지가 없는 자연물로 파악하고 있음을 알 수 있다.[39]

그리고 그는 인간을 말할 때에 육체에 중점을 두어 말하기도 하고, 정신적인 면을 상세히 말하기도 하였으며, 그 인식활동에 중점을 두어 말하기도 하였다.[40]

---

38 木村泰賢, 『원시불교사상론』 113면.

39 고익진, 『불교의 체계적 이해』 24면. 그리고 그는 12처설에서 인간이 자유의지를 가지고 의지가 없는 자연을 지배하고 있는 것으로 본다.

40 木村泰賢, 같은 책 114면.

그런데 이러한 이론들은 중생, 곧 생물계에도 적용되는 것으로서, 모두 인간론이라고 할 수는 없다.

2. 12연기설

12연기설은 석가가 인간의 실존을 말하는 근본 교의라 할 수 있다. 불교에서는 제법의 실상을 아는 것을 지혜, 곧 반야(般若, prajña)라고 한다. 프라즈나를 중국에서 명(明, 밝힘)으로 번역하였다.

명에 반대되는 말을 무명이라 하는데, 이 무명(無明, avidyā)의 연으로 말미암아 행(行)이 있게 되고, 행의 연으로 말미암아 식(識)이 있게 되고, 식의 연으로 말미암아 명색(名色)이 있게 되고, 명색의 연으로 말미암아 6처(六處, 六入)가 있게 되고, 6처의 연으로 말미암아 촉(觸)이 있게 되고, 촉의 연으로 말미암아 수(受)가 있게 되고, 수의 연으로 말미암아 애(愛)가 있게 되고, 애의 연으로 말미암아 취(取)가 있게 되고, 취의 연으로 말미암아 유(有)가 있게 되고, 유의 연으로 말미암아 생(生)이 있게 되고, 생의 연으로 말미암아 노사(老死)가 있게 된다고 하였다.

무명은 반야의 지혜, 곧 우주 만물에 대한 참다운 지혜에 대한 무지를 뜻하는 것이다. 이 무명은 석가가 인생의 원리를 설명하는 제1원리로, 이것이 있으므로 결국 생과 노사가 있으므로, 무명을 없애버려야만 번뇌가 없는 열반적정에 이를 수 있다고 하였다.

이러한 12연기설은 그것을 관찰하는 방법으로 무명으로부터 노사, 곧 고의 발생과정을 순차로 관찰하는 방법을 순관(順觀)이라 하는데, 이것은 고가 발생하는 과정을 설명하는 방법이다. 이렇게 고 곧 괴로움이 연기하는 과정을 유전연기(流轉緣起) 혹은 유전문(流轉門)이라 하고, 이와는 달리 무명의 소멸로부터 고의 소멸까지를 관찰하는 방법을 역관(逆觀)이라 하며, 이렇게 연기하는 과정을 환멸연기(還滅緣起) 혹은 환멸문이라고 한다.

행은 행위, 동작, 또는 업의 뜻을 가지고 있다. 무엇인가를 욕구하고, 그 욕구를 달성하려고 행위하고 행동하는 것이라 하겠다.

식이란 개체가 형성되면 사물을 분별하고 자기를 주재할 수 있는 의식이 생겨나는데, 그것을 식이라 한다.

명색은 형상이 없는 심식(心識)을 명이라 하고, 물질적 존재인 육체를 색이라 하므로 몸과 마음이 합하여 형성된 존재를 말한다.

6처 또는 6입은 안 · 이 · 비 · 설 · 신 · 의의 6개의 인식기관 곧 6근을 말한다.

촉은 6처 곧 6근의 감각기관 내지 마음이 외계의 대상인 6경을 접촉하여 지각을 일으키는 일종의 '심적인 힘'이라 할 수 있다.

수는 감각기관이 외계를 접촉하여 감수하는 것을 말한다. 그것은 괴로움(苦), 즐거움(樂), 괴로움도 즐거움도 아닌 느낌(捨)이 있다고 한다.

애는 애욕 곧 탐욕을 뜻한다. 좋아하는 것을 만나거나 싫어하는 것을 만나게 되면 애착심이나 증오심을 일으키게 되는 것이다.

취는 취하려는 마음 즉 애에 의하여 추구된 대상을 취득하기 위하여 집착하는 마음, 곧 강한 애착을 가리킨다.

유는 유정(5온) 곧 인간으로서의 존재를 말한다. 집착 곧 강한 애착으로 말미암아 생성된 존재를 말한다.

생은 생존을 의미하는 것으로써 인간으로 태어나서 현생을 살아가고 있는 것을 의미한다.

노사(老死)는 늙음과 죽음을 뜻한다. 여기에는 근심(憂) · 비애(悲) · 괴로움(苦) · 번뇌(惱)가 있다.

제3절 인간생성인과 업

1. 인간생성의 동력인

석가는 인간(有情) 성립의 요소들을 결합시켜 하나의 유기체인 생명체가 되게 하는 원동력(原動力, 動力因)으로서 인연(因緣)을 말하였으며, 구체적으로 업과 애욕과 무명을 말하였다. 즉 "제업(諸業)·애욕(愛慾)·무명(無明)이 인연이 되어 다른 세상의 음(陰→五蘊)이 된다"(『잡아함』13)고 하였다. 이것은 '인간은 업과 애욕과 무명이 근본이 되어 생성된다'는 것이다.

무명이란 무지를 뜻하는데, 12연기설에서는 이 무명을 행(行), 즉 의지의 근저가 되는 것이라 하고, 4성제설에서는 무명에 상당하는 것이 애욕, 혹은 탐욕(貪慾, 渴愛)이라고 할 수 있으므로 무명이든 애욕이든 같은 것이 되는 것이다. 그러므로 무명으로 인한 애욕, 곧 탐욕이 발동하여 5온, 곧 유정이 발생하게 된다는 것이 된다. 다시 말하면 무명의 힘에 의하여 의식적 활동인 업을 짓게 되고, 그 업에 의해서 유정, 곧 5온이 생성된다는 것이 된다.

요컨대 유정 곧 5온(五蘊)을 화합시키는 제1 원인은 무명(無明)이며, 이 무명에서 비롯된 살고자 하는 욕구(貪慾)에 의하여 5온이 화합되며, 5온 곧 유정의 활동(業)으로 말미암아 유정의 상속이 이어진다는 것이다. 다시 말하면 유정의 무명으로 말미암은 살고자 하는 욕구, 곧 탐욕에서 비롯된 행위로 인(因)하여, 즉 이것이 원동력이 되어 유정이 이루어진다는 것이다.[41]

---

41 김동화, 『불교윤리학』 106면 이하.

2. 업 보 설

1) 업의 의미

업(業, karman)이란 범어 카르마를 번역한 것으로 행위, 활동, 일, 조작 등으로 번역된다. 조작이라 함은 어떤 행위에 의하여 만들어진다는 의미로 그 행위를 하는 주체는 유정인 만큼 일체 유정의 행위나 행동을 말한다.

그러면 업을 발생시키는 요인은 무엇인가? 그것은 곧 무명으로 인한 번뇌이다. 그리고 그 번뇌 가운데서 가장 근본적인 것으로 탐·진·치의 3독심(三毒心)을 들었다. "능히 탐욕(貪慾)과 성냄(瞋恚)과 어리석음(愚癡)을 일으켜서 항상 그와 같은 3독심에 얽히고 속박되어, … 번뇌를 자아내게 하여 해탈을 얻지 못하게 된다"(『별역잡아함』11)고 하였다. 3독심에 의해서 중생의 업이 발동한다는 것이다.

석가는 5온인 유정, 곧 중생은 업을 지어서 생겨난 존재라고 하였다. 즉 "중생들은 자기가 행한 업으로 말미암아 생겨난 것이다. 업으로 말미암아 보(報)를 얻은 것이다"(『중아함』44)라고 하였다. 일체 중생은 각자 자기가 지은 업에 의하여 초래되었다는 말이다.

2) 업의 과보

업설은 '원인이 있으면 결과가 있다'는 인과법칙 위에 성립된 것이다. 따라서 연기설은 인간에 적용할 때에는 업설, 곧 업보설이 되는 것이다. 업을 행할 때, 업 그 자체는 순간적으로 끝나버리나 업은 그것을 행한 존재 속에 반드시 어떤 흔적이나 세력을 남기게 된다. 업이 남긴 이 세력을 업력(業力)이라 하는데, 이것은 잠재적인 에너지로 되어서 그 존재 속에 머물러 있다가 기회가 오면, 즉 기회를 만나면 거기에 상응하는 결과를 초래하게 된다. 업력은 존재들이 살아있는 동안에는 그들로 하여금 살아가는 동력으로 작용하고, 죽은

뒤에는 그들의 미래를 만드는 동력이 되는 것이다.[42]

그런데 이러한 석가의 업보설, 곧 윤회전생설은 전술한 무아설에 배치되므로 서로 모순되는 것 같다. 그러나 여러 업은 애착과 무명 등의 번뇌로 인하여 능히 다른 세계의 5온을 쌓는다는 것이므로 상주적(常住的)인 '아'의 존재가 인정되지 않는다. '아'의 실상은 5온의 집합체에 불과한 것으로 인연소생인 5온의 '아'가 해체된다면 거기에는 아무것도 없는 것이다.

그러나 아직 5온이 해체되지 않는 가아(假我)로서의 아(我)가 무명과 애욕 등으로 말미암아 업을 짓게 되면 업의 지음에 따라서 그 다음의 이 5온이 또 집적하게 되는 것이다. 다시 말하면 5온이 재료인이 되고, 무명과 애욕이 동력인이 되어 윤회전생이 진전된다는 것이다. 이 업보윤회설은 결국 연기법에 의하여 가능한 것이다. 무아설과 업보윤회설은 서로 모순되는 것처럼 보이는 것도 연기법에 의하여 본다면 모순이 없게 되는 것이다.[43]

---

42 동대불교문화대학불교교재편찬위원회, 『불교사상의 이해』 115면.

43 김동화, 『원시불교사상』 268면 이하.

제4절 심 식 론

1. 심식의 문제

불경에서는 마음(心)에 관해서 여러 곳에서 말하고 있으나, 이것은 현대 과학으로서의 심리학과는 다르다. 불교의 그것은 철학·윤리·종교 등과 관계되고, 또한 일반적으로 경험되지 않는 전세와 내세도 다루고 있다. 그래서 불교에서는 심리학, 또는 심리이론이라고 하지 않고, 심식설 또는 심식론이라고 한다.

원시경전상에 이러한 심식론에 대하여 종합적으로 논술한 곳은 없다. 후세에는 심(心, citta)이니, 식(識, vijñna)이니, 의(意, manas)니 하여 이를 구별하여 사용하였으나, 원시불교에서는 명확하게 구분되지 않았다. 때로는 심(心) 1자로써 정신면을 표현하는가 하면(『잡아함』12), 혹은 의(意) 1자로(『법구경』술불품), 혹은 식(識) 1자로써 정신면을 표현하는 곳도 있다. 다시 말하면 원시불교시대에는 이 세 가지 명칭이 혼동되어 사용되었다. 그러나 후세에는 정신을 심이니, 식이니, 의니 하여 모두 구별하여 사용하였다.[44]

요컨대 "이른바 심, 또는 의, 또는 식이라고 칭하여지는 것"(『상응부』2)이라고 한 예에 의해서 알 수 있는 것처럼, 원시불교와 유부에서는 이 3자를 이름은 다르지만 몸은 하나(名異體同)로 보았다. 그러나 유가행파는 식을 6식으로, 의를 제7식인 말라식으로, 심을 제8식인 아뢰야식으로 보았다.

---

44 김동화, 『불교유심사상의 발달』 31면 이하.

2. 심의 성질문제

석가는 "마음은 모든 만물의 근본이다. 마음은 주인이 되어 모든 것을 부린다"(『증일아함』51)고 하였으며, "마음이 세상을 유지해가고, 마음이 세상을 이끌고 있다"(『잡아함』36)고도 하였다. 이것을 일심위주설이라 한다.[45] 우리의 마음(心)이 현상계 우주 만물의 중심이요, 주체라는 것을 주장한 것이다.[46]

아비달마불교에서는 이 마음을 더 중시하여 심소설(心所說) 등을 제기하였으며, 대승불교도 마음을 중시하여 많은 논의가 있었으며, 불성, 진여, 본각, 원각, 여래장 등의 여러 가지 이름이 나오기도 하였다.[47]

그리고 석가는 "비구여! 이 마음은 지극히 광명하고 청정(光淨)하다. 그리고 그것은 수번뇌(隨煩惱)에 잡스럽게 오염되었다"(『증지부경』1)고 하였다. 인간 곧 중생의 본심은 청정하지만 후천적으로 수번뇌로 말미암아 혼탁해져서 악하게 되었다는 것이다. 이것으로 보아도 성자의 마음(聖者心)을 본심으로 본 것이 확실하다(『잡아함』24).

그런데 원효는 청정한 마음의 참된 속성을 구체적으로 다음과 같이 말하였다. 즉 그것은 ① 광명을 지닌 큰 지혜이며(大智慧), ② 만물을 남김없이 비추며, ③ 진실하게 분별하고 아는 것이며, ④ 그 본성은 청정하며(淸靜), ⑤ 깨끗하고 서늘하며(淸凉), ⑥ 변함이 없으며, ⑦ 스스로 존재하는 것(自存)이라고 하였다.[48]

---

45 김동화, 『원시불교사상』 215면.

46 김동화, 같은 책 45면.

47 지눌은 心地(『보살계』), 菩提(『반야경』), 法界(『화엄경』), 如來(『금강경』), 열반(『반야경』), 如如(『금광명경』), 法身(『정명경』), 眞如(『기신론』), 불성(『열반경』), 摠持(『원각경』), 여래장(『승만경』), 圓覺(『了義經』) 등이 모두 심의 다른 이름이라 하였다. — 『진심직설』3.

3. 심법과 심소법

원시불교에 없었던 심소법(心所法)이라는 개념이 아비달마불교에서 새로 생겨나고, 또한 다양한 교리가 조직되었다. 예를 들면 원시경전에서는 5온 가운데 수·상·행·식은 그 하나하나의 항목이 독립적인 마음의 작용이었으며, 또 12연기에서 촉·수·애·취 등도 각각 독립적인 마음의 작용이었다. 이것들의 작용을 마음으로 보았던 것이다.[49]

아비달마불교에서는 구체적인 마음을 마음의 주체인 심법(心法)과 마음의 속성, 혹은 작용인 심소법으로 이루어진 복합적인 것으로 파악하였다. 마음의 주체를 심법, 또는 심왕(心王)이라고 하고, 마음의 작용을 심소법이라 하였다. 원시경전에서는 수·상·행 등은 식과 대등한 입장으로 함께 마음의 작용을 이루는 하나의 마음이었지만, 아비달마불교에서는 수·상·행 등은 식에 종속된 마음의 속성에 지나지 않는다고 생각하였다. 원시불교에 없었던 심소(心所)라는 새로운 개념이 발생한 것이다.

4. 아뢰야식설

심리현상에 관하여 전술한 바와 같이 유가행파는 6식설을 발전시켜 8식설을 주장하였다. 무착이 석가가 말한 안식·이식·비식·설식·신식·의식의 6식에 말라식과 아뢰야식의 두 가지를 더하여 8식설을 제시하였는데, 세친이 이 설을 계승하였다.

그는 8식 가운데의 안식·이식·비식·설식·신식의 다섯 가지

---

48 이기영, 『원효사상 1』 100면.

49 三枝充悳 편, 『인간론·심리학』 187면.

를 전5식이라 하고, 이것들은 각자의 감각기관이 아무런 사유나 분별없이 각 대상을 6식의 요별 활동을 통해서 지각할 뿐이라고 한다. 그리고 제6의식은 지·정·의의 정신적 활동을 하며, 나아가 전5식을 통하여 주어지는 대상들에 대하여도 분별하고 집착하며, 실제로 존재하지도 않는 대상을 생각하기도 하며, 판단·추리·상상·기억 등 넓은 의미에서의 사고 작용도 한다. 그리고 또 그것에 바탕을 둔 경험을 종합하고 통일하는 통각(統覺) 작용의 기능도 수행한다.

제7식인 말라식(末那識, manas)은 생각하고 헤아리는 의식이므로 사량식(思量識)이라고도 한다. 이것은 아뢰야식에 의지하여 생겨난 것으로 자기라는 것에 대한 관념을 지어내고, 이기적인 의지를 가지고 자아에 집착하므로 번뇌를 야기하기도 한다. 이것은 아뢰야식과 마찬가지로 자나 깨나 활동하고 있는 것으로써 나머지 6식들에 동일성을 부여하고 그들의 활동의 전제가 된다. 6식은 개별적으로 활동하다가 중지하지만, 이것은 끊임없이 활동하면서 정신활동을 유지시켜주는 심층의식이다.

제8식인 아뢰야식(阿賴耶識)은 일종의 잠재의식으로, 모든 의식의 근본이기 때문에 근본식이라고도 하고, 모든 존재를 인식, 곧 산출할 수 있는 능력을 가진 것이라 하여 종자식(種子識)이라고도 하며, 모든 종자를 저장한다고 하여 장식(藏識)이라고 하는 등 여러 가지 명칭으로 불린다.[50]

그런가 하면 중생들이 업을 지으면 그 업력이 배어들어 가서 그 속에 저장되었다가 어떤 계기로 인연을 얻게 되면 되살아나므로 이숙식(異熟識)이라고도 한다. 즉 우리는 업보를 짓고, 그 업보가 아뢰야식에 저장되었다가 다시 다른 존재로 살아난다는 것이다.[51] 그

---

50 ālaya를 음역한 것으로 아려야(阿黎耶), 아리야(阿梨耶)로도 번역되었다.

51 三枝充悳, 『세친의 삶과 사상』 93면 이하.

리고 모든 중생이 각자의 서로 다른 아뢰야식을 가지고 있는데, 이것은 항시 활동하고 있으나, 아무런 구체적인 인식작용을 하지 않고, 번뇌에 덥혀 있지도 않으며, 선악도 없지만, 아뢰야식 안에 있는 배어 들어간 종자들은 선악의 구별이 있고, 그것에 의하여 윤회 전생한다고 하였다. 그런데 아집(我執) 등이 없는 열반에 이르면 이 아뢰야식은 자연히 없어진다는 것이다. 따라서 이것은 중국의 법상종에서 말하는 것처럼 진여나 법성과 같이 불변하는 존재가 아니라고 한다.[52]

---

52 동대불교문화대학불교교재편찬위원회, 『불교사상의 이해』 183면.

제5절 일체개고와 인간

1. 일체개고

석가는 4법인설에서 일체개고인(一切皆苦印)을 말하였다. 일체는 '모든 것' '온갖 것'을 뜻하는 말로서 제행이나 제법과 같은 '모든 현상적 존재'를 가리킨다. 개고의 개(皆)는 '모두' 혹은 '다'의 뜻이며, 고(苦)는 '잘 나가지 않는다' '하기 어렵다' '힘이 들다'는 뜻을 가진 두카(dukkha)를 번역한 것으로 괴로움을 뜻한다.

석가는 일체 곧 모든 것이 고(苦)라고 하였다. 인생의 삶 자체가 괴로움이라는 것이다. 그리하여 그는 인생 곧 생·노·병·사라는 이른바 4고로부터 인간이 어떻게 벗어날 수 있을 것인가를 알기 위하여 출가하였으며, 그가 6년간의 고행 끝에 득도한 것도 그 고로부터의 해탈의 도(道)를 찾았기 때문이요, 그리하여 불교가 성립하게 되었던 것이다.

인간은 누구나 상주(常住)를 원하고 불생불멸을 원한다. 만약 이 원(願)이 성취되지 못할 때에는 비관하게 된다. 이것이 일체개고인의 가장 근본적인 것이다. 그는 "수(受)도 무상하다. 상(想)도 무상하다. 행(行)도 무상하다. 식(識)도 무상하다. 무상한 것은 곧 고이다. 고인 것은 곧 무아이다"(『잡아함』1)라고 하여, 5온으로 이루어진 인생이 무상이고 무아이며, 따라서 고(苦) 곧 괴로움이라는 것이다.[53]

그는 또 "이것은 고성제다. 삶(生)도 고요, 늙음(老)도 고며, 병

---

53 김동화, 『불교윤리학』 118면.

듦(病)도 고요, 죽음(死)도 고이다. 미워하는 사람과 만나는 것도 고요(怨憎會苦), 사랑하는 사람과 이별하는 것도 고이며(愛別離苦), 구하는 것을 얻지 못하는 것도 고요(求不得苦), 요약해서 말하자면 5취음(五取陰)이 고이니라!(五陰盛苦)"(남전장 『대품』제1)라고 하여, 108번뇌 곧 인생만고(人生萬苦), 그중에서도 가장 큰 괴로움이 이른바 4고, 8고라는 것이다.[54] 이와 같이 어느 것 하나도 고, 곧 괴로움 아닌 것이 없으니, 이러한 의미에서 인생의 모든 현실을 일체개고라고 한 것이다.

2. 고관의 근거, 무상·무아

석가는 인간의 삶 곧 인생의 고를 해결하기 위하여 그 근거를 파악하려고 하였으며, 그 가장 주된 것이 제행무상과 제법무아라고 하였다. 그에 의하면 모든 만물, 곧 일체는 모두가 끊임없이 움직이고 변화한다는 것이다. 이것이 제행무상이요, 일체무상이라고 하겠다. 그리고 이러한 일체무상이라는 것은 곧 제법무아의 근거가 되는 것이다. 즉 일체무상이므로 사람의 '뜻대로 안 되는 것이 세상 일'이요, 그러므로 인생이 고라는 것이다. 석가는 다음과 같이 말하였다.

"'색은 무아이다. … 수·상·행·식도 무아이다' '비구들이여! 색은 상인가? 무상인가?' '세존이시어 무상입니다' '이 모든 무상한 것은 고인가? 낙인가?' '세존이시어 고입니다.'"(『잡아함』2).

이것이 바로 무상론과 관련하여 일면에서는 무아론의 근거를 제시하는 동시에, 다른 면에서는 그것에 기초하여 인생고라는 가치판단의 근거를 명시하고 있다. 다시 말하면 제행무상, 제법무아, 일체개고의 3법인이 석가의 세간에 대한 관찰의 총 결론이라 할 수 있다.[55]

---

54 김동화, 『불교윤리학』 120면.

55 木村泰賢, 『원시불교사상론』 227면.

— 그런데 중생들은 이 3법인을 똑똑하게 의식하지 못하여 그것을 받아들이지 못하고, '나 아닌 것을 나'라고 생각하고(我執), '나의 것이 아닌 것'을 나의 것이라고 생각하고(我所執) 있다는 것이다. 그리고 이러한 집착으로 업을 짓게 되어 고가 생겨난다고 하였다.[56]

우리의 참 모습을 발견하고, 행복에 도달하는 길을 가르치는 핵심 경전인 『반야심경』은 그 첫머리에서 다음과 같이 말하고 있다.

"관자재보살이 깊은 반야바라밀다에 이르러 5온이 모두 공한 것임을 비추어 보고, 모든 괴로움과 재앙에서 벗어났다. 사리자여! 색이 공과 다르지 않으며, 공이 색과 다르지 않으며, 색이 곧 공이며, 공이 곧 색이다."

색즉시공(色卽是空) · 공즉시색(空卽是色)이라는 것이다. 그리고 이어서 그는 5온, 곧 색 · 수 · 상 · 행 · 식으로 이루어진 '나'라는 존재도 없으며, 안 · 이 · 비 · 설 · 신 · 의도 없고, 색 · 성 · 향 · 미 · 촉 · 법도 없으며, 고 · 집 · 멸 · 도도 없다고 하였다. 다시 말하면 '제행무상'과 '제법무아'의 참다운 진리를 깨달아야 한다는 것이요, 이것이 인생의 고로부터 벗어나서 해탈 · 열반에 도달할 수 있는 길이라는 것이다.

---

56 고익진 『불교이야기』 67면.

더 읽어야 할 책

김동화, 『불교윤리학』 『불교유심사상의 발달』 뇌허불교학술원.

고익진, 『불교의 체계적 이해』 새터.

이중표, 『근본불교』 민족사.

안옥선, 『불교윤리의 현대적 이해』 불교시대사.

오형근, 『유식학 입문』 불광출판사.

이기영, 『원효사상연구 1』 한국불교연구원.

한국동양철학회, 『동양철학의 본체론과 인성론』 연대출판부.

대한불교조계종포교원, 『불교교리』 조계종출판사.

木村泰賢, 박경준 옮김 『원시불교사상론』 경서원.

三枝充悳, 김재천 『존재론 · 시간론』, 김진무 『인간론 · 심리학』 불교시대사.

田村芳朗, 이원섭 옮김 『인간성의 발견』 현암사.

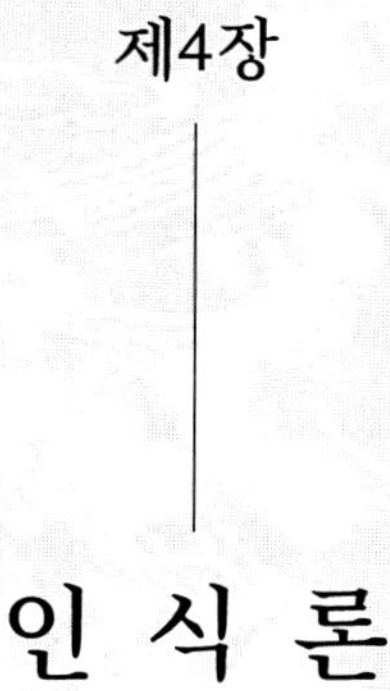

제4장

인 식 론

제1절 서 설

불교에는 서양철학의 앎에 관한 이론인 인식론(認識論, epistemology)에 해당하는 용어는 없다. 그렇지만 참된 진리에 대한 앎(知識)이 매우 중시되었기 때문에 인식이론이 없을 수 없다. 왜냐하면 석가는 인간의 무명(無明)을 고(苦), 곧 불행의 원인으로 보았으며, 그래서 무명 곧 무지로부터 벗어나는 일을 매우 중시하였기 때문이다.

다시 말하면 불교수행의 궁극 목표가 모든 사람들이 괴로움(苦)으로 부터 벗어나서 열반, 곧 행복에 이르는 데에 있으며, 그렇게 하기 위해서는 무지로부터 벗어나서 참된 진리를 알기 위한 정견(正見)의 노력이 절대적으로 필요하기에, 불교에서 앎 곧 인식은 중요한 것이었다.

석가는 6년간의 수도 끝에 득도하여 다섯 제자들에게 설법한 것을 흔히 중도의 진리라 한다. 그는 중도 혹은 중관의 견지에서 봄으로써 진리를 발견했기 때문이다. 그가 말한 대부분의 교설은 중도의 진리였으며, 그 후 용수의 공관, 곧 진공묘유를 비롯한 그의 후계자들이 내세운 중요교설들이 중도의 진리였다고 할 수 있다.

아무튼 "불교는 깨달음(覺)의 교(敎)요, 석가는 각자(覺者)이며, 각(覺)은 앎(知)의 완성인 만큼, 모든 불교의 이론이 모두 인식론이 아닌 것이 없다"고 할 정도로 불교에서 인식론도 중요한 분야가 된다.[57]

석가는 중생들의 4고, 8고, 108번뇌라는 괴로움의 원인을 분석

---

57 이중표, 『아함의 중도체계』 79면.

하고, 그리고 그 괴로움으로부터 해탈할 수 있는 진리, 곧 참다운 지혜를 찾아내기 위하여 깊이 사색한 끝에 그에 관한 진리, 곧 지혜를 발견하였던 것이다. 넓게 보면 이러한 모든 것을 인식론이라고도 할 수 있다. 이러한 넓은 의미의 인식론도, 곧 불교의 인식론으로 다루어야 할 것이다.

원시불교 곧 석가는 전술한 바와 같이 인간은 물질적 요소인 색과 정신적 요소인 수·상·행·식이라는 5온으로 이루어 졌다고 하였는데, 정신적 요소가 그 대상을 접촉하여 인식이 이루어진다고 하였다. 이것을 내심작용이라 할 수 있다.

그런가 하면 전술한 바와 같이 6근이라는 감각기능을 통해서 외계를 인식할 수 있다고 하였다. 즉 석가는 "만일 안으로 안근(眼根)이 무너지지 않고, 바깥의 색경(色境)이 밝은 빛을 받으면, 곧 식이 활동하여 안식이 생겨나게 된다"(『중아함』7)고 하였는데, 이것은 안·이·비·설·신·의의 6근이라는 인식주관이 색·성·향·미·촉·법의 6경이라는 객관에 접촉하여 요별 활동을 함으로써 안식·이식·비식·설식·신식·의식의 6식이 성립한다는 것이다.[58]

불교 인식론에 관해서는 여러 가지 문제가 있으므로 간단한 문제가 아니지만, 인식의 구조와 성립 과정, 지각적 인식과 증오적 인식, 중도의 진리와 14무기(無記), 인식론의 전개로 나누어 살펴보기로 한다.

---

58 『잡아함』 등 비교적 성립이 늦은 경전에서 根(indriya)과 處(āyatana)를 동일시하고 있다고 한다. — 三枝充悳 편, 『인식론·논리학』 2면 이하. 平川彰은 根(능력의 뜻)을 별도로 인정하는 사람도 있으나, 『잡아함』 등 비교적 성립이 늦은 경전에서 根(indriya)과 處(āyatana)를 동일시하고 있다고 한다. — 三枝充悳 편, 앞의 책 2면 이하.

제2절 인식의 구조와 과정

인식은 인식의 주관과 객관의 상호작용에 의해서 성립한다. 다시 말하면 대상을 우리의 인식주관(감각기관)이 감각하거나 생각하고 고찰하는 등의 사고를 통해서 인식한다고 한다.

불교에서 주관을 나타내는 일반적인 명칭은 심(心)인데, 이 심이라는 말로 정신작용 일반을 의미하는 경우가 많다. 심 이외에 의(意)와 식(識)은 일찍부터 심리작용 일반을 나타내는 용어로 사용되어 왔다. 전술한 바와 같이 초기에 심 · 의 · 식은 동의어였는데, 부파불교시대에 셋의 동이(同異)가 문제되기 시작하여, 심은 정신작용을 실체시하여 하나의 사물적인 것으로 취할 때의 호칭으로 쓰였다.[59]

의는 두루 생각하는 마음의 작용을 말하며, 인식기관의 의지할 곳, 곧 의근(意根)으로서 6근의 하나로 말하기도 하고, 6식의 하나로서 의식계(意識界)라고도 한다.[60] 식이란 '아는 것이 식이다'라고 말하는 것처럼 심의 작용이라 할 수 있는 것으로서, 현상계의 사물들을 보아서 구분(見分)하고, 깨달아서 알아내는 기능을 하는 것이다.

그런데 전술한 바와 같이 유가행파가 심은 아뢰야식으로, 의는 말라식으로, 식은 안식 · 이식 · 비식 · 설식 · 신식 · 의식의 6식이라고 함으로써 심식의 문제가 정리되었다.

---

59 橫山紘一, 묘주 옮김 『유식철학』 86면.

60 橫山紘一, 위와 같음.

1. 인식의 성립기관

1) 6근, 곧 6처

앞에서 언급한 것처럼 원시불교의 인식론에서는 인식의 주관으로서 여섯 개의 기관, 곧 6근(혹은 六處)이 있음을 말하고 있다.

"5근은 제각기 다른 행과 다른 경계가 있다. 곧 안·이·비·설·신근의 5근은 각자의 경계가 있어서 각각 제 경계만을 대상으로 하지만, 제6근인 의근은 그 경계를 다 받아들이며, 다른 근(根)들의 의지가 된다."(『중아함』58)

그리고 인식의 대상으로 6경을 6근과 합하여 12처, 곧 12입처(入處)라고 하였다. 석가는 "일체(一切)란 12입처이니, 그것은 안(눈)과 색(빛깔), 이(귀)와 성(소리), 비(코)와 향(냄새), 설(혀)과 미(맛), 신(몸)과 촉(감촉), 의(의식)와 법(존재, 개념)이다"(『잡아함』13)라고 하였다.

12입처 가운데 앞의 여섯이 인간의 인식기관(주관)이고, 뒤의 여섯이 인식 대상(객관), 곧 우주 만물의 현실 세계를 가리키고 있다. 그런데 그중에서도 제6근인 의근을 마음, 곧 의지라고 하고, 그 대상인 제6경, 곧 법경은 5경을 제외한 모든 것을 가리킨다. 그것은 의근이 식별해 내는 감각, 감정, 기억, 인식, 분별, 상상, 공상, 망상 등 모두를 포괄한 것이다.[61]

다시 말하면 이 6근이란 안·이·비·설·신·의를 말한다. '안근'은 보는 영역, 곧 시각의 영역을 가리키며, '이근'이란 듣는 영역, 곧 청각의 활동 영역을 가리키며, '비근'이란 냄새 맡는 영역, 곧 후각의 활동영역을 가리키며, '설근'이란 맛보는 영역, 곧 미각의 활동영역을 가리키며, '신근'이란 몸으로 접촉의 영역을 가리킨다. 이상의 5근은 감각의 세계이다. 여기에 비해 여섯 번째의 의근은 관념의

---

61 이종익, 『불교학 개론』 101면.

영역으로서, 안·이·비·설·신의 5근를 제외한 것, 즉 '생각하는 것'인 '사유작용'으로 해석할 수 있다.[62] 이것도 육체적인 감각기관이라 할 수 있으며, 5근은 외부의 대상에 대하여 식의 작용을 일으키는 것이지만, '의근'은 내부적인 대상에 대하여 그 식의 작용을 일으킨 것이다.[63]

2) 6식

무엇을 인식하기 위해서는 반드시 인식의 기관(根)과 인식의 대상(境)과 인식의 작용(識)의 세 가지가 필요한 것이다. 눈으로 사물을 보아서 식별함으로써 안식이 생겨나고, 귀로 소리를 들어서 식별함으로써 이식이 생겨나며, 코로 냄새를 맡아서 식별함으로써 비식이 생겨나고, 혀로 맛을 보아서 식별하기 때문에 미식이 생겨나며, 몸으로 사물을 접촉하여 식별함으로써 신식이 생겨나며, 마음(意根)으로 무엇(法境)을 생각함으로써 의식이 생겨나게 된다는 것이다.[64]

이 6식의 식(識, vijñāna)이란 여기서는 객관, 곧 현상계의 사물들을 분별하여 인식하는 마음인 '인식주관'을 말한 것이요, 또는 인식활동과 그 결과물로서의 6식을 가리키기도 한다. 그런데 이 식에는 안·이·비·설·신·의의 6근을 따라서 색·성·향·미·촉·법의 6경에 대하여 안식·이식·비식·설식·신식·의식의 6식이 견(見)·문(聞)·취(臭)·미(味)·촉(觸)·지(知)의 인식활동 내지 식별하는 작용(了別作用)을 통하여 생겨나는 것을 말한다.

다시 말하면 6근과 6경 사이의 인식활동을 6식의 활동이라 한다는 것이다. 예를 들면 "눈(眼)이 빛깔(色)에 다다름으로 연(緣)하여,

62 三枝充悳 편, 『인식론·논리학』 22면.

63 김동화, 『원시불교사상』 227면.

64 동대불교문화대교재편찬위원회, 『불교사상의 이해』 110면.

식별함으로써 안식(眼識)이 생긴다”(『잡아함』3)고 하였으며, 이어서 귀(耳)·코(鼻)·혀(舌)·몸(身)·뜻(意)이 소리(聲)·냄새(香)·맛(味)·촉경(觸境)에 다다름으로 연하여, 곧 식별활동을 통하여 이식(耳識)·비식(鼻識)·설식(舌識)·신식(身識)이 생긴다고 하였다. 그리고 마지막으로 마음(意)이 법경(法境)에 다다름으로 연하여, 식별활동을 함으로써 의식(意識)이 생긴다고 하는 것이다.[65]

2. 인식성립의 과정

석가는 인식작용에 대하여 다음과 같이 말하였다. 즉 “눈은 내입처로서 4대로 된 것인데, … 상대가 있는 것이다. 귀·코·혀·몸의 내입처에 있어서도 또한 그와 같다”(『잡아함』13)고 하였다. 여기서 감각기관을 내입처(內入處), 곧 근(根)이라 하였으며, 이 근은 모두 상대가 있는 것이라 하였다. 즉 이 5종기관은 외계만을 대상으로 하는 것인바, 이 5종 모두 분산적인 것으로 종합·통일의 능력이 없는 기관이다. 석가는 “이 5근은 제각기 별경(別境), 곧 별계(別界)를 인식하고, 서로 다른 경계를 인식하지 못한다. 이 5근이 다른 경계를 인식하지 못하는 것은 의근 때문이다. 의근은 다른 경계를 모두 인식한다”(『중아함』58)고 하였다.[66]

“식은 연에 의해서 생겨난다. 그 연이란 곧 안근이 색을 연으로 삼아 기능함으로써 생기며, 식이 생긴 뒤에 안식이라 한다. 이와 같이 이근·비근·설근·신근에 있어서도 또한 그러하며, 의근이 사물(法)을 연으로 삼아 활동함으로써 식이 생기며, 식이 생긴 뒤에 의식이라 한다.”(『중아함』54)

---

65 양훼이난, 원필성 옮김 『불교사상사』 99면 이하.

66 김동화, 『불교학개론』 429면 이하.

3. 내심작용

앞에서는 인식주관의 활동을 통한 외계의 인식에 대하여 살펴보았는데, 이제 내심(內心) 작용의 측면에 대하여 살펴보면 우선 석가는 5온설에서 물질적인 색온 이외에 수·상·행·식이라는 심, 곧 정신적인 4온을 내세웠다. 이들(心)은 결국 정신의 주체로서의 인식기능(統覺이라는 개념), 곧 내심 작용을 하는 것이다.[67]

1) 수(受)는 '받아들여서 안다'는 뜻 곧 감수(感受)의 뜻을 가지고 있다. 즉 내적인 감각기관들이 그에 상응하는 외적 대상들을 접하여 그것을 받아들여 안다는 것이다. 이것은 지적으로 아는 것이라기보다 '느낌'으로서 아는 것이며, 그 느낌에 쾌·불쾌의 감정을 포함한다. 석가에 의하면 이 수(受)에 세 양태가 있다. 괴로운 것(苦→不快)과 즐거운 것(樂→快), 그리고 괴롭지도 즐겁지도 않은 것(不苦不樂→중용)이 그것이다(『중아함』58).[68]

2) 상(想)은 우리의 주관적 감각기관이 외계의 객관적 대상을 접하여 마음속에서 그것이 무엇인가를 생각하여 그 형상을 알아내는 것을 말한다. 이것 역시 감각기관들과 그에 상응하는 대상들과 만나서 생겨난다. 붉은 꽃을 볼 경우 지각에 의해서 인식작용이 생기게 되고, 그 다음에 마음이 붉은 꽃이라는 개념을 만들게 된다. 이때 '붉은' 또는 '꽃'이라는 개념, 또는 그 작용이 상이다.[69]

3) 행(行)은 의지의 작용을 뜻한다. 즉 우리의 몸을 움직이게 하는 작용으로서, 의지에 상당하는 것이라 할 수 있다. 후대의 아비달

---

67 木村泰賢, 박경준 옮김 『원시불교 사상론』 135면. 원시불교는 수·상·행·식의 4온을 모두 심의 내용으로 보는데, 부파불교에서처럼 심과 심소를 분리해서 보면 수·상·행은 심소가 되고, 식은 소위 심왕이 된다고 한다. — 같은 책 136면.

68 木村泰賢, 위의 책 136면.

69 동대불교문화대불교교재편찬위원회, 『불교사상의 이해』 97면.

마불교에 이르러 소위 심소론(心所論)이 크게 발달하자, 수와 상을 제외한 다른 심의 작용, 곧 기억, 사상, 추리 등을 모두 이 행온(行蘊) 속에 포함시키게 되었다.

4) 식(識)은 분별해서 알아낸다는 뜻이다. 그런데 석가는 식을 넓은 의미로 모든 심의 작용도 포함되는 것의 의미로 사용하였다. 따라서 이 경우 심(心)이나 의(意)와 같은 것으로 말하였다. 그러나 5온설의 경우에서 사용되고 있는 것과 같은 좁은 의미의 식이라 할 때에는 우리의 인식기관이 대상을 보고 분별하여 알아내는 것을 말한다.[70]

---

70 木村泰賢, 『원시불교 사상론』 138면.

제3절 지각적 인식과 증오적 인식

1. 지각적 인식

전술한 바와 같이 우리가 인식하는 모든 존재는 우리의 인식주관이 대상과의 접촉에 의해서 이루어지는 것인데, 석가는 이러한 인식을 범부의 견지에서 보는 지각적(知覺的) 인식이라 하고 있다. 그리고 이와는 다른 성자의 증오적(證悟的) 인식을 말하였다.

지각적 인식은 앞의 '인식성립의 과정'에서 이미 서술한 바와 같이 안·이·비·설·신·의 등의 우리의 인식 주관인 6근이, 색·성·향·미·촉·법의 6경에 대하여, 안식·이식·비식·설식·신식·의식의 6식이 견(見)·문(聞)·취(臭)·미(味)·촉(觸)·지(知)의 요별 활동을 하여 생겨난다는 것이다. 이것은 이미 언급했으므로 여기에서는 생략한다.

2. 증오적 인식

석가는 위에서 말한 지각적 인식은 불교 수행의 궁극 목표인 해탈·열반에 이르는 진리가 아니므로 참다운 진리가 될 수 없다고 하고, 해탈·열반이라는 목표에 도달하기 위한 진리로 증오적 인식을 말하였다. 즉 불교에서의 진정한 의미의 인식은 지각적 인식이 아니라 증오적 인식이라고 하였다. 전문적으로는 이것을 인식이라 칭하지 않고 지(智)니, 혜(慧)니, 명(明)이니, 지혜이니, 반야(般若 ; 지식이나 지혜를 초월한 것) 등으로 칭한다. 그리고 이런 것을 얻은 형식을 지(知)라고 하지 않고, 증(證)이니, 오(悟)니, 각(覺)이라고 하였다. 그런데 이것

은 실천에 의하여 증득(心證體達)한 실증적 인식이라 할 수 있다.[71]

석가는 "이미 법을 본 자는 나를 본 것이다. 법이 있으면 곧 내가 있는 것이다!"(『증일아함』20)라고 하였는데, 증오적 인식 대상은 바로 여기에서 말하는 법이라 할 수 있다. 성도하기 직전에 석가 사색의 초점이 그 자신의 내심에 집중되었던 결과, 그 자심(自心)의 진면목이 체득되었으니, 자기 마음의 일면성인 망심(妄心)과 그 망심의 본질인 본유청정심(本有清淨心)도 알게 되었다. 그리고 증오(證悟)한 이 후 중생 교화를 위하여 교시한 법으로서의 연기법이니, 3법인이니, 4성제니 하는 것 등이 곧 그것이라 할 수 있다.[72]

이와 같은 증오적 인식은 석가만이 가능한 것이 아니고, 누구나 인득(認得)할 수 있는 것이므로 인식설이 될 수 있는 것이다. 불교는 이와 같은 증오적인 절대적 보편적인 인식을 가르치는 것(認識教)이라고도 할 수 있다. 그리고 증오적 인식은 안·이·비·설·신 등 전5식으로서는 불가능하며, 다만 심(心) 곧 마음으로만 가능한 것이라 할 수 있다.[73]

그런데 지각적 인식은 용수가 말한 속제(俗諦)의 의미를 가지고 있으며, 증오적 인식은 진제(眞諦)의 의미를 가지고 있다고 할 수 있다. 그리고 '속제에 의지하지 않고는 진제를 얻을 수 없고, 진제를 얻지 못하고서는 열반을 얻을 수 없다'는 『중론』의 표현을 빌리자면, 범부들이 지각적 인식을 통해서 즉 세간에 의지하지 않고서는 세간의 실상에 대한 인식을 얻을 수 없으며, 그렇게 되면 해탈·열반을 얻을 수 없다고 한다.[74]

---

71 김동화, 『원시불교사상』 231면.

72 위의 책, 235면 이하.

73 위의 책, 237면 이하.

74 이중표, 『아함경의 중도체계』 80면.

제4절 중도의 진리와 14무기

1. 중도의 진리

석가가 제시한 모든 교설들은 집착이나 편견의 입장을 떠난 중도의 관점, 곧 중관(中觀)함으로써 발견해낸 것들이라고 할 수 있을 정도이다. 흔히 불교의 교설들을 중도(中道)의 진리라고도 하는데, 이것이 석가의 인식의 근본 틀이라고 할 수 있다. 그래서 불교의 대부분의 주요 교설들은 이에 입각하지 않은 것이 거의 없다고 할 정도이다.

석가는 "일체의 만물이 무아라고 하면 이 중에 어떤 '나'가 있어서 이렇게 알고, 이렇게 본다고 말하고 있는가?"(『잡아함』10)라고 하였는데, 무아라고 하지만 현재 나는 분명히 있지 않느냐는 것이다. 그리고 그는 "세상 사람들은 '혹은 있다. 혹은 없다'는 두 극단에서 미혹한다. … 나는 두 극단을 떠나서 중도에서 설한다"(『잡아함』10)고 하여, 중도의 관점에서의 인식, 곧 중도의 진리를 강조하였다. 이것은 그 후 그의 계승자들의 진리 인식의 기틀이 되었다.

아무튼 실천적 중도설이나 유무중도설을 비롯한 이론적 중도설은 물론 3법인설, 연기설, 14무기 등, 그리고 용수의 진공묘유설과 8불중도설, 세친의 삼자성설(三自性說), 천태종의 3제원융설(三諦圓融說), 그리고 석가의 무아설과 동시에 경험아를 적극적으로 긍정한 인간관, 4성제와 여러 가지 수행관, 지관병진(止觀竝進), 곧 정혜쌍수의 수행관, 자비희사(慈悲喜捨)의 4무량심(四無量心) 등의 윤리론의 기틀이라고 할 수 있는 자리이타(自利利他)의 윤리관 등 수많은 교설들이 중도의 관점에서 나온 것이라고 할 수 있다.

2. 14무기와 중도설

1) 14무기

석가가 제자들의 물음에 답변을 하지 않은 것이 있었다. 『중아함』(60)의 '전유경'에는 이른바 14종의 무기(無記)가 언급되고 있다.

석가의 14무기는 ① '세계는 상(常)인가?' '무상(無常)인가?' '상이기도 하고 무상이기도 한가?' '상도 아니고 무상도 아닌가?' ② '세계는 유한인가?' '무한인가?' '세계는 유한이며 무한인가?' '유한도 아니고 무한도 아닌가?' ③ '정신과 육체는 하나인가?' '둘인가?' ④ '여래는 사후에 있는가?' '없는가?' '있기도 하고 없기도 한가?' '있지도 않고 없지도 않은가?' 하는 것이다. 이것들에 대하여 석가는 언제나 답변을 하지 않았다는 것이다. 그 이유는 첫째로는 열반과 깨달음에 아무런 도움이 되지 않기 때문이라는 것이요, 둘째로는 연기하는 것은 유와 무의 두 끝을 떠난 중도적인 입장에서 보는 것이기 때문이라는 것이다.[75]

이 14무기는 유(有)와 무(無), 단(斷)과 상(常), 일(一)과 이(異), 자작(自作)과 타작(他作) 등의 두 극단에 치우쳐 있는 것들로서, 이것들은 진리의 입장, 곧 중도의 입장에서 보면 어느 일방적인 단정을 내릴 수 없다는 것이다. 따라서 석가가 침묵을 지키지 않을 수 없었던 것이다.

2) 실천적 중도설

석가는 자신이 탐구한 우주론, 인간론, 인식론, 수행론, 윤리론

---

75 고익진, 『불교의 체계적 이해』 51면.

등, 그의 철학을 중도적인 관점에서 보아서 참다운 진리를 밝혀냈다고 할 수 있으며, 따라서 이것은 석가의 철학적 인식의 토대라고 할 수 있다.[76]

이러한 중도사상은 두 가지로 나누어 볼 수 있는데, 그중 하나는 8정도로 구체적으로 제시된 실천 행으로서의 중도요, 다른 하나는 연기설로 제시된 이론으로서의 중도설이다.

석가가 성도 후 처음으로 다섯 제자들에게 설법한 것이 바로 '참다운 진리를 터득하고 궁극적인 경지에 도달하기 위한 수행법'으로 고행과 낙행의 두 가지를 버리고, 8정도를 행할 것을 제시하였다. 이것을 흔히 고락중도(苦樂中道)의 수행법이라 한다.

"극히 하천한 업을 구하는 범부처럼 탐욕의 즐거움을 추구하지 말고, 또한 성자의 행이 아닌 아무런 의미 없이 괴로움에 이를 뿐인 스스로의 고행을 추구하지도 말라! 이 두 가지 치우침을 떠나면 곧 중도가 있으니, 그것은 눈이 되고 지혜가 되어 자재로이 선정을 이루며, 지혜로 나아가고, 깨달음으로 나아가며, 열반으로 나아간다. … 정견(正見)에서 정정(正定)으로 나아가는 8정도(八正道)가 있다"(『중아함』43)

당시 행해지고 있던 사문들의 쾌락주의와 자이나교 교도들의 고행주의를 버리고, 자신이 터득해 낸 중도의 수행법인 8정도를 행하여 열반에 이르도록 하라는 것이다.

3) 이론적 중도설

석가는 유무중도(有無中道), 일이중도(一異中道), 단상중도(斷常中道), 자작타작중도(自作他作中道)를 말하였는데, 이것은 이론적 중도설이라 할 수 있다.

---

76 김동화, 『원시불교사상』 107면.

(1) **유무중도**

"세상 사람들은 '혹은 있다. 혹은 없다'는 두 극단에 의해서 미혹에 빠져 있다. 세상 사람들은 여러 경계를 취하므로 마음이 분별에 집착한다. … 세간의 모임(集)을 참답게, 그리고 바르게 관찰하면 세간이 없다는 소견이 생기지 않을 것이다. 그리고 세간의 멸함(滅)을 참답게, 그리고 바르게 관찰하면 세간이 있다는 소견이 생기지 않을 것이다. 그러므로 여래는 두 극단을 떠나서 중도에서 설한다." (『잡아함』10)

세상 사람들은 만유는 있다는 견해, 곧 유견(有見)을 고집하거나, 그렇지 않으면 만유는 없다는 견해, 곧 무견(無見)의 일변에 치우쳐 있으므로, 그것은 유와 무의 근본인 중도를 모르는 독단에 불과하다는 것이다.[77]

(2) **일이중도**

"영혼이 곧 육신이라는 주장이 있고, 혹은 영혼과 육신이 서로 다르다는 주장이 있지만, 이들의 주장의 의미는 한 가지인데, 여러 가지로 다르게 주장한 것이다. … 그러므로 이 두 주장에 따르지 말고, 마음을 바르게 하여 중도로 향해야 할 것이다."(『잡아함』12)

일이(一異)의 문제도 무아에 대한 무지에서 비롯된 것이므로 '영혼과 육신은 하나다' 혹은 '영혼과 육신은 다른 것이다'라는 두 주장을 따르지 말고, '하나도 아니고, 다르지도 않다'는 중도의 진리인 연기법을 정견으로 받아들여 사견(邪見)을 물리쳐야 한다는 것이다.

(3) **단상중도**

'아'가 있다고 생각하느냐?'는 등의 바차(婆蹉)의 세 차례의 물음에도 석가가 대답하지 않으므로, 아난다가 그 이유를 묻자, 석가는 "내가 만약 '아'가 있다고 한다면 그것은 곧 상견(常見)이요, 내가

---

77 김동화, 『원시불교사상』 130면.

만약 '아'가 없다고 한다면 그것은 곧 단견(斷見)이다. 나는 두 극단을 떠나 중도의 입장에 서 있으므로 말하지 않는 것이다"(『잡아함』34)라고 하였다. '아'가 있다는 상견이나, '아'가 없다는 단견이 모두 일변에 치우친 사견(邪見)이요, 상견도 단견도 아닌 중도의 입장에서 보면 '아'는 있기도 하고, 없기도 하다는 것이다.

(4) 자작타작중도

석가는 중생 곧 모든 사람이 해탈 · 열반에 도달하여 인생의 괴로움(苦)에서 해방되는 것을 궁극적 목표로 삼고 있는데, 괴로움에서 벗어나기 위해서는 먼저 괴로움이 누구에 의해서 생겨난 것인가를 문제 삼지 않을 수 없는 것이다. 여기에서 괴로움은 자기가 지은 것인가? 아니면 남, 곧 타자가 지은 것인가? 하는 문제를 자작타작중도설로 풀고 있는 것이다. 석가는 '괴로움은 자작(自作)인가? 타작(他作)인가? 자타작인가? 비자비타무인작인가?' 하는 물음에 대하여 무기의 태도를 취하였다(『잡아함』12). 다시 말하면 이들 사견을 모두 배척하고 중도의 입장에서 이 문제에 대해서 논의한다고 하면서 연기법, 또는 12연기설을 말하였다.[78]

78 이중표, 『아함경의 중도체계』 65면 이하.

제5절 인식이론의 전개

1. 8불중도설과 진속이제설

1) 8불중도설

용수는 공(眞空妙有)의 인식과 관념에 대하여 "생겨나는 것도 아니고, 또한 소멸되는 것도 아니다. 항상 있는 것도 아니고, 또한 없어지는 것도 아니다. 같은 것도 아니고, 또한 다른 것도 아니다. 오는 것도 아니고, 또한 가는 것도 아니다"(『중관론』첫머리)라고 하였다.

그는 모든 만물이 인연을 만나서 생겨나고, 머무르고, 허물어지고, 사라지는 것이지만(成·住·壞·滅), 참으로 무에서 유가 생겨나고, 유가 무로 사라지는 것이 아니라는 것이요, 그것은 상주하지도 않고, 또한 그렇다고 단절되지도 않으며, 결코 같지도 않고, 또한 다르지도 않으며, 오는 것도 아니고, 또한 가는 것도 아니라는 것, 곧 8불중도(八不中道)를 주장하였다.[79]

요컨대 모든 존재의 실상은 일체의 상대적 인식관념을 초월하고, 이것을 부정하는 곳에 나타난다는 것이다. 즉 존재의 실상은 공이므로 8불(八不), 곧 중도의 인식에 의하여 드러난다고 하였다. 그는 인간의 유한한 인식능력으로서는 무한한 절대의 경지(空)를 이렇다 저렇다 하고 논하는 것은 망상이므로, 그 망상을 버리는 것이 참으로 진리를 인식하는 길이라고 한 것이다. 망상을 버림으로써 진리의 미묘한 경계가 드러난다는 말이다.[80]

---

79 이하 김동화, 『대승불교사상』 139면 이하.

2) 진속이제설

용수는 석가의 설법은 속세에서 쓰는 말로 설명되는 세간의 진리(世俗諦)와 말로 설명할 수 없는 최고의 제1진리(勝義諦)의 두 가지로 행해졌다고 하였다. 즉 그는 "모든 부처님의 설법은 이제(二諦)에 의하여 행해졌다. 그것은 세속제와 승의제이다"(『중론』24. 8)라고 하였으며, "만약 세속의 진리에 의하지 않으면 승의제를 얻지 못하며, 승의제를 얻지 못하면 열반을 얻지 못한다"(『중론』24. 10)고 하였다.[81]

세속제(世俗諦, 世諦, 俗諦)는 인연으로 말미암아 생겨난 대로 일체 세간의 차별적인 모든 사물을 그대로 긍정해서 관찰하는 것이다. 그러나 제1의제(第一義諦, 眞諦, 勝義諦)는 이러한 차별적인 현상 세계의 모든 사물을 그 본체 면에서 평등하고 동일하게 보는 것이다.

세속의 진리라는 것은 세상 사람들의 상식적인 눈으로 본 사물에 대한 사실을 말하는 것이므로, 세간적인 언어에 의해서 알려지고 있는 것이다.

그러나 참다운 진리의 입장, 곧 반야의 입장으로 보면 모든 것은 공으로서 어떠한 존재도 인정되지 않는다.

그런데 세속의 진리를 떠나서는 참다운 진리를 깨달을 수 없다고 한다. 즉 모든 석가의 교설들은 우리의 일상적인 관념들에 근거하여 이루어졌으므로 누구든지 참다운 진리를 깨닫기 이전까지는 세속의 진리를 방편으로 삼아야 한다는 것이다. 만약 참다운 진리가 세속의 진리에 의존하지 않는다면 세계의 현상을 설명할 수도 없으며, 사람을 교화할 수도 없기 때문이다. 그러므로 반드시 이 두 진리에 의해서 현상을 관찰해야 한다는 것이다. 이것을 중관, 곧 중도의 입장에서 보는 진속이제설이라고 한다.

---

80 三枝充悳 편, 김재천 옮김 『존재론 · 시간론』 76면.

81 三枝充悳, '초기대승불교의 인식론' 三枝充悳, 『인식론 · 논리학』 95면.

2. 3자성설

세친은 일체 현상의 실상을 이해하기 위하여 사물을 세 가지 각도에서 실상(實相), 곧 우주 만물을 바라볼 수 있다고 하였다. — 이리하여 3자성설(三自性說)은 존재론이면서 인식이론이 되는 것이다.

그는 일체의 실상을 이해하기 위해서는 삼상(三相), 곧 3성(三性)을 인식해야 한다고 한다. 이것이 3자성설이다. 제1단계는 감각적으로 지각되는 일체의 현상계의 사물을 독자적인 본성을 가진 실재로 망상하여 그것을 분별하고, 거기에 집착하는 것이다. 이것을 변계소집성(遍計所執性)이라 하였다. 마치 어두운 밤길을 가던 사람이 짚으로 꼰 새끼줄을 보고 뱀으로 착각한 것과 같은 것이다.

제2단계는 모든 현상계의 사물은 다른 것에 의존하여 생겨난다는 것을 아는 것이다. 즉 이것은 현상계의 사물이 있는 것 같지만 실재하지 않는 것임을 아는 것이다. 이것을 의타기성(依他起性)이라 하였다. 예컨대 전 날 밤에 보았던 것이 뱀이 아니라 새끼줄임을 아는 단계이다.

제3단계는 모든 차별성, 즉 주관과 객관의 분별과 대립을 초월한 참다운 존재(眞如)를 보는 것이다. 이것을 원성실성(圓成實性)이라 하였다. 즉 새끼줄이 짚으로 만들어진 것임을 확실하게 아는 것이다. 이것이 가장 진실하고 완전하고 원만한 인식이라는 것이다.

3. 사물불천론과 반야무지설

1) 사물불천론

승조는 사람들이 흔히 과거부터 있었던 어떤 사물이 계속해서 존재한다고 하지만, 사실은 과거의 것과 현재의 것이 서로 다른 것, 즉 별도의 사물이 존재하는 것이지, 앞의 찰나에 있던 어떤 하나의 사물이 변하여 뒤의 찰나의 어떤 하나의 사물로 되는 것은 아니라고 하였다(事物不遷). 다시 말하면 어떤 찰나의 어떤 사물이 있었다는 것은 영구히 변함없는 사실이라는 것이다. 모든 사물은 그것이 한때 있었다는 점에서 본다면 모두가 무상(無常)한 것은 아니라는 것이다.

그는 사람들은 흔히 과거의 사물이 변하여 현재에 이르는 것이므로 그것을 움직임이라고 말한다. 그러나 현재의 사물은 과거의 사물과는 다른 것이므로 변화, 곧 움직임이란 있을 수 없다고 하였다. 즉 "그러나 우리가 과거의 사물을 현재에서 얻으려고 하면 현재에 그것이 있지 않다. 과거의 사물이 현재에 그대로 있는 것이 아니기 때문에 과거의 사물이 현재로 내려오지 않았음이 분명하고, 현재의 사물이 일찍이 과거에 없었기 때문에 현재의 사물이 과거에서 오지 않았다는 것을 알 수 있다"(『조론』물불천론)고 하였다.

그는 사람들이 상주불변이라고 한 것은 실제로는 무상하게 흘러가는 것이고, 무상하다고 한 것은 상주불변이라고 하였다. 즉 "그러므로 사람들이 상주불변이라고 하는 것을 나는 무상하게 흘러간다고 말하고, 사람들이 무상하게 흘러간다고 하는 것은 나는 상주불변이라고 말한다"(상동)고 하였다. 그는 사람들이 말하는 움직임과 머무름, 상과 무상의 부정을 통하여 대립을 지양하고 통일하려고 하였다.

2) 반야무지설

승조는 반야(般若)의 지혜를 성지(聖智)라고 하고, 이것만이 참다운 지식(眞諦)이라 하였다. 흔히 말하는 지식은 반드시 그 대상을 가지고 있어야 하지만, 성지는 그 대상으로 삼을 수 있는 것이 없다고 하였다. 왜냐하면 성지는 비존재, 곧 무에 대한 지(知)이기 때문이다. 이리하여 그는 "지식은 대상에 관하여 그 무엇인가를 알고, 그것의 성질을 이해하기 때문에 지식이라고 한다. 그러나 성지는 본래 아무런 대상도 있지 않는데, 어떻게 그 대상이 있을 수 있겠는가?"(『조론』

반야무지론)라고 하였다.

이리하여 그는 대상이 없는 것은 감각을 통해서는 알 수 없고, 관조를 통해서만 알 수 있다고 하였다. 즉 "그렇기 때문에 반야는 비록 비어 있으나 관조할 수 있다"(상동)고 하였다. 무는 결코 지식의 대상일 수는 없고, 무를 안다는 것은 곧 무와 하나가 되는 상태, 곧 열반의 경지가 된다.

성지 곧 반야지는 지식의 대상으로 삼을 수 없는 것을 대상으로 하므로 보통의 지식과는 다르다고 한다. 즉 "그러므로 반야지는 참다운 진리를 보는 것으로서, 앎의 대상으로 삼지 않는다. 따라서 참다운 지혜는 그 취하는 대상이 없는데, 무엇을 안다고 하겠는가?"(상동)라고 하였다. 반야라는 것은 '아는 것이 없는 것' 곧 반야무지(般若無知)라는 것이다.

4. 이심전심

1) 교외별전

혜능은 진리는 마음에서 마음으로 전달할 수 있을 뿐(以心傳心)이고, 경전은 다만 우리 자신의 깨달음을 자극하고 환기시키는 하나의 수단에 불과한 것이라고 하였다. 즉 "모든 만물은 자기의 마음속에 있는 것인데, 어찌 마음 밖에서 진여를 볼 것인가?"(『돈황단경』1편 1)라고 하고, "참다운 지혜는 다만 마음에서 찾을 수 있는 것인데, 어찌 밖으로 향하여 그것을 찾으려고 애를 쓰는가?"(『법보단경』의문)라고 하였으며, "마음이 미혹하니 『법화경』에 굴리고, 마음이 깨치니 『법화경』을 굴리는구나!"(기연)라고 하였다. 모든 교리는 우리들 마음의 메아리에 불과하므로 교리나 경전 속에서 진리를 찾으려고 하지 말고, 자기 자신의 마음속에서 진리를 찾아야 한다는 것이다(教外別傳).

그는 또 최고의 진리는 언어나 문자를 통하여 전달할 수 없으므로, 고명한 선사일지라도 자기 자신의 깨달음의 경지를 다른 사람의 마음속에 스며들게 할 수는 없다고 하였다. 참다운 진리는 마치 스스로 물을 마셔 보고 나서 그 차갑고 뜨거운 것을 알 수 있는 것과 같이, 오로지 마음에 의하여 경험되고 터득되는 것이기 때문이다. — 따라서 혜능 이후로 선사들은 경전을 멀리하기 시작하였으며, 게어(부처님의 덕을 칭송하는 말)나 선문답, 혹은 몽둥이(棒)와 고함(喝) 등의 방법으로 제자들을 깨치게 하였다.

2) 불립문자

그는 바깥 세계의 사물에 대한 인식은 사람의 마음에 따라 결정된다고 하였다. 즉 "마음이 일어나면 갖가지 사물이 생겨나고, 마음이 없으면 갖가지 사물이 없어진다"(부촉)고 하였다. 마음은 모든 사물이 생겨나게 하는 근원이라는 것이다.

이리하여 그는 진리를 알기 위해서 경전에 집착할 필요가 없으며, 마음에 의지하여 깨달아야 한다고 하였다. "어느 날 무진장(無盡藏)이 경전을 가지고 와서 그에게 글자를 물었다. 스승(혜능)이 대답하기를 '글자는 알지 못한다. 뜻을 물어 보아라!'라고 하였다. 무진장은 '글자도 모르면서 어떻게 뜻을 알 수 있습니까?'라고 하였다. 스승이 대답하기를 '여러 불경의 묘한 이치는 문자와는 상관이 없다'고 하였다."(기연) 그리고 "진리는 하늘에 떠있는 달과 같지만, 문자는 달을 가리키는 손가락과 같다"고 하여 손가락에 불과한 문자에 얽매이지 말라고 하였다.

언어나 문자로는 참다운 진리를 표현할 수도 없으며(不立文字), 전달할 수도 없으므로 경론은 가르칠 때에 방편으로 사용할 수 있으나, 거기에 구애되어서는 안 되며, 더구나 경전의 노예가 되어서는 안 된다는 것이다.

그렇다고 경전을 무시하고 비방해서는 안 된다고 하였다. 즉 그는 "공(空)에 집착하는 사람은 경전을 비방하면서 그것이 아무 소용이 없다고 한다. 그러나 만약 문자를 쓰지 않는다면 사람과 말하는 것도 마땅하지 않다고 해야 할 것이 아닌가?"(부촉)라고 하고, "또 문자를 세우지 않는다고 하지만, 이 '세우지 않는다'는 말도 또한 문자인 것이다. … 어찌 부처님의 경전을 비방할 수 있겠는가?"(상동)라고 하였다.

더 읽어야 할 책

김동화, 『불교학개론』 보련각. 『원시불교사상』 뇌허불교학술원.

이중표, 『아함의 중도체계』 불광출판사. 『근본불교』 민족사.

고영섭, 『불교란 무엇인가』 정우서적.

木村泰賢, 박경준 옮김 『원시불교사상론』 경서원.

横山紘一, 묘주 옮김 『유식철학』 경서원.

핫도리 마사이키, 이만 옮김 『인식과 초월』 민족사.

가지야마 유이치, 『인도불교의 인식과 논리』.

三枝充悳, 심봉섭 『인식론·논리학』 김재천 『존재론·시간론』. 불교시대사.

三枝充悳, 송인숙 옮김 『세친의 삶과 사상』 불교시대사.

칼루파하나, 김종욱 옮김 『불교철학사』 시공사.

제5장

수 행 론

제1절 서 설

수행(修行, bhāvanā), 혹은 수도(修道), 또는 수양(修養)은 사람의 인품, 곧 성품 변환의 의미를 내포하고 있다. 수행의 수(修)는 '닦는다'는 말이고, '닦는다'는 것은 우리의 마음을 닦는다는 것이다. 즉 더럽고 부정적인 것(악하고, 삿되고, 미혹한 마음 등)을 닦아서 깨끗하고 긍정할 만한 것(바르고, 참되고, 밝은 마음 등)으로 변하게 하자는 것이다.[82]

석가는 자신의 설법에는 보배가 있다고 하면서, 그것은 다름 아닌 수행법이라고 하였다. 다시 말하면 석가는 수행을 모든 사람들이 열반, 곧 행복에 이르기 위한 것으로 매우 중요시 하였으며, 45년간에 걸쳐 수많은 사람들에게 그 상대방의 수준에 맞게 여러 가지 수행법을 말하였다. 그리고 석가 이후로도 불자들에 의하여 여러 가지 수행법이 제시되었다.

수행법의 문제를 고찰함에 있어서 수행에 의하여 퇴치되어야 할 대상이 전장에서 서술한 일체개고(一切皆苦)라 할 수 있다. 그러면 인생의 모든 것이 고라는 일체개고의 의식은 무엇으로부터 생겨나는가? 그것은 인간의 마음속에 인생 자체에 대한 애착심이 있는 까닭이요, 또 이 애착심이 있게 된 까닭은 생에 대한 욕망, 곧 탐욕이 있기 때문이라 한다. 즉 석가는 "중생에게 생기는 괴로움은 모두 다 탐욕이 근본이 된다. … 그것은 탐욕을 인연으로 하여 생기는 것이

82 안옥선, 『불교윤리의 현대적 이해』 21면-. 불교나 유교나 도가는 수행론을 중시하였다. 서양철학에 수행론이 없다는 것은 커다란 약점이 아닐 수 없다.

다”(『잡아함』32)라고 하고, “무릇 괴로움이 생기는 것은 모두 다 탐욕으로부터 말미암은 것이다”(『잡아함』39)라고 하였다. 탐욕으로부터 모든 괴로움이 유발된다는 말이다. 이리하여 『법구경』은 “잘 엮인 지붕에 비가 새지 않듯이, 잘 닦인 마음에는 탐욕이 스며들지 못한다”고 하여 마음의 수행을 중시하였다.

그러므로 우선 괴로움으로부터 벗어나야 하는데, 그러기 위해서는 탐욕을 비롯한 진애와 우치, 곧 탐·진·치의 3독심(三毒心)을 떨쳐버리고, 무명으로부터 벗어나서 참다운 진리를 알아야 하며, 더 나아가서 자비와 보시 등을 행하면서, 수행을 해야 한다는 것이다. 그리하여 수행의 궁극 목적인 해탈·열반, 곧 무상정등정각(無上正等正覺)을 얻어야 한다고 하였다. 그러나 이것이 쉽게 달성되지 아니하므로 여러 가지 수행의 방법이 나오게 되었다.

수행의 대상은 수행인의 심성이라고 할 수 있다. 즉 수행인의 심성, 곧 마음이 수행의 대상이 된다. 그러므로 중생의 마음에 대하여 그 본성이 청정한 것인가? 또는 예오(穢惡: 더럽고 혼탁함)한 것인가? 하는 문제가 중요할 것이다. 만약 심성이 본래 청정한 것이라면 현재에 악해져 있는 중생의 심성은 어찌된 일이며, 또 예오한 것이 중생의 심성의 본연의 상태라 한다면 수행의 가능성이 없는 것이 아니겠는가? 하는 것이 문제이다.

석가는 전술한 바와 같이 ‘마음(心)은 지극히 광명하고 청정(光淨)하지만, 그것이 여러 가지 번뇌(隨煩惱)에 잡스럽게 오염(雜染)되었다’(『증지부경』1. 14−15)고 하였다. 인간 곧 중생의 심성은 본래 청정하지만, 후천적으로 여러 가지 번뇌에 오염되어 밝고 청정한 본래의 마음이 혼탁해져서 악하게 되었다는 것이다. 그러므로 후천적인 번뇌만 제거하면 그 본성이 발휘되어 해탈·열반을 얻게 된다는 것이다.

수행론에 관하여 다음에서는 4성제와 8정도, 수행의 방법론, 해탈과 열반, 아라한·보살·불타론의 순으로 살펴보기로 한다.

제2절 4성제와 8정도

1. 4성제

4성제(四聖諦)는 4진(四眞諦) 혹은 4제(四諦)라고도 한다. 제(諦)가 진리라는 뜻이므로, 4성제는 네 가지 성스러운 진리라는 뜻이다.[83] 석가는 그러한 진리로서 고(苦)·집(集)·멸(滅)·도(道)의 네 가지를 들었다.

"네 가지 거룩한 진리를 알아야 한다. 인간 존재(五蘊, 五取蘊)는 괴로움이요(苦諦), 그것은 아집에서 일어난 것이니(集諦), 마땅히 멸해야 하고(滅諦), 그러기 위해서는 도를 닦지 않으면 안 된다(道諦). 그 도는 바로 정견·정사유·정어·정업·정명·정정진·정념·정정이다."(『중아함』17).

석가는 인간의 삶을 고해(苦海)라고 하였으며, 제행무상 곧 모든 것은 계속 변화하고, 인간도 결국 변화하고 사라져서 무(無 ; 空)로 돌아갈 것인데, 이것을 모르고 삶에 집착하여 괴로움에 시달리게 된다는 것이요, 그래서 고·집·멸·도라는 4성제를 가르치게 되었다고 하였다.[84]

석가는 이 4성제를 이른바 초전법륜(최초의 설법)에서 설법한 후로 가장 많이 설하였을 뿐 아니라, "뭇 교설은 4성제에로 집약된다"(『중아함』7)고 말할 정도로 중요시 하였다.

---

83 고익진, 『불교의 체계적 이해』 65면.

84 현각 엮음, 『선의 나침반 1』 126면.

1) 고성제(苦聖諦)의 고(苦)는 괴로움, 고통, 슬픔 등으로 번역되고 있다. 일체개고(一切皆苦) 곧 인간의 일체의 삶을 조명해 보면 온통 괴로움이라는 것을 알 수 있다는 것이다. 신체적 생리적 고통은 물론, 불안이나 고뇌뿐만 아니라 뜻대로 되지 않는 것 등, 우리의 삶 자체가 온통 괴로움이라는 것이다.[85] 석가는 괴로움을 일으키는 조건들을 12가지 연쇄, 곧 12연기설로 말하였으며, 구체적으로 4고·8고·108번뇌를 말하기도 하였다.

"이른바 고제란 태어남(生)이 괴롭고, 늙음이 괴롭고, 병듦이 괴롭고, 죽음이 괴롭다. 근심·슬픔·번민이 괴롭고, 미운 사람과 만나는 것이 괴롭고, 사랑하는 사람과 헤어지는 것이 괴롭고, 구하려는 것을 얻지 못하는 것이 괴롭다. 통틀어 말하면 5온이 모여서 이루어진 인간의 모든 것이 괴롭다. 이것을 고제라 한다."(『증일아함』17)

2) 집성제(集聖諦)의 집(集)은 '불러 모으다'라는 뜻이다. 12연기의 순관이 이것을 말하고 있다. 이것은 인간의 괴로움이 무명으로 인한 탐욕이 쌓여서 생겨나게 되었다는 것을 말한 것이다. 즉 어떻게 발생했는가 하는 원인을 밝히는 것이다.

"무릇 모든 괴로움이 생기는 것은 욕망으로 말미암는다"고 하였다. 고가 발생하게 된 원인은 여러 가지가 있으나 가장 근본적인 것은 욕망이다. 욕망은 인생을 이끌어가는 원동력이 되는 것으로서 인생을 지배하는 힘이기도 하지만, 그 한없는 욕망, 곧 탐욕(貪慾, 渴愛) 때문에 인생은 괴로움에 시달린다는 것이다.

3) 멸성제(滅聖諦)의 멸(滅)은 집성제와 정반대되는 것으로, '무명의 멸'로부터 노사(老死)의 고를 멸한다는 12연기의 역관(逆觀), 곧 환멸문(還滅門)을 깨닫게 된다는 것을 말하고 있다.

석가는 "이 탐욕이 정복되고 멸진되지 않으면 안 된다"고 하였

---

85 동대불교문화대학교재편찬위원회, 『불교사상의 이해』 90면.

으며, 탐욕을 사라지게 하면 괴로움도 사라지게 된다고 하였다.

4) 도성제(道聖諦)의 도(道)는 열반에 이르는 길, 곧 방법을 말한다. 그는 "여래가 발견한 중도만이 이 두 극단을 피하여 눈을 뜨게 하고, … 정등정각에 들어가게 하고, 열반으로 인도한다"고 하였다. 그리고 이러한 방도로서 8정도(八正道)를 말하였던 것이다.

이것은 한쪽으로 치우치지 않는 중도(中道)의 중정(中正)한 수행법이므로 정도라 한 것이다. 이것은 고행주의(자이나교)나 쾌락주의(푸루나와 아지타)에 치우치지 않은 양 극단을 지양한 중도의 바른 입장에서 정립한 것이다.

2. 8정도와 3학

1) 8정도

석가는 고를 멸하여 해탈·열반에 이르기 위한 도(道), 곧 도제(道諦)로서 8정도를 제시하였다. 즉 그는 자신이 득도하기 전까지 수행했던 쾌락주의나 고행주의를 배격하고, 고락중도의 수행법이라 할 수 있는 정견, 곧 바른 견해를 갖는 것에서 시작하여 여러 예비적 단계를 거쳐서 끝으로 정정, 곧 바른 선정에 들어가는 수행법으로 그가 열반에 이르렀음을 최초의 설법인 초전법륜에서 다섯 제자들에게 제시하였다. 그 후로 설법의 대상에 따라 여러 가지의 수행법을 제시하였지만, 그중 가장 대표적인 것이 이 8정도이다.

첫째는 바르게 보는 것(正見)이다. 그릇된 행위는 그릇된 견해인 사견(邪見)에서 나오므로 우리는 사견을 버리고 바른 견해를 얻어야 바르게 살아갈 수 있기 때문이다.

둘째는 바르게 생각하는 것(正思惟)이다. 신업(身業)·구업(口業)·의업(意業) 가운데 특히 의업(貪, 瞋, 癡)을 짓지 말라는 것이다.

셋째는 바르게 말하는 것(正語)이다. 거짓말, 이간질하는 말, 욕설, 아첨하는 말 등의 네 가지 구업을 짓지 말라는 것이다.

넷째는 바르게 행동하는 것(正業)이다. 특히 살생, 도둑질, 그릇된 음행의 세 가지를 행하지 말라는 것이다.

다섯째는 바르게 생활하는 것(正命)이다. 정당한 방법으로 살아가는 데 필요한 물자나 재물을 모으라는 것이다.

여섯째는 바르게 노력하는 것(正精進)이다. 정신적인 제어와 집중을 통하여 그릇된 것을 삼가고, 옳은 것을 증장시키는 것이다.

일곱째는 바르게 마음을 집중하는 것(正念)이다. 우리는 무의식적으로 행동하기 쉬운데, 항상 자신의 행동에 마음을 집중하라는 것이다.

여덟째는 바르게 선정하는 것(正定)이다. 여기서 정(定)은 삼매(samādhi,[마음집중]의 음역)를 말한다. 올바른 선정(禪定, 止)과 지혜(智慧, 觀)를 닦아서 열반적정에 이르는 것이다.

정견에서부터 시작하여 정사유에 이르는 7정도는 이 마지막의 정정을 바르게 하기 위한 과정으로 볼 수 있다. 정정 곧 선정이야말로 해탈·열반에 이르기 위한 최정점이라 할 수 있는 것이다.[86]

2) 3학

이 8정도를 포괄적으로 묶어서 계·정·혜의 3학을 말하기도 하였다. 계는 지켜야 할 규범(所持)이요, 정은 선의 수행을 실행하는 것(所行)이며, 혜는 윤회나 해탈에 관한 올바른 지혜를 배우는 것(所學)이라 할 수 있는데, 오로지 학이라 할 것은 혜학(慧學)뿐이다. 그러나 계와 정도 그 내용을 배우지 않고서는 알 수 없고, 행할 수도 없는 것이므로 3학이라 한다.

---

86 8정도와 반대되는 八邪道를 말하기도 한다. 즉 사견(邪見), 사사(邪思), 사어(邪語), 사업(邪業), 사명(邪命), 사정진(邪精進), 사념(邪念), 사정(邪定)을 말한다.

그리고 또 행이라는 의미에서 본다면 오직 정학만이 행이다. 그러나 혜를 수학하고 계를 배워서 지킨다(學持)는 것도, 모두 실천행에 의해서만 성취될 수 있는 것이다. 이러한 의미에서 이 3학을 불교의 수행론으로 보고 있다.

3학 가운데 계는 법을 의미하고, 8정도의 정어·정업·정명의 수행이 여기에 해당된다. 정은 참선 수행을 통해서 언제 어디서나 항상 움직이지 않는 평정한 마음을 갖는다는 것이다. 8정도의 정정진·정정의 수행이 여기에 해당된다. 혜는 지혜로서 평상심을 가질 수 있으므로 지혜를 얻어야 한다는 것이다. 8정도의 정견, 정사유, 정념이 여기에 해당된다.

제3절 수행의 방법

1. 서 설

석가는 수행을 중요시하여 수많은 수행방법을 제시하였다. 자기의 설법대상이 그때그때마다 다를 뿐만 아니라, 45년간에 걸쳐서 설법을 하였기 때문이다.

8정도와 3학에 대해서는 4제와 밀접한 관계가 있으므로 앞의 절에서 언급하였고, 이 외에 원시불교의 수행법으로 9차제정(九次第定)과 37조도품(助道品)이 있다. 후자는 말 그대로 선정 수행을 보완하고 도와주는 역할을 하는 수행법이다. 그리고 초기불교나 대승불교에 공통적으로 관통되는 대표적인 기초수행법으로 5정심관(五停心觀)이 있고, 4과수행(四果修行)이 있으며, 중요한 것으로 6바라밀(六波羅密)이 있다.

그리고 중국불교의 여러 종파에서 각기 내세운 수행법도 다수 있다. 즉 유식종(五重唯識觀), 화엄종(一心法界觀), 천태종(一心三觀), 정토종(念佛觀), 선종(參禪法)도 수행법을 내세웠는데, 그중에서 선종의 수행법은 이론적으로나 실천적으로 완결된 것이라 할 수 있다.

그런데 석가를 비롯한 많은 불도들이 많은 수행법을 설하였지만, 제자들이나 일반 신자들에게 반드시 일일이 모두 닦아야 한다고 규정하지 않았다. 석가도 자신의 법문을 뗏목에 비유하여 '마치 뗏목이 차안에서 피안으로 건너가는 도구인 것처럼 불타의 법문도 또한 그러한 것이니, 피안에 도달하고서도 여전히 뗏목에 집착한다면 오히려 장애가 된다'고 하였다(『중아함』54).

2. 6바라밀

원시불교의 실천 수행법, 예컨대 37조도품이라는 것은 너무나 전문적이라서, 일반적으로 행해지지 않았다. 그러나 원시불교 이후 부파불교시대를 거쳐서 대승불교 시대에 완성된 것으로 보이는 6바라밀(六波羅密, 혹은 六波羅密度)은 보살의 실천 강령의 근간이 되었던 것이다.

바라밀(pāramitā) 곧 반야바라밀다(般若波羅密多)는 '반야에 의해[般若], 피안에[波羅], 도달한다는 것[密多]'이다.[87] 즉 '반야의 지혜로 피안에 이른다'는 뜻이다. 이것은 계 · 정 · 혜의 3학 사상을 계승하고, 보시행과 인욕행과 정진행을 추가하여 피안(彼岸)에 이르기 위한 도로서 정비한 것이다.

6바라밀은 부파시대의 아라한들의 실천덕목이요, 대승시대 보살의 실천덕목이다(菩薩道로서 『六度集經』 등에 언급).

1) 보시(布施)는 내가 가진 것을 다른 사람에게 베풀어주는 것이다. 이것은 또한 불교윤리에서 가장 중요한 실천 덕목이므로 윤리론에서 상술한다.

2) 지계(持戒)는 계율을 지키는 것을 말한다. 일체의 계와 율을 스스로 충실히 지켜서 몸과 마음을 청정하게 해야 한다는 것이다.

3) 인욕(忍辱)은 어떠한 곤란도 견디어 참는 것을 말한다. 다른 사람으로부터 받은 박해나 모욕 등을 잘 참고, 도리어 그것을 받아들임으로써 원한과 노여움을 없애고, 마음을 평온하게 하는 것이다.

4) 정진(精進)은 모든 중생을 이롭게 하겠다는 생각을 가지고 꾸준히 매진하여 나아가는 것이다. 그리고 자신뿐만 아니라 다른 사람과도 함께 꾸준히 행하라는 것이다.

---

87 般若波羅密多는 '지혜의 완성'을 뜻한다. — B.S. 라즈니쉬, 『반야심경』 38면.

5) 선정(禪定)은 마음의 동요와 산란을 평정하는 것으로, 앉아있거나 서있거나 걷거나 누어있거나를 가리지 않고 고요하게 생각하는 것이다. 이렇게 선정을 다하여 신통력을 얻게 되어야 한다.

6) 반야(般若)는 어리석음, 곧 무명을 멸해서 지혜의 완성의 경지에 도달하는 것이다. 그리하여 보살이 '제법무아를 터득하고, 5온이 공(空)하다'는 진리를 확신하여 탐욕을 버리게 되고, 진정으로 보시할 수 있는 것이다. 그리고 지계하고, 인욕하고, 정진하며, 선정할 수 있게 되며, 마침내 반야의 경계에 도달하여 해탈·열반을 성취할 수 있는 것이다.

3. 선의 세계

1) 선의 유래

해탈·열반에 이르기 위한 불교의 수행은 궁극적으로 선의 수행으로 귀결된다고 할 수 있다. 선(禪) 수행의 기본은 좌선(坐禪)과 선문답(禪問答)이라 할 수 있다. 좌선은 신체적 수행의 형태이고, 선문답은 언어를 통한 구체적인 실천형태라고 할 수 있다. 석가는 바로 좌선의 수행을 통하여 성도하였다.

"산림은 우거지고, 네란자라강 물은 언덕에까지 가득 차 있었다. … 나는 곧 보리수나무 밑으로 가서 풀을 깔고 결가부좌(結跏趺坐)를 하고 앉았다. 나는 번뇌가 소멸될 때까지는 결코 자리에서 일어나지 않으려고 하였다. 그리하여 나는 자리에서 일어나지 않고, 번뇌를 모두 없애게 되었다."(『중아함』56)

여기서는 아직 좌선 또는 선정이라고 하지는 않았으나, 결가부좌한 것이 곧 좌선이다. 이것이 원시불교시대의 보편적 실천수행법이었다.

원래 고대 인도의 사유 명상법으로 요가(瑜伽, yoga), 혹은 3매(三

昧, samādhi)라는 말이 쓰였는데, 석가의 정각 후 실천 수행법을 의미하는 말로 '고요히 명상하다'라는 의미의 드야나(dhyāna)라는 말이 사용되었다.

선(禪)은 원래 중국에서 드야나를 선나(禪那)로 음역하였으나, 후에 나(那)를 떼어버린 것이다. '고요히 생각한다'는 의미에서 정려(靜慮), 혹은 사유수(思惟修)로 번역되기도 하였다. 그리고 6바라밀의 하나로서 선정(禪定)을 말하고 있는데, 여기서의 정은 3매의 뜻으로, 마음을 하나의 대상에 '집중하다'라는 의미이므로 지(止)로 풀이하기도 한다.

선은 참선(參禪)이라고도 하는데, 참선이란 선에 깊이 들어선다(參入)는 것이다. 그리고 좌선이란 말이 있는데, 이것은 앉아서 선에 드는 것을 말한다. 그런데 우리나라에서는 앉아서 선에 드는 모습이 참선의 대표적 유형으로 굳어졌다.

그렇다면 선이란 무엇인가? 선이란 마음의 혼란을 가라앉히고, 나와 대상이 온전하게 하나가 된 상태를 말하며, 그것은 이렇게 한 가지 대상에 집중해 들어가 삼매의 상태에 이르거나, 마음의 본래의 모습을 보게 되는 것이다.

2) 선정의 수도

석가는 선정을 해탈·열반에 도달하기 위한 가장 근본적인 수행법으로 삼았다. 그래서 8정도를 말하면서 이들 중 마지막의 정정(正定) 이외에, 다른 7정도는 정정에 이르기 위한 예비적 단계에 지나지 않는 것으로 보고 있을 정도이다. 즉 그는 "7지(8정도 중 7정도)의 도움이 있어 잘 나아가 마음이 하나가 되게 되는 것을 정정이라 한다"(『중아함』49)고 하였다.

석가는 정정을 통해서 선정삼매에 들 것을 말했는데, 그 선정의 진전을 4단계로 나누어 그 심적 수행의 도정을 밝힌 것으로, 4선

(四禪) 곧 4선정을 말하였다. 석가가 성도했을 때에도, 그리고 열반에 들 때에도 이 선정에 들었다고 할 정도로 4선은 불교에 있어서 중시된 선의 한 방법이었다.

초선 ; 어떤 하나의 대상(一境)에 마음을 집중하고 있으면 점차로 욕정이 없어지고, 불선한 마음이 사라지게 되어 기쁨, 곧 법열(法悅)을 맛보는 것이다.

2선 ; 수행이 진전됨에 따라 대상에 관한 분별과 사려도 그치며, 마음은 단지 하나의 대상에 집중한다. 여기에 이르면 수행자는 편안한 기쁨(安悅)을 느낀다.

3선 ; 더 나아가 법열이나 안열의 감정까지도 모두 잊어버리고, 마음은 완전한 평행상태로 돌아가며, 몸과 마음이 가볍고, 편안한 상태에 도달하게 된다.

4선 ; 더 나아가 다시 그 신체의 편안함까지도 사라지고, 이미 그 존재를 망각하게 되어 완전히 고락(苦樂)을 초월하며, 마음의 평정이 더 순화되어 명경지수와 같이 맑고 고요한 상태에 도달하게 된 것이다.

3) 선의 발전과 그 종류

선은 원래 인도에서 발생하여 오랫동안 행해져 왔으며, 그 후 중국에 전래되어 완성되고 널리 확산되었는데, 우리들이 흔히 선이라 하는 것은 이러한 중국의 선을 가리킨다.[88] 이것은 인도에서 형성된 요가 명상이나 불교의 선정법이 아니라, 당나라의 조사들에 의하여 완성된 조사선의 선불교를 말한다. 이것은 일상생활 가운데 전개하는 생활 선으로 발전시킨 것으로서,[89] 중국 도가의 무위사상(無

---

88 김용옥은 '禪은 不立文字와 直指人心을 말하고, 경전을 부정하는 일종의 반 불교운동이라고 할 수 있다'고 하였다. — 김용옥, 『금강경강해』 23면.

爲思想)과 유교의 현실 긍정의 철학의 만남으로 이루어졌다고 할 수 있다.[90]

이러한 중국 선은 조사선 이후 여러 가지 선으로 발전하였으나, 그 가운데서 대표적인 것으로는 흔히 임제종의 간화선, 조동종의 묵조선, 법안종의 염불선을 들고 있다.[91]

(1) **조사선**

조사선(祖師禪)은 달마(達磨)에서부터 비롯되어 혜능(慧能)에 의하여 크게 발전하여 널리 확산되었다. 달마는 중국의 숭산 소림사에서 9년 동안 면벽(面壁)하면서 선을 중국에 전했는데, 이것은 '나'를 둘러싼 모든 것에 장벽을 치고, 내안으로 들어가 청정한 본래 마음 상태를 확인하는 것이다. 이것은 어떤 말을 듣자마자, 어떤 행위를 보자마자, 그 자리에서 즉각 도를 깨친다는 것(頓悟)이다. 이 조사선은 내가 본래 부처라는 데서 출발한 것이다.

(2) **간화선**

간화선(看話禪)은 대혜종고(大慧宗杲)가 체계화한 수행법이다. 화두(話頭)를 던져 놓고 공부하는 선풍을 말한다. 간(看)은 본다는 뜻이고, 화(話)는 화두 곧 공안(公案)을 말한다.

이 간화선은 조사선이 강조하는 견성체험을 그대로 이어받았으며, 화두를 통해서 마음을 깨치게 하는 수행법이다. 다시 말하면 간화선은 화두를 들고 모든 생각을 끊고, 그 자리에서 진정한 나를 찾아, 내가 본래 부처라는 것을 깨닫는 것이다.

(3) **묵조선**

묵조선(黙照禪)은 굉지정각(宏智正覺)에 의하여 창시된 것이다. 교

---

89 동대불교문화대불교교재편찬위원회, 『불교사상의 이해』 276면.

90 柳田聖山, 안영길 외 옮김 『선의 사상과 역사』 160면.

91 대한조계종포교원, 『불교개론』 231면.

외별전이라 하여 묵묵히 앉아서 모든 생각을 끊고 참선하는 것으로, 제자가 의문나는 점을 물어오면 그에 대해서 일러 줄 따름이다.

원래 선은 가르치고 배우는 것이 아니라 묵묵히 앉아서 좌선하는 것이요, 이 세상 자체가 이미 깨달음에 있기 때문에 이르는 곳마다 깨달음이 있으며, 만물 하나하나가 깨달음의 목소리라는 것이다. 바로 세상 그 자체가 화두요, 공안이므로(現成公案) 굳이 화두를 들 필요가 없다는 것이다.

(4) 염불선

염불선(念佛禪)은 영명연수(永明延壽)가 체계화한 것이다. 염불과 선을 함께 행하는 것이다.(南無阿彌陀佛을 외면서 기원을 하는 것)

나 자신이 부처 곧 아미타 부처님(自性彌陀)임을 믿고, 염불을 통해서 모든 생각이 다하여 무념에 이르면 거기에서 아미타 부처님의 현전을 볼 수 있다는 것이다. 아미타 부처님은 저 멀리 정토세계에 있는 것이 아니라 바로 내 안에 있으므로, 염불과 선을 통해서 나 자신의 본성을 깨달아서 극락정토(極樂淨土) 세계에 이르도록 하자는 것이다.

제4절 해탈 · 열반

1. 해 탈

해탈(解脫, vimoksa)은 원래 어떤 구속이나 속박을 벗어나는 것, 또는 어떤 것으로부터 자유롭게 되는 것을 의미하는데, 불교에서는 고(苦)의 세계, 곧 윤회전생의 굴레에서 벗어나는 것을 의미한다. 이것은 일반적으로 열반과 같은 의미로 사용하고 있다.(『열반경』5)

석가는 "어떤 것이 애(愛 : 탐욕)가 없어진 고멸성제인가? … 그가 만일 해탈하여 물들지 않고, 집착하지도 않으며, 끊어서 버리고, 다 토해버려 탐욕을 아주 없애버리면 이것을 고멸이라고 한다"(『잡아함』18)고 하였으며, "비구가 탐욕의 마음에서 벗어나고, 성냄과 어리석은 마음에서 벗어나는 것을 올바른 해탈이라 한다"(『중아함』49)고 하였다. 해탈의 근본은 탐 · 진 · 치의 3독심을 탈탈 털어버리는 데에 있다는 것이다.

이러한 해탈에는 두 가지가 있다. 즉 수행을 통하여 무명(無明), 곧 무지로부터 벗어나서, 참다운 진리를 터득함으로써 지적(知的)으로 해탈하는 것, 곧 혜해탈(慧解脫)이 있으며, 수행을 통해서 탐 · 진 · 치의 3독심을 완전히 벗어나는 마음의 해탈, 곧 심해탈(心解脫)이 있다고 한다.

그런데 이 두 가지를 다 갖춘 것을 구해탈(俱解脫)이라 하여 3해탈, 곧 완전한 해탈이라고 하였다. 그리고 이 구해탈에 도달하여 번뇌가 완전히 소멸될 때 비로소 열반이 실현되었다고 한다.

2. 열 반

열반(涅槃)은 '불어서 끄다'라는 뜻의 니르바나(nirvāna)의 음역으로, 번뇌의 뜨거운 불길이 꺼진 고요한 상태를 뜻한다. 이것은 수행을 통하여 도달하고자 하는 최고 경지이자, 불교수행의 궁극적 목표라고 할 수 있다.

석가는 "나는 혼자 멀리 떠나 고요한 곳에 머물러 … 안온한 열반을 구하여 늙음, 죽음, 근심, 걱정, 더러움이 없는 무상의 안온한 열반을 얻었다"(『중아함』56)라고 하였다.

이러한 열반의 경지는 무명(無明)을 벗어나서 참다운 법, 곧 진리를 깨달아 탐·진·치 등의 번뇌를 떨쳐버리고, 인생의 고를 멸진함으로써 윤회의 세계에 들어가지 않고 적정(寂靜), 절대적 휴식의 상태에 이른 것이며, 정등각자(正等覺者)가 되어 완전한 자유와 행복의 경지에 이르는 것이다.

원시경전에 열반을 육신의 사멸이라는 뜻으로 해석되는 곳이 있으며(『잡아함』32), 석가가 사망한 것을 두고 열반이라고 하였다(『장아함』2). 따라서 후세에는 사망의 뜻으로 해석되는 경향이 있다.

그러나 석가는 사멸이 결코 열반의 원의가 아님을 말하고 있다. 즉 그는 "만약 비구가 늙음과 병듦과 죽음을 싫어하여 이들을 멀리하고, 욕심을 버리고, 번뇌가 일어나지 않게 하고, 마음이 온전히 해탈하면 이것을 비구가 현재의 법에서 반열반을 얻었다고 한다"(『잡아함』18)고 하였다. 반열반(般涅槃)이라는 말은 석가의 죽음을 두고 '완전한 열반'에 들었다는 뜻으로 사용하였으나, 여기에서 석가는 살아 있으면서도 반열반에 이를 수 있다고 한 것이다.

제5절 아라한·보살·불타

1. 아 라 한

전술한 바와 같이 열반의 경지에 오른 성자를 아라한(arhan)이라 하였으며, 석가 자신도 아라한이라고 자칭하였던 것은 석가가 녹야원 초전법륜시에 교진여 등 5비구가 모두 아라한과를 증득(證得)하였을 때에 이 세상에는 자신과 더불어 6아라한이 있다고 기뻐하였으며, 야사가 아라한이 되었을 때에도 세간에는 7아라한이 있다고 하였으며(『중아함』14), 또 여래10호에도 또 이 아라한의 명칭이 있다.

아라한은 초기 불교집단에서 여래·불타·세존 등 10여 개의 석가에 대한 존칭의 하나로 되어 있다. 이것은 응공(應供)으로 번역되었다. 그런데 부파불교 시대에 내려오면 그 의미가 변질되어 수도원에서 고립된 생활을 하는 수도승이 도달하는 최고의 성스러운 경지에 이른 사람으로서, 불타의 경지보다 하위 개념으로 되었다.[92]

열반을 증득(證得)하는 데는 이것을 순간에 깨달은 것(頓悟)인가? 아니면 점수분증(漸修分證)하여 가는 것인가? 이것을 석가의 전기적 문헌에 의한다면 일시에 돈오하는 것처럼 되어 있으나, 오직 석가에 국한하지 않고, 수도자 일반적 견지에서 본다면 점수 돈오하는 것으로 되어 있으니, 그것이 즉 4과수행(四果修行)인 것이다.

4과수행은 4단계가 있지만, 그러나 반드시 단계적 순서를 밟아 나아간 것은 아니고, 그 근기(根氣)와 정진의 정도에 따라 비약적으

---

92 김용옥, 『금강경강해』 88~89면.

로 해탈을 이룬 자도 적지 않았다. 석가가 맨 처음 교화한 교진여 등 5비구가 아라한이 된 것은 5일째라고 하며, 목건련은 5일째, 사리불은 15일째라고 한다. 야사는 귀의한 지 얼마 안 되어 아라한이 되었으며, 선생녀(善生女, sujātā)는 석가를 보고 법을 듣자마자 아라한이 되기도 하였다. 그리고 산키차는 7세에 출가하여 삭발과 동시에 아라한이 되었다고 한다.[93]

2. 보 살

보살(菩薩, bodhi깨달음+sattva중생)은 보리살타(菩提薩埵)를 줄인 말로서 대승불교의 이상적인 인간상이다. 이것은 출가자나 재가자를 가리지 않고, 누구나 수행을 하고, 중생구제를 위하여 헌신하면 보살이 될 수 있다는 것이다.

원시경전 중에는 『증일아함경』에만 보살이라는 말이 있는데, 여기에도 보살이라는 어구만 나타나는 것이 허다하다. 그리고 "장래에 미륵보살이 출현하여 석가와 같이 3승지교(三乘之敎)를 설하리라"(『증일아함』44)고 하였으며, "착하고 착하다 장자여! 너는 보살의 마음으로 한 결 같이 널리 보시하는구나!"(『증일아함』4)라고 하였으나 특별한 의미가 없다.

요컨대 원시경전에는 미륵보살의 존재가 인정된 예를 제외하고는 전부 석가 성도 이전의 명, 즉 준고유명(準固有名)으로 되어 있으나, 대승경전에서는 일반 명으로 되어 있다. 아무튼 대승경전에서는 보살이란 범부라 할지라도 6바라밀을 수행하기만 하면 그가 곧 보살이라는 것이다. 그리고 대승경전에서는 이러한 보살사상이 일반화되어 있다.

---

93 木村泰賢, 『원시불교사상론』 331면 이하.

보살은 아라한을 정면으로 부정하는 것이다. 아라한은 출가하여 자기 자신만이 깨달아서 부처가 되려고 수행을 하는 사람(聲聞 혹은 獨覺)을 가리키는 말이라면, 보살은 출가와 불출가의 구분 없이 일체 중생과 더불어 열반을 얻어 성불하고자 하는 사람을 말한다. 따라서 이러한 대승의 보살사상은 모든 사람이 보시를 행하고 수행을 하면 하나의 수레(一乘)를 타고, 지혜를 얻고 깨달음을 얻어 해탈·열반에 이르러 부처의 경지에 이를 수 있다는 것이다.

3. 불 타

1) 서 설

석가가 자신을 비롯한 열반증득한 자를 아라한이라 하였으므로, 그 당시에는 아라한 외에 따로 불타가 없었다. 석가는 깨달은 성자로서의 자격에는 차별이 없다고 보았던 것이다. 그러나 그 제자들은 대오(大悟)하신 스승에 대한 존경심이 시일이 경과함에 따라 더욱더 깊어지면서 우러러 보게 되었다.

즉 "위나 아래나 모든 방위의 중생들 모두 빛을 받나니, 인간과 천상의 광명 중에서 부처님 광명이 최상이니라!"(『잡아함』49)고 하여, 석가는 최상의 부처요, 무상의 광명이라 하였다.

그런가 하면 "부처님은 밝은 지혜로 일체를 환히 알아서, 닦아야 할 것은 이미 다 닦고, 끊어야 할 것은 이미 다 끊었으므로 이름을 부처라 하네!"(『잡아함』4)라고 하였다. 이와 같은 추앙심과 함께 10호로 존칭되기도 하였다.[94]

석가는 제자 아라한들과 함께 자신도 아라한이라 하였지만, 석

---

94 "범지여 우리 스승님 如來, 應供, 等正覺, 明行足, 善逝, 世間解, 無上士, 調御丈夫, 天人師, 佛世尊께서는 탐욕에의 매임에서 떠나셨느니라!'"(『잡아함』20)

가의 말이나 제자들의 말로 제자 자신들을 불타라고 칭한 곳은 한 군데도 없다. 스승에게만 불타라고 칭하였던 것이다.[95]

2) 불타의 법신화

초기에 있어서는 스승 아라한과 제자 아라한 간에 그다지 큰 차이가 없었던 것이 세월이 경과할수록 그 차별을 인정하게 되고, 석가를 초인간적 인물로 보았다. 그리하여 10호를 갖춘 후 세존 혹은 불타라고 부르게 되었다.

"부처님께서 입멸하시자 모든 비구들은 슬피 곡하고, 기운을 잃어 몸을 땅에 던져 뒹굴고 부르짖으면서 스스로를 억제하지 못하였다. 그래서 흐느끼면서 말했다. '여래의 멸도하심은 어이 이리도 빠르신가?!' … '마치 큰 나무의 뿌리가 뽑히매 가지들이 꺾인 것 같구나!'"(『장아함』4)

석가가 그 제자들에게 '내가 설법하고, 내가 교시한 법이나 율은 나의 사후에 그대들의 스승이 될 것이다!'라고 말한 대로, 그의 제자들은 스승의 법과 율에 그 신앙의 대상을 구하였다. 그는 "그러므로 아난다여! 너는 이렇게 생각하여라! '우리 부처님의 수명은 매우 길다. 왜냐 하면 육신은 비록 멸하였지만 법신은 여기 살아 있다. 이것이 그 이치이니, 부디 생각하고 받들어 행하여야 한다'"(『증일아함』44)라고 하였으며, "실로 법을 보는 자는 나를 보고, 나를 보는 자는 법을 본 것이다!"(『상응부경』3, 190)라고 하였다.

이와 같이 제자들은 석가의 육신은 멸하였다 할지라도, 그 법신은 영원불멸하리라고 생각하고, 석가의 법과 율은 그 법신이라 생각하였다.

석가는 임종 시에 "그러므로 아난다여! 마땅히 자기 자신을 등

---

95 김동화, 『원시불교사상』 397면.

불로 삼고, 법을 등불로 삼아라! 부디 다른 것을 등불로 삼지 말라! 자기에게 귀의하고, 법에 귀의하라! 부디 다른 데에 귀의하지 말라! "(『장아함』2)고 하였다.

석가의 입멸 후 제자들에 의하여 불법일여(佛法一如)사상이 일어났다. 그리고 이 사상은 다시 나아가 불타는 오직 육신을 갖춘 석가에만 제한된 것이 아니고, 우주의 진리, 즉 법 그 자체가 곧 불타라는 보편적이고 일반적인 불타사상으로 전개되었으니, 이것이 바로 법신사상이다.[96]

사리불이 그에게 "세존이시여 저에게는 당신보다 더 위대하고 지혜로운 브라만은 있을 수 없다는 그런 믿음이 있습니다"라고 하자, 석가는 "그대의 입에서 나오는 말이 오만하고 지나치다"라고 하여 자신의 신격화를 철두철미 경계하였다. 그러나 해탈·열반에 이르는 길을 우리에게 드러내 보여준 현자에 불과하다고 생각했던 석가는 본인 생각과는 달리 신이 되었다.

그 후 불타의 개념이 법신화(法身化)됨에 따라서 불타는 오직 하나뿐이라는 사상은 자연히 없어지게 되고, 다불 사상으로 발전하였다. 불교에서는 신을 불이라고 하는 것이므로 다불(多佛)은 다신(多神)의 의미이다. 아무튼 석가 1불 주의가 아니고, 다불 주의가 불교의 정통사상으로 되었다.

그것은 이미 언급한 대로 법을 깨닫기만 하면 누구나 불타가 된다는 것이다. 그리고 대승불교시대에는 아미타불(阿彌陀佛)·미륵불(彌勒佛)·약사여래불(藥師如來佛)·비로자나불(毘盧遮那佛) 등이 출현하였다.

96 김동화, 『원시불교사상』 413면.

더 읽어야 할 책

김동화, 『원시불교사상』 뇌허불교학술원.

고익진, 『불교의 체계적 이해』 새터.

목정배, 『불교윤리개설』 경서원.

동대불교문화대교재편찬위원회, 『불교사상의 이해』 불교시대사.

대한불교조계종포교원 『불교개론』 조계종출판사.

안옥선, 『불교윤리의 현대적 이해』 불교시대사.

최법혜 편역 『불교윤리학논집』 고운사본말사교육연수원.

吳經熊, 서돈각 외 옮김 『선학의 황금시대』 삼일당.

柳田聖山, 안영길 외 옮김 『선의 사상과 역사』 민족사.

岩本裕, 권기종 옮김 『불교, 그 세계』 동화문화사.

平川彰, 이호근 옮김 『인도불교의 역사 下』 민족사.

제6장

윤 리 론

제1절 서 설

윤리(倫理)는 '사람이 사람과 더불어 어떻게 살아야 할 것인가' 하는 문제를 중심과제로 삼는다. 다시 말하면 그것은 사람들이 어우러져서 화목하고 안락하게 살아가기 위해서 지켜야 할 보편타당한 규범이라 할 수 있다.[97] — 윤리의 어원이 되는 그리스어 에토스(ethos)나 도덕을 가리키는 라틴어 모레스(mores)는 거의 같은 뜻을 가지고 있다. 이리하여 윤리학을 도덕철학이라고도 한다.[98]

그런데 이것은 자기희생을 중요한 요소로 삼고 있다. 즉 윤리는 어느 정도까지는 자기의 이해타산을 떠나서, 남을 위하여 자기를 희생하는 데에 있다. 따라서 윤리는 아집과 아욕을 떠나는 것을 그 최대 요건으로 삼는다.

'윤리'라는 말은 불교경전에는 쓰여지지 않았다. 원시불교의 경전이나 율장은 물론 대승경전 등 어느 곳에도 '윤리'라는 말을 찾아볼 수 없다. 그리고 '도덕'이라는 말은 보이는데, 그 뜻은 이른바 '사회도덕'이란 뜻이 아니다. 그러므로 '윤리'도 '도덕'도 불교에서 유래한 것이 아니고, 중국의 유교사상에서 유래하였다고 할 수 있다. 그럼에도 불구하고 불교에 윤리가 없다고 할 수는 없다.[99]

---

97 倫理의 윤은 무리(類)를 뜻하고, 리는 도리(道)를 뜻한다(『설문해자』).

98 김태길은 사회규범의 의미로 '윤리'라는 말을 쓰고, 사람의 심성이나 덕행의 의미로 '도덕'이란 말을 쓰기도 하지만, 일상적으로 구분하지 않고 사용하고 있다고 하였다. — 김태길, 『한국윤리의 재정립』 12면.

99 平川彰, '원시불교의 윤리' 최법해 편역 『불교윤리학논집』 219면.

인간은 누구랄 것 없이 세간 속에서 다른 사람들과 더불어 살기 때문에 윤리를 버리고 살 수 없는 것이다. 그리고 더구나 중생을 교화하는 것을 최대의 목표로 하면서, 다시 말하면 세간을 장으로 하여 불교가 존재하는 것이므로 불교에서 윤리가 없을 수 없다.

석가는 초자연적 존재로서의 신을 내세우지는 않으면서, 소극적으로는 탐·진·치를 버리고, 동시에 적극적으로는 사람들에게 자비와 보시를 베풀 것을 강조하고 있다.

윤리 도덕과 직접 관련된 것으로 계율이 있는데, 원래 계(戒, sila)는 스스로 자율적으로 지켜나가야 할 훈계라는 의미이다. 이와는 달리 율(律, vinaya)은 출가의 공동생활을 영위하는 데 있어서 모든 사람들이 지켜야 할 규율이라는 의미를 가지고 있다. 아무튼 이 계율은 비구 250계, 비구니 348계가 만들어져 있다.

불교윤리의 핵심이 되는 것은 5계이다. 그중에서도 가장 중요한 계율은 불살생이다. 석가는 "산 것을 죽이거나 … 도둑질하고 거짓말을 하거나, 사람을 사기치고 속이거나, … 남의 아내를 범접하는 따위의 일이 사람을 비천하게 하는 것이지, 고기를 먹는다고 해서 비천하게 되는 것은 아니다"(『숫타니파타』2, 작은 장)라고 하였으며, "난폭하게 굴고, 친구를 배신하고, 오만하며, 인색하여 누구에게도 베풀지 않아야 비천하게 되는 것이지, 고기를 먹는다고 해서 비천하게 되는 것은 아니다"(상동)라고도 하였다.

아무튼 불교 윤리론은 세간과 출세간의 2원 사회의 윤리이므로 그렇게 간단치만은 않은 것 같다. 다음에서는 행위와 선악, 윤회전생설, 윤리사상과 규범, 세간도덕론, 계와 율의 순으로 살펴보기로 한다.

제2절 행위와 선악

1. 선악의 정의

1) 불교의 윤리성

"일체의 악을 짓지 아니하고, 모든 선을 받들어 행하며, 스스로 자신의 마음을 청정하게 하는 일, 이것이 모든 부처님의 가르침이다."('七佛通戒의 偈', 『장아함』1 등에 석가 이전에 6불, 또는 25佛이 있었다 함)

이것은 불교의 윤리성을 단적으로 보여주는 말로서, 『법구경』(제183게) 등 여러 경전에 나오는 말이다. 여기서 '모든 악을 짓지 아니하고(諸惡莫作)' '뭇 선을 받들어 행하며(衆善奉行)'의 2구는 악을 막고 선을 닦아 나아가야 한다(止惡作善, 去惡爲善)는 윤리 덕목을 말한 것이다.

2) 선악의 기준과 내용

선과 악이란 무엇인가? 고대 인도에서 선과 악을 의미하는 말로 쓰는 것은 여러 가지가 있으나, 위에서 언급한 '7불통게(七佛通偈)'에서는 선을 쿠살라(kusala)라 하고, 악을 파파(pāpa, 혹은 akusala)라 하였는데, 여기에서 선은 '훌륭한 좋은 과보(果報)가 있는 것' 따라서 불선, 곧 악은 '좋지 못한 과보가 있는 것'이라 한다.

"육체적이든지, 언어적이든지, 정신적이든지, 그 행동이 자기 자신은 물론 다른 사람에게 고통을 주는 것이면 악이다. 육체적이나 언어적이나, 또는 정신적이나 간에 그 행동이 자기 자신이나 다른 사람에게 고통을 가져다주지 않으면 이것은 선이다."(『중부경』)

이것은 어떤 행동이 선한지, 악한지를 가리는 기준은 그 행동이 행복한, 또는 즐거운 결과를 가져오는가의 여부에 따른다는 것이다.

그런가 하면 무지의 원인인 무명을 악이라 하고, 명(明)을 선이라고도 한다. 그것은 일체제법을 바르게 알지 못함으로써 악이 생기기 때문이다. 그러므로 일체 악의 근원은 무명 곧 무지요, 선과 덕의 근본은 참다운 앎(眞知)에 있는 것이라 할 수 있다는 것이다.[100]

2. 선악의 심소와 선·악행

1) 선악의 마음의 작용

석가는 사람이 생각하고 행함에 있어서, 원래 그가 지니고 있는 청정한 불성심(佛性心)으로 선을 생각하고 행할 것으로 보지만, 이러한 마음의 본체(心體) 이외에 탐욕(貪慾)·성냄(瞋恚)·어리석음(愚癡) 곧 탐·진·치의 3독심(三毒心; 三心所)을 비롯한 여러 가지 특수한 심리작용으로 말미암아 악한 마음이 일어나게 된다고 하였다. 그는 "세 가지 불선은 탐하는 생각, 성내는 생각, 해치려는 생각이다"(『잡아함』10)라고 하고, 악의 3독심의 작용, 곧 3심소를 말하였으며, "세 가지 불선의 뿌리가 있으니, 탐욕·성냄·어리석음을 이름 하여 불선의 뿌리라고 한다"(『잡아함』14)고 하여 악의 3독심을 말하였다.[101]

이상으로 보아 석가는 탐욕·성냄·어리석음의 3독심을 악의 뿌리가 되는 근본 번뇌로 보았으며, 따라서 그러한 3독심을 없애는 것(止滅)의 여부를 선과 악을 구분하는 가장 근원적인 기준으로 보았다고 할 수 있다.

---

100 김동화, 『불교윤리학』 311면.

101 위의 책 316면.

2) 선행과 악행

원시불교에서는 업(業)을 신업(身業)·구업(口業)·의업(意業)의 3업으로 나누었는데, 이 3업이 선하면 그것을 일러 선업이라 하고, 반대로 그것이 불선하면 그것을 일러 악업이라고 한다.

신업이란 일단 마음속으로 정한 것을 신체상의 행동에 옮긴 것을 말함이며, 또 구업이라 함은 마음속으로 결정한 것을 말로 나타내는 행위를 말함이요, 의업이라 함은 마음속으로 깊이 생각하고 있는 것을 말하는 것이다.[102]

그런데 신업·구업·의업의 3업을 구체화한 것이 신업 셋, 구업 넷, 의업 셋의 이른바 10업설이다.

"부처가 말하기를 중생은 10사(十事)로 선을 행하기도 하고, 또한 10사로 악을 행하기도 하나니, 그것은 신업 셋·구업 넷·의업 셋이니라. 신업의 셋은 살생(殺生)·도둑질(偸盜)·간음(淫行)이요, 구업의 넷은 두 말(兩舌, 이간질하는 말)·욕설(惡口)·거짓말(妄語)·꾸밈말(綺語)이며, 의업의 셋은 탐욕·성냄·어리석음이니라."(『42장경』제3장)

신체상의 행위가 살생·투도·음행의 3종업이요, 언어상의 행위가 양설·악구·망어·기어의 4종업이요, 또 의업 중에서 발동되는 행위가 탐욕·진에·우치의 3종업인바, 이 10종업은 불선 즉 악업에 속한 것이요, 이 악업을 만들지 않는 것, 곧 10악업 앞에 부정접두사 불(不)을 붙여서 10선업이라 한 것이다.

---

102 최법혜 편역, 『불교윤리학논집』 45면 이하.

제3절 윤회전생설

1. 윤회의 의미

석가는 『베다』나 『우파니샤드』 등에서 말하고 있는 윤회전생설을 받아들였다. 윤회(輪廻)는 생사윤회, 혹은 윤회전생이라고도 하는데, 이것은 중생들이 욕계 · 색계 · 무색계 등 3계(三界), 또는 지옥 · 아귀 · 축생 · 아수라 · 인간 · 천상도 등의 6도(六道, 혹은 六途)의 세계를 수레바퀴가 돌아가듯 돌고 돌면서, 삶과 죽음을 끝없이 되풀이 한다는 것이다. 중생 특히 인간이 살아있는 동안에 지은 모든 업(행위)은 반드시 과보(果報), 곧 결과를 가져오게 되고, 그 결과가 다음 생을 초래하게 된다는 것이다.

석가는 "쌓였던 것(蘊)이 소멸하고 나면 다른 쌓임이 이어 받는다"(『잡아함』13)고 하였는데, 이것은 어떤 주체가 한 생에서 다른 생으로 옮아가는 것이 아니라, 5온이 수명을 다하여 소멸되었다가, 어떤 인연으로 다른 5온으로 다시 태어나는 것과 같이 전생(轉生)한다는 것이다.

인간 곧 유정은 그의 의지 여하에 따라서 행위를 하게 되고, 이 행위인 업력(業力)에 의하여 새로운 유정(5온)이 이루어지며, 그것은 무한하게 연속되어 간다는 것이다. 이것을 유정의 윤회전생설이라 한다. 다시 말하면 시간적으로는 전생의 업력에 의하여 현재의 유정이 초래되고, 또 현재의 업력에 의하여 내생의 과보를 받게 되어 내생의 유정이 초래된다는 것이다. 그 업력의 실질에 따라서 마치 개미 쳇바퀴 돌듯이 윤회한다는 것이다.

2. 윤회전생의 주체문제

석가는 3법인에서 '제법무아'를 말하고 있다. 따라서 무아설이 불교의 근본 입장이다. 그러므로 불교에서는 윤리적 행위를 말할 수 없게 된다. 왜냐하면 무아는 윤리적 행위의 주체를 부정하는 것이기 때문이다. 그러나 석가가 무아설을 취한 것은 실체적인 '아'를 부정하여 '아'에의 집착을 철저히 물리치려는 데 있지만, 전술한 바와 같이 윤리적 주체로서의 '아' 즉 경험아는 도리어 이를 적극적으로 승인하고 있는 것이다.

석가는 "세간의 모임(集→有)을 참으로 바르게 관찰하면 세간은 없다는 소견이 생기지 않을 것이요, 세간의 사라짐(滅→無)을 참으로 바르게 관찰하면 세간이 있다는 소견은 생기지 않을 것이다. 여래는 이 두 끝을 떠나서 중도를 말하는 것이니 그것이 바로 연기법이다"(『잡아함』10)라고 하였는데, 여기서 있음과 없음, 곧 유와 무의 한쪽에 치우치지 않은 중도의 관점에서 보아야만 제대로 알 수 있다는 것이다. 그러면 윤회의 주체인 '아'는 불변의 존재도 아니고, 흔적도 없는 존재도 아니라는 것을 알 수 있는 것이다.[103] 그래서 없는 것도 아니고, 있는 것도 아니다. 이것은 실체로서의 '아'는 없으나, 경험아로서의 '아'는 있다는 것이다(전술).

이에 대하여 세친의 『구사론』(권30, 파사품)은 '만약 '아'가 없다면 생사유전의 주체가 없게 되는 것이 아니냐?'는 물음에 대하여, "불변의 '아'는 없지만 '아'를 임시로 이루고 있는 5온에 의하여 생사윤회가 전개된다"고 하고 있는데,[104] 원시경전의 곳곳에서 '아'를 인정하는 교설이 보이는 것에서 확인된다. 그러나 가장 확실한 것은

---

103 고익진, 『불교의 체계적 이해』 159면.

104 김동화, 『구사학』 256면.

전술한 바와 같이 석가가 죽음을 앞두고 말한 자등명(自燈明), 법등명(法燈明)의 교설에서 잘 드러나고 있다.

즉 "마땅히 자기 자신을 등불로 삼고, 법을 등불로 삼아라! 다른 것을 등불로 삼지 말라!"(『장아함』2)고 하였으며, "스스로 피난처가 되어 스스로 의지하고, 법을 피난처로 삼아 법을 의지하고, 다른 것을 피난처로 삼지 말고, 다른 것을 의지하지 말라!"(『잡아함』24)고 하였다.

여기서 말하는 자기는 실체적 자아를 말한 것이 아니라, 경험적 주체인 자기, 실제의 자기를 말하는 것이다. 이것은 자기와 법을 병기하여 쓰고 있는 점에서도 그렇게 볼 수 있다.

요컨대 석가에 의하면 죽음과 함께 우리들의 생명이 절멸하는 것은 아니다. 아무래도 의식적인 활동은 5근이 해체됨에 따라 휴지(休止)하지만, 살고자 하는 근본의지, 즉 무명은 살아있을 때의 업으로 흔적을 남기면서 윤회전생이 계속된다.[105]

그런데 우리들의 신심의 조직이 전생(轉生)하여 5온으로 계속하여 이어져 온 것이라면 어째서 우리는 전생(前生)의 일을 기억하지 못하는가? 그것은 생명의 본질은 지식이 아니라 의지이기 때문이며, 지식에 동반하는 기억은 죽음과 더불어 멸하고야 마는 것이기 때문이다.[106]

---

105 木村泰賢, 박경준 옮김 『원시불교사상론』 151면.

106 木村泰賢, 같은 책 155면.

제4절 윤리사상과 규범

1. 윤리의 기본적 입장

1) 악을 멈추고 선을 행함

원시경전을 보면 '악을 멈추고 선을 행하는 가르침(止惡作善)'이 여러 곳에서 언급되었다. 즉 "선을 서둘러라! 악으로부터 마음을 멀리하라!"고 하였으며, "악행을 하지 않음이 좋을 것이다. 악행은 사람을 괴롭히기 때문이다. 선행은 행함이 좋을 것이다. 그것을 행함으로 해서 괴로워하는 일이 없게 될 것이다"라고 하였다.

석가는 선행에는 행복한 과보가 따르며, 악행에는 불행한 과보가 따른다는 것을 강조하고 있다. 이른바 선인선과(善因善果), 악인악과(惡因惡果), 곧 선인락과(善因樂果), 악인고과(惡因苦果)라는 것이다.

'선을 행한다'는 것은 이타심, 곧 자비심을 가지고 보시를 행하는 것을 말하는데, 석가는 '선을 행하는 것'은 그 당시에는 어느 정도 자기의 희생이 따르지만, 그 과보로서 오랫동안 행복을 얻기 때문에 결국에는 이익이 된다는 것이요, 윤회전생의 입장에서 본다면 일체 중생은 과거의 어느 때에는 우리들의 부모 친척이었을 것임으로 남을 돕는 것은, 곧 자기를 돕는 것이 된다는 것이다.[107]

석가는 "조상들은 처음이 없는 '나고 죽음'의 긴 밤을 돌아다니면서 괴로움의 끝을 알지 못한다. 어느 누구도 일찍 부모형제, 처자, 권속, 친척, 스승 아니었던 사람이 없었다"(『잡아함』37)고 하였다. 그리

---

107 木村泰賢, 『원시불교사상론』 257면.

고 또 내가 원하지 않는 것은 남 또한 이것을 원하지 않을 것이며, 내가 원하는 것은 남도 이것을 원할 것이라고 하는 이른바 인정에 기초하여 애타심을 장려하고 있다. 석가는 "만일 누가 나를 죽이려 하면 나는 좋아하지 않을 것이다. 내가 좋아하지 않는다면 남도 그럴 것이다. 그런데 어떻게 남을 죽이겠는가?"(『잡아함』37)라고 하였다.[108]

2) 선악을 초월하는 가르침

그런데 세간적인 입장에서의 선악의 대립을 말할 때에는 악을 폐하고 선을 행하는 것을 말하지만, 출세간적 입장에서는 그러한 선도 악도 함께 초월하여 그것을 버리라고 말하고 있다.

원시불교에서 말하는 불교수행의 궁극 목적은 출세간적인 해탈·열반에 이르는 데 있으며, 그것이 실현된다면 일체의 세간적인 것을 초월하여 세속적 공리(功利) 관념을 완전히 떠난 경지가 전개된다. 거기서는 이미 세간적인 의미의 선이라든지, 악이라 하는 상대적 관념은 없다. 세간적 입장에서 악에 상대되어 설해지는 선은 불교의 근본 입장에서 말한다면 번뇌를 동반한 선(有漏의 선)이다. 선인락과(善因樂果)를 믿어 이 세상에 다시 태어나는 것(生天)을 목적으로 하여 행하는 선은 말하자면 세속적 공리관념에 속하는 것으로서, 그것은 아무리 많이 쌓아도 필경은 번뇌가 있는 유루(有漏)의 선에 지나지 않는다. 그것은 해탈·열반의 실현이라는 관점에서 본다면 오히려 그런 것들을 버려야 하는 것이다.

3) 출세간적 선악의 추구

출세간적인 해탈·열반의 경지는 세간적인 선악의 문제, 곧 악을 폐하고 선을 닦는다(廢惡修善)고 하는 것의 관계는 어떻게 되는 것

---

108 위의 책, 259면.

인가? 해탈·열반에 이르기 위하여 하는 행위는 모두 선과 합치되어질 수밖에 없다. 즉 깨달음에 도달하기 위하여 행하는 행위는 모두 선이라고 할 수 있는 것이다.

이른바 37조도품을 비롯하여 출가 수행자의 실천 도에 관한 덕목 대부분이 '선법(善法)'이라 불리고 있으며, 악을 끊으며, 선을 닦아야 함은 출가 수행자의 실천 덕목으로서도 강조되어 있다.

그러나 이 경우의 선은 전술한 세간적 선과는 본질을 달리하는 것이며, 출세간적인 선임이 명백하다. 세간적인 선은 불교의 술어로 말한다면 번뇌가 있는 유루(有漏)의 선인데 대하여 출세간적인 선은 번뇌가 없는 무루(無漏)의 선이다. 원시불교에 있어서는 수행의 궁극 목적인 해탈·열반 및 거기에 이르는 수행도는 윤리를 초월한 출세간적 선이라 할 수 있다.

2. 윤리성립의 기초

원시불교에서는 선과 악의 개념을 명료하게 규정하지 않았으나, 그 후의 아비달마 논서에서는 '선이란 바람직한 과보가 있는 것'이라고 말하고 있는데, 이것은 원시불교의 인과응보사상에서 유래된 것으로 보인다. 왜냐하면 바람직한 과보, 혹은 바람직하지 못한 과보가 있다는 것은 그 원인인 선과 악의 행위와 결과인 응보 사이의 필연적인 관계를 인정하는 것이 되기 때문이다.[109]

석가가 '나라는 존재는 무상하다'고 말하였음에도 불구하고 사람들은 한사코 모든 것은 무상하지 아니하고, 즐거운 것이라고 생각하여 끊임없이 활동하고 있다. 석가의 업설은 바로 이러한 인간의 의지적 활동을 토대로 한다. 다시 말하면 과보를 초래할 수 있는 업

---

109 藤田宏達, '원시불교의 윤리사상', 최법혜 편역 『불교윤리학논집』 35면.

이 되기 위해서는 반드시 2가지 조건을 갖추어야 한다. 첫째는 의도적이어야 하고, 둘째는 윤리적 행위여야 한다. 즉 선한 행위거나 악한 행위여야 한다. 선하지도 악하지도 않은 업(無記)은 중성적인 것으로서 과보를 초래할 수 없다. 따라서 업은 인간만이 지을 수 있다. 왜냐하면 동물들은 오로지 본능적으로 움직이며, 인간만이 의도된 행위와 윤리생활을 하기 때문이다.[110]

업이 지어지면 틀림없이 그 결과가 나타나는 것을 과보라 하는데, 업이 일단 행해지고 나면 그 과보는 피할 수 없다. 업을 지은 사람에게 언젠가는 그 결과가 나타나고야 만다는 것이며, 자신이 지은 업은 반드시 자신이 받게 된다고 한다. 이리하여 업의 결과에는 필연성과 자업자득(自業自得)의 두 원리가 성립한다고 한다.[111]

석가는 "사람은 … 선을 행하면 선과를 받게 되고, 악을 행하면 악과를 받게 된다"(『별역잡아함』3)고 하였으며, "선을 행하면 천상계에 오르고, 악을 행하면 지옥계로 들어간다. 도를 닦아서 해탈하여 생사를 끊으면 영원한 열반에 들어간다"(동상)고 하였다.[112]

이러한 업설은 악한 행위(惡業)에는 괴로운 보가 따르고, 선한 행위(善業)에는 즐거운 보가 따른다는 것이다. 그러나 선한 자가 반드시 잘 사는 것도 아니고, 악한 자가 반드시 못 사는 것도 아닌 경우가 있으므로 문제가 아닐 수 없다.[113] 이것은 바라문교처럼 신의

---

110 동대불교문화대교재편찬위원회, 『불교사상의 이해』 116면.

111 上山春平 외, 정호영 옮김 『아비달마의 철학』 40면.

112 이것은 사람이 죽으면 가는 곳으로 당시에 널리 알려져 있던 신화적인 6도윤회설을 취하여 지옥 · 아귀 · 축생 · 아수라 · 인간 · 천상도의 6종의 세계(六界)를 말하였던 것을 석가도 용인했던 것으로 보인다. — 木村泰賢, 박경준 옮김 『원시불교사상론』 173면.

113 고익진, 『불교의 체계적 이해』 241면. 고익진은 여기에서 우주의 생성 소멸은 아무리 생각해도 인간의 업력이 원인이 된다고 보기는 어렵다. 우주가 생긴 다음에 생명체가 그곳에 발생 진화했다고 보는 것이 타당할 것이라고 하였다.

뜻으로 돌릴 수도 있고, 숙명이나 우연으로 돌릴 수도 있으나, 그것은 단순한 추측에 그칠 뿐이다. 그런데 석가는 "만일 고의로 업을 지으면 반드시 보를 받을 것이니, 혹은 현세에 받기도 하고 후세에 받기도 한다"(『중아함』3)고 하였다. 이와 같이 업보의 인과가 과거·현재·미래 3세에 걸쳐 전개되고 있다면, 의지를 가진 존재, 곧 중생은 업을 일으켜서 자신의 업에 따라 윤회전생하면서 반드시 고락의 과보를 받고 있는 것으로 볼 수 있으므로 설득력이 있다.

3. 지은·보은

지은(知恩)·보은(報恩)은 '은을 알고', '은에 보답한다'는 것으로, 자기가 은혜를 입은 데 대하여 감사하는 마음으로 보답해야 한다는 것이다. 이것은 우리가 연기로 말미암아 생겨난 존재자이며, 항상 남의 도움에 의하여 자기의 존재를 보존하고 있다는 것을 알기 때문에 생긴 감사의 마음을 표하는 것이다. 원시불교의 경전에 이에 대한 교설이 많지만, 『대지도론』에서 "보살은 마땅히 은혜를 알아야 한다"(49)고 되어 있는데, 은을 알아야 감사의 마음이 일어나고, 그에 보답하려는 마음도 생기는 것이기 때문이다.[114] 그래서 원시불교의 은(恩)의 사상은 두 입장에서 구별된다. 하나는 재가자가 부모에 대하여 직접으로 효양(孝養)을 다하는 세속적인 보은이며, 다른 하나는 출가자가 출세간적인 입장에서 부모를 구제(救濟)하는 보은이다.

그러나 지은·보은은 부모에 대한 은에 한하는 것이 아니다. 다른 사람들에게도 도움을 받았거나, 혹은 시혜(施惠)를 받은 일도 있으므로 많은 사람들로부터 받은 은에 대해서도 설해져 있다. "더우기 인간은 타인으로부터 은을 받았을 때에는 그것이 비록 소은(小恩)

---

114 平川彰 '원시불교윤리' 최법혜, 『불교윤리학논집』 246면 이하.

이라 할지라도 결코 잊어서는 아니 된다"(『잡아함』47)고 하는 등, 지은·보은을 설하고 있다.

대승불교는 은의 사상을 여러 시점에서 갖가지로 언급하고 있다. "재가자는 부모의 생육의 은을 알아야 하며, 출가자는 사승(師僧)의 은(恩)이 큰 것을 알아야 한다"(『사리불문경』)고 하였다. 그리고 "석가는 '대비(大悲)로서 일체 중생을 구하는 일이야말로 진실의 보은행이라고 하셨다"(『대방편보은경』)라고 하여, 부모의 의미를 확대하여 보은을 말하고 있다.

이와 같이 인도의 불교에서 은(恩)의 사상은 부모, 부처, 스승, 시주의 4은(四恩)으로 발전하였으며, 중국불교에 있어서는 인도의 이러한 은의 사상을 수용하는 한편, 또한 『석씨요람』 등에 의한 사장(師長), 부모, 국왕, 시주(施主)의 4은설의 중국적인 4은사상도 형성되기에 이르렀다.

4. 자비와 보시

1) 자비, 곧 4무량심(四無量心)

석가는 사람이 남을 대하는 태도로서 자비(慈悲)를 말하였다. 그는 "마치 어머니가 목숨을 걸고 외아들을 지키듯이, 모든 살아있는 것에 대해서 한량없는 자비심을 발하라!"(『숫타니파타』뱀의 비유)고 하고, "온 세계에 대해서 무한한 자비를 행하라!"(상동)고 하였다. 자(慈)는 우정 혹은 불쌍히 여김의 뜻이고, 비(悲)는 연민을 뜻하는 말로서 동정 혹은 함께 슬퍼함의 뜻이다. 이리하여 자비는 중생을 불쌍히 여겨서 그들에게 즐거움을 베풀어주고, 괴로움을 없애주는 것(拔苦與樂)이라 할 수 있다. 이것은 가장 넓고 깊은 사랑으로서, 내가 다른 사람의 몸이 되어 그것을 이해함으로써 가능한 것이라 할 수 있다.

이러한 관점에서 우리는 '남'이라는 존재를 새롭게 인식하지 않을 수 없다. '남'은 나의 생존경쟁의 적대자가 아니라, 나의 안락을 위해서 절대적으로 필요한 동반자라는 것이다. 따라서 남 곧 모든(無量) 중생에게 즐거움을 주려는 마음(慈無量心), 괴로움을 덜어주려는 마음(悲無量心), 함께 기뻐하는 마음(喜無量心), 아집(我執)을 버리고 평등하게 대해주는 마음(捨無量心)을 갖도록 해야 한다는 것이다. 이를 4무량심이라 한다.

그리고 이러한 자(慈)·비(悲)·희(喜)·사(捨)의 네 가지 마음은 몇 사람에게 한정되지 않고, 일체 중생에게 파급되어야 한다는 것이다. 6도윤회를 설하게 된 이상, 모든 생명체가 서로 윤리적 관계를 맺기 때문이다.[115] — 토인비는 인류의 역사를 '도전과 응전'의 연속이라고 하였다. 곧 대립과 갈등의 역사요, 전쟁의 역사라는 것이다. 이러한 대립과 갈등과 전쟁을 없애고 평화로운 세상을 만드는 데는 모든 사람을 친족으로 생각하고, 사랑하는 마음을 갖는 것, 곧 자비심을 갖는 것밖에는 없다고 하겠다.[116] 이러한 인류의 이상을 실천할 수 있는 방편을 구체적으로 제시한 것은 모든 인류를 친족으로 보고 자비를 행하라는 석가의 가르침이라 할 수 있다.

2) 보 시

보시(布施)는 남에게 아낌없이 주는 행위이다. 따라서 그 정신적 기반은 4무량심이라고 해도 좋다. 4무량심의 근본이 되는 사랑(慈)은 남을 나 이상으로 사랑하는 것이므로, 그러한 마음이 바깥으로 드러나 아낌없이 주는 것으로 보시라는 형태가 될 것이다.

보시는 주는 행위이므로 시자·시물·수자의 셋이 관여한다.

---

115 고익진, 『불교의 체계적 이해』 244면.

116 정태혁, 『불법구경과 바가바드기타』 16면 이하.

그중에서 시물은 일차적으로 물질적인 재물을 들 수 있으며(財施), 어두운 사람에게 바른 법을 베풀어주는 것도 중요한 보시라고 할 수 있다(法施). 시물을 받는 수자는 수도에 전념하는 승가를 가리킴이 보통이고, 그것은 무한한 공덕(福)을 받기에 복전(福田)이라고도 한다. 그러나 보시의 기본 입장에서 볼 때, 받는 자를 승가에만 한정시킬 수는 없고(『잡아함』4), 더 나아가서 빈궁자, 병자, 심지어는 축생에 이르기까지 복전의 개념이 확대되었던 것이다(『법망경』권하, 9).

이상과 같이 보시는 불교에서 가장 적극적 선행으로 설해지고 있다. 보시는 4무량심(慈, 悲, 喜, 捨)에 입각한 순수한 사랑의 발로라고 할 수 있는데, 그렇지만 여기에는 무엇인가를 기대하는 바가 없을 수 없다.

그러나 6바라밀 중의 보시는 어떤 것인가? '보살은 무엇을 기대함이 없이 보시를 행해야 하며' '시자 · 시물 · 수자의 셋이 공적(空寂)한' 지극히 순수한 보시여야만 무한한 복덕이 발생하게 된다는 것이다(『금강경』).

그리고 재시보다는 대중적 법시의 중요성이 크게 강조되었다. 즉 "3천대천세계를 칠보로 가득 채워서 보시를 한다고 해도 대승경전을 수지하고 남에게 설해주는 것만 못할 것이다"라고 하였다. 그리고 두려움(怖畏)으로부터 사람을 구원하여 안심하게 하는 무외시(無畏施)도 강조되고 있다.(『해밀심경』4)

제5절 세간도덕과 계율

1. 4은과 4섭법

1) **4은**(四恩)

은(恩)에는 여러 가지가 있겠으나, 불교에서는 대체로 부모은·스승은·국왕은·3보은(三寶恩)을 중시한다. 앞의 3은은 세간적인 은이요, 뒤의 1은은 출세간적인 은이다.(『심지관경』보은품)[117]

(1) **부모은** ; 세속에서 말하는 효도이지만, 그 궁극적인 효는 부모로 하여금 불법을 신봉하게 하여 해탈·열반에 이르게 하는 것이라 한다.

(2) **중생은** ; 일체 중생은 6도(道)에 윤회하여 백천겁(百千劫)을 경과해 오는 가운데 서로 부모가 되고 서로 인연관계가 없을 수 없다. 그런고로 일체 중생은 상호간에 은의가 있어야 한다고 하였다.

(3) **국왕은** ; 과거세에 10선계를 잘 지킨 공덕으로 금생에 그 과보를 얻은 사람이 국왕이므로 그를 공경해야 한다는 것이다.[118]

(4) **3보은**(三寶恩) ; 불보·법보·승보의 3보를 말하는 것으로, 부처(佛)와 불교의 진리(法)와 중생을 이롭게 하는 범부승(僧)의 은혜가 크다는 것이다.

---

117 김동화, 『불교윤리학』 375~377면.

118 석가가 부모나 처자, 동시에 국가나 국민을 버렸다고 하나, 그것은 보다 더 큰 사랑을 위한 것이 분명하다. 성도 후에 그는 부모처자가 원하므로 제도하였으며, 이웃나라가 자기 조국을 침략한다는 말을 듣고 그는 길목에서 지키고 있다가 그 왕을 설득하여 물러나게 했다는 것으로 보면 그의 출가를 비판할 수 없다. — 김동화, 『불교윤리학』 209면.

2) 4섭법

석가는 이러한 보편적이며 일반적인 사회윤리 외에, 은(恩)을 바탕으로 하고, 평등한 상호 호혜의 관계라 할 수 있는 사섭법(四攝法), 혹은 사섭사(四攝事) 즉 보시(布施) · 애어(愛語) · 이행(利行) · 동사(同事)를 들었다.

석가는 "거사자여! 네 가지 섭사가 있다. … ①은 은혜를 베푼다. ②는 정다운 말을 한다. ③은 남을 이롭게 행동한다. ④는 이익을 같이한다"(『중아함』33)라고 하였다.

그리고 석가는 열반을 달성하는 방법으로 출가생활을 권장하면서도, 세속적인 삶도 존중하였다. 사회는 나와 남과의 만남에서 이루어진 것이고, 그 나와 남과의 바른 관계가 사회윤리이다. 불교는 '남'이라는 존재에 대한 인식의 전환을 통하여 자비와 보시의 윤리와 4섭법을 행하라고 한 것이다.

2. 계와 율

1) 서 설

윤리적 실천의 규범이 되는 것은 계율이다. 이것은 계와 율이라는 별개의 낱말이 결합된 것으로, 먼저 계(戒, sīla)라는 말은 원시경전에서는 흔히 좋은 습관, 좋은 성향, 좋은 행상(行狀)의 의미로 쓰였으며, 좋은 습관으로서 지켜야 할 '훈계'라는 의미이다. 그것은 '악을 범하는 일을 금지한다'는 의미로 해석되기 쉽지만, 본래는 도리어 '스스로 악을 폐하고 선을 닦는다'는 자발적 결의를 주로 하는 것이었다. 그러므로 계에 있어서는 이를 범하는 경우라도 벌칙이 없다.[119]

---

119 藤田宏遠, '원시불교의 윤리사상' 최법혜 편역 『불교윤리학논집』 52면 이하.

이에 대하여 율(律, vinaya)은 제거, 훈련, 제지 등의 뜻으로 쓰인다. 원시불교에서는 출가 수행자가 지켜야 할 규율·규칙의 의미로 쓰여 왔다. 이것은 출가 교단인 승가에 소속된 출가수행자가 악행을 범함에 따라 그 때마다 석가가 이를 금하면서 제정한 것들이라 한다. 그러므로 율은 원래 금지적인 조항을 말함으로 이를 범한 경우 반드시 벌칙이 따랐으며, 출가 수행자에게 있어서는 타율적 강제적으로 행해야 할 성격을 갖고 있다. 예컨대 음란, 절도, 살생이나 자살교사, 자기가 성취한 재능이나 어떤 업적 같은 것들을 그릇되게 자랑하는 행위 등의 네 가지 금지 사항을 위반한 경우는 교단으로부터 축출하기도 하였으며, 또 이외에도 위반 시 적절한 참회를 강요하는 것도 있었다.[120]

이와 같이 계와 율은 그 의미가 서로 다르므로 계율이라는 합성어가 될 수 없는 것이 합성된 것이다. 아무튼 계는 재가신자와 출가수행자 양쪽에 대한 것이며, 율은 출가 수행자에 한하여 부과된 것이다.

10악업의 부정이 곧 10선업이라는 것은 전술하였다. 그런데 10악업 중에서 사회적으로 특히 문제가 되는 것은 신체적인 3악업(살생, 투도, 사음)이다. 왜냐하면 그것들은 남에게 직접적으로 해를 줄 수 있는 외적 행동이기 때문이다. 그 다음이 언어적인 4악업이 되겠지만, 그것들 중에서 거짓말 하나로 대표시켜서 5계의 하나로 정하였다. 두 말이나 꾸밈말이나 욕설 등도 일종의 망어(妄語)이기 때문이다. 그 밖에 10악업에서는 비록 빠졌지만 사회적으로 문제되는 불음주(不飮酒)를 위의 네 가지에 보태서 5계로 하였다.

계율은 이 밖에도 8재계, 10계 등이 있고, 출가승에게는 보다 강제성을 띤 사미와 사미니의 10계, 비구계 250계와 비구니계 348계

---

120 藤田宏達, 위의 글, 최법혜 편역, 같은 책 53면.

(혹은 500계) 등이 마련되어 있다. 여러 계층의 많은 사람들이 교단에 들어와 단체생활을 하였으므로 많은 계율이 제정되었던 것이다.[121] 그런데 이것들은 모두 5계를 기초로 하고 있다.

2) 근본 규범인 5계

석가는 "현세에서 살생하는 자, 거짓말을 하는 자, 주어지지 않은 것을 취하는 자, 남의 아내를 넘보는 자, 그리고 술을 좋아하는 자들은 현세에서의 자신들의 근원을 파괴한다"(『법구경』246~247)라고 하였는데, 그 후에 ① 불살생(不殺生), ② 불투도(不偸盜), ③ 불사음(不邪淫), ④ 불망어(不妄語), ⑤ 불음주(不飮酒)라는 5계가 정립되었다.

이것은 재가신자나 출가수행자 모두에게 공통하는 것이며, 불교에 있어서 윤리적 실천의 근본 규범을 이루고 있다.

이 5계 가운데 제③의 불사음은 부정한 성관계를 금하는 것인데, 출가 수행자에게 있어서는 모든 성관계를 끊어야 하므로 불음이 설해진다.

그런데 5계의 불(不)은 '떠나다' '멀리하다' '피하다'라는 것으로, 본래 다섯 가지 악행을 떠나려는 자발적인 마음가짐을 말한 것들이다. 그러므로 5계는 재가신도에게 있어서는 남녀 구별 없이 지켜야 할 계로 되어 있지만, 이를 범하는 경우라 할지라도 처벌 규정은 전혀 없다.

그러나 출가 수행자의 경우는 다르다. 출가수행자가 불살생, 불투도, 불음, 불망어의 4계를 범하면 파라이(波羅夷)의 죄가 되며, 불음주를 깨뜨리면 파일제(波逸提)의 죄를 묻게 된다. 파일제의 죄는 참회해야 하며, 파라이의 죄는 비구 혹은 비구니의 자격을 잃고 교단에서 추방된다.

---

121 김동화, 『한국불교사상의 좌표』 44면.

여기서 알아야 할 것은 불살생은 가장 중대한 계율임이 분명하지만, 더 큰 살생을 막기 위하여 승병(僧兵)을 일으킨 경우와 같이 예외가 있을 수 있다는 것이다.

더 읽어야 할 책

김동화, 『불교윤리학』 『구사학』 뇌허불교학술원.

고익진, 『불교의 체계적 이해』 새터.

동대불교문화대교재편찬위원회, 『불교사상의 이해』 불교시대사.

심재열, 『원효사상 2』 홍법원.

정병조, 『정병조 불교입문』 불지사.

안옥선, 『불교윤리의 현대적 이해』 불교시대사.

H. 사다티사, 김용정 옮김 『불교란 무엇인가』 성균관대학교 출판부.

최법혜 편역 『불교윤리학논집』 고운사본말사교육연수원.

任繼愈, 추만호 외 옮김 『중국중세불교사상비판』 민족사.

木村泰賢, 박경준 옮김 『원시불교사상론』 경서원.

太田久紀, 정병조 옮김 『불교의 심층심리』 현음사.

제3부

유교철학

제1장

서 론

제1절 전통 이념인 유교

우리나라에는 일찍이 삼국시대 이전에 중국으로부터 유교와 함께 도가와 불교가 전래되어 우리들의 삶에 지속적으로 영향을 미쳐왔다. 그런데 그중에서도 유교(儒敎)는 조선조 500여 년 동안의 통치이념이 되어 우리나라의 정치 · 경제 · 사회 · 문화 등 거의 모든 방면에 절대적인 영향을 미쳐왔다.

그리하여 지금 우리들은 유교 경전인 『주역』에 입각하여 만들어진 세계에서 가장 훌륭한 것으로 평가받고 있는 태극기를 국기로 사용하고 있으며, 유교의 천지인(天地人) 사상과 유교의 음양오행사상에 입각하여 만들어진 세계 최고의 문자인 한글을 쓰고 있다. 그리고 음양오행사상에 입각하여 만든 세계 최고의 음식으로 인정받고 있는 김치를 비롯하여 된장 · 간장 · 비빔밥 · 불고기 등의 음식을 먹으면서 살아가고 있다.

그런가 하면 유교를 철저히 공부한 세종대왕과 이순신과 신사임당, 그리고 유학자인 이황과 이이가 새겨진 화폐를 쓰고 있으며, 추석이나 설날에는 성묘하고 부모를 찾아보기 위하여 3분의 2 가량의 국민이 귀성 전쟁을 치르고 있으며, 유교의 영향으로 말미암은 세계 최고를 자랑하는 교육열 · 근면 · 공동체의식 등의 미래지향적인 좋은 정신적 자산을 지니고 살아가고 있다. 또한 공동체지향적인 유교의식으로 인하여 서양인들처럼 '나의 집' '내 남편' '내 마누라' '내 애인'이라 하지 않고, '우리 집' '우리 남편' '우리 마누라' '우리 애인'이라는 말을 쓰면서 살아가고 있다.

아무튼 유교는 지금도 우리들의 의식 속에 깊이 침투되어 한국인의 정체성으로 기능하여 우리들의 사고나 행동을 지배하고 있다.

이광세는 유교는 우리의 문화 전통과 의식 구조의 중추가 되는 것이라고 하였다.[1] 그리고 길희성은 불교나 기독교보다는 유교가 실제로 한국인의 행동규범과 가치관의 중추가 되어 있다고 하고, 한국의 기독교인은 '유교적 기독교인'이며, 한국의 불교인은 '유교적 불교인'이라 해도 틀리지 않을 것이라고 하였다. 그는 또 유교가 불교와 기독교를 중화시켜 주는 완충지대의 역할을 함으로써 다른 나라들과는 달리, 우리나라에서 두 종교 간의 갈등이나 마찰이 거의 없다고 하였다.[2] 그런가 하면 김용옥은 "조선 오백년은 유교의 가치 속에서 언어·문물·제도·습속 등 그 모든 것을 형성시켰다. 그리고 그러한 전통은 오늘까지지도 계속 유지되고 있다"고 하였다.[3]

그런데 이항녕이 지적한 바와 같이 동아시아의 유교 국가들은 법보다도 윤리 도덕을 중시하고, 자연을 숭배하여 그에 순응하면서 근검·절약을 미덕으로 삼고, 물질적인 것보다 정신적 즐거움을 더 중요시하면서 살아왔기 때문에 오랫동안 침체의 질곡에서 벗어나지 못함으로써,[4] 유교는 비판의 대상이 되기도 하였다.

그런가 하면 많은 사람들이 조선조 후기에 이르러 서자와 여자를 차별하고, — 유교의 공자(孔子, 본명은 孔丘)는 서자였으며, 그 며느리는 개가하였음 — 세도정치와 당쟁을 일삼아서 나라가 망했다고 하여 유교를 비판하고 부정적인 시각으로 보는 사람들도 있었으며, 유교가 가부장적인 통치 이데올로기로 고착되면서 '자식이 부모에게 효도하고, 신민은 임금에게 충성하며, 아내는 남편에게 순종하

---

1 이광세, 『동양과 서양, 두 지평선의 융합』 63면.

2 길희성 외, 『포스트 모던사회와 열린 종교』 18면.

3 김용옥, 『혜강 최한기와 유교』 205면 이하.

4 이항녕, 『법철학개론』 66면 이하.

라'는 삼강오륜을 강요하고, 복잡하고 까다로운 예절과 의식을 강요하는 것이라고 하여 유교를 비판하는 사람이 많았다.

그런데 일본은 일찍이 '『논어』+주판' 즉 유교를 바탕으로 하여 경제를 발전시키자는 방침에 따라 성장하여 왔으며, 1970년 이후 우리나라를 비롯한 싱가포르·대만·홍콩 등의 유교 국가들이 눈부신 경제성장을 이룩하였다. 그리하여 1980년대부터 서양의 많은 사람들이 유교를 동아시아 유교 국가들이 경제성장을 이룩한 원동력이라 하였으며, 21세기에는 동아시아 유교 국가들이 세계경제를 주도할 것이라고 전망하기도 하였다.

제2절 유교의 창시와 명칭

유교(儒敎)는 일찍이 2,500여 년 전에 중국의 공자가 창시하였는데, 이와 관련하여 『한서(漢書)』에는 다음과 같이 기록되어 있다.

"유가의 무리는 사도(司徒, 관직의 명칭)의 출신으로서 군주를 보좌하고, 음양(陰陽)의 변화에 순응하며, 교화를 통하여 백성의 덕을 밝히려고 하였다. 그들은 '육경'을 즐겨 연구하고, 인의(仁義)의 도덕에 유의하였으며, 요(堯)·순(舜)을 받들어 그 행적을 서술하고, 문왕(文)·무왕(武)을 본받고자 그 덕을 밝히고, 공자를 종사(宗師)로 삼아서 그 언설을 중히 여김으로써 도를 크게 드러내었다."(예문지)

일찍이 주(周)나라는 학교를 세워서 사씨(師氏)나 보씨(保氏) 등의 교사를 임명하여 그들로 하여금 관리들이나 그 자제들을 가르치게 하였다. 그러나 춘추 말기에 이르러 주나라의 국력이 극도로 쇠약해지면서 이러한 관학이 유명무실하게 되었을 때, 공자가 중국 최초로 서당을 열어 신분을 가리지 않고 학생을 받아들여서 요·순과 주공(周公)을 받들고, 육예(六藝 ; 禮, 樂, 射, 御, 書, 數)를 가르침으로써 유교가 창시되었다.

유교는 공자가 창시하였으므로 공자교(孔子敎, Confucianism)·공교(孔敎)·공학(孔學)이라고도 하고, 맹자(孟子)에 의하여 크게 발전하였으므로 공맹철학이라고도 한다. 또한 유자(儒者)의 집단·학술 등의 뜻으로 유가·유술·유학·유도·도학 등으로 일컬어져 왔다.

제3절 유교의 배경

1. 요순과 삼대문화

중국문화는 황하 상류지역에서 농업으로 생계를 꾸려가던 사람들에 의하여 발생하였다. 고대 중국인들은 황하의 상류지역의 한랭한 기후와 가뭄과 홍수 등의 재난 속에서 농사를 지으면서 어렵게 살았는데, 기원전 3천 년대 후반의 요(堯) 임금 이후에 치수(治水)를 잘하게 됨으로써 비로소 안정된 생활을 하게 되었다. 이때부터 문화가 획기적으로 발전하였다. — 중국에는 삼황(三皇 ; 燧人氏, 伏義氏, 神農氏) 오제(五帝 ; 黃帝, 顓頊, 帝嚳, 堯, 舜)의 신화가 전해오는데, 최초의 역사서인 『서경』은 요임금부터 기술하고 있다.

요임금은 예리한 통찰력을 가지고 사물을 파악하였으며, 덕으로 백성들을 교화시켜 잘 다스렸다. 그리고 대신들의 추천을 받아 자기 아들이 아닌 효자로 알려진 순(舜)에게 양위하였다.[5]

순임금은 기(棄)를 후직(后稷)에 임명하여 백성들에게 농사짓는 법을 가르쳐서 의식을 풍족하게 하였으며, 설(契)을 사도(司徒)로 삼아서 오교(五敎 ; 父義, 母慈, 兄友, 弟恭, 子孝)의 윤리를 백성들에게 권장하였다.[6] 그리고 당시의 과제였던 가뭄과 홍수를 다스리는 데 커다란 공을 세운 우(禹)에게 양위하였다.

우임금은 양위를 받은 후에도 치수를 잘하여 백성들의 삶을 안

---

5 김충열, 『중국철학산고 I 』 56면.

6 김충열, 위의 책 58면.

정시켰을 뿐만 아니라, 학교를 세워서 인재를 양성하여 관리로 채용하였으며, '홍범구주(洪範九疇)'를 제정해서 정치를 바르게 하여 천하를 잘 다스림으로써 태평성대를 구가하였다.

우임금의 뒤를 이어 그의 아들 계(啓)가 왕위를 세습함으로써 하(夏 ; B.C. 2205?) 왕조가 성립되었다. 17대 걸왕(桀王)이 포악무도하여 민심을 잃게 되었을 때, 탕왕(湯王)이 정벌하여 상(商 ; B.C. 1766?)을 세웠다(19대 盤庚이 殷으로 천도한 후 은이라 함). 31대 주왕(紂王)이 포악무도하여(酒池肉林에 빠져) 민심을 잃게 되자, 무왕(武王)이 정벌하여 주(周 ; B.C. 1122?)를 세웠다.

주나라는 10대 유왕(幽王)이 실정을 거듭하다가 견융(犬戎)의 침입을 받아서 수도를 호(鎬)에서 낙읍(洛邑)으로 옮겼는데(B.C. 770?), 이때까지를 서주(西周 ; 春秋 '770?~475? B.C.')라고 한다. 이상의 하·은·서주를 삼대(三代)라 한다. 수도를 낙읍으로 옮긴 이후의 주나라를 동주(東周 ; 戰國 '475?~221 B.C.')라고 한다.

하나라는 하늘(天=神)을 숭상하는 일이나 제사를 지내는 형식적인 일을 멀리하고, 자연의 변화를 관찰하여 그 법칙을 알아내서 백성들로 하여금 그것을 농사를 짓는 데에 활용하게 하였다.[7]

은나라는 조상신의 숭배에서 발전된 신(天 혹은 帝)에 대한 제사(天祭)를 성대하게 지냈다. 이리하여 천제를 주관하는 군주는 천자(天子)로 신격화되었으며, 군신 상하 간에 계급이 발생하고, 존비귀천의 차별이 뚜렷해졌다.[8]

주나라는 신본주의 정치를 펼친 은나라와는 달리, 예를 제정하여 그 예로써 다스리는 예문화(禮文化)를 확립고, 덕으로써 백성을 다스렸다.[9]

---

7 위의 책 52면.

8 위의 책.

9 위와 같음.

2. 천명사상

고대 중국인들은 조상신이나 귀신은 물론 일월성신이나 산천초목 등을 비롯한 자연현상을 경외하고 숭배하여 왔다. 『서경』(우서)을 보면 요임금은 희씨(羲氏)와 화씨(和氏)를 천지와 사시(四時)의 육종(六宗)을 관장하는 관리로 임명하고, 그들에게 명하여 하늘을 공경하도록 하였으며, 일월성신을 관찰해서 백성들에게 때를 알려주도록 하였다. 순임금은 정월 초하루에 상제에게 제사를 지내고, 육종과 명산대천에도 두루 제사를 지냈으며, 치수를 잘하여 민생을 안정시켰다.

은나라 때에는 인격적 주재자로서의 하늘(天)에 대한 관념, 곧 경천사상(敬天思想)이 형성되었다. 『서경』은 탕왕이 "하나라 임금이 죄를 많이 저질러서 하늘이 그를 벌하라고 명하셨으므로 그를 공격하려는 것이요!"(탕서)라고 하면서 하나라를 정벌했다고 하고 있다.

그들은 이렇게 하늘을 인격적 주재자라고 생각하고 천제를 성대하게 지냈는데, 천제를 주관하는 군주는 신권의 대행자(天子)라고 하면서 백성의 위에 군림하였다. 은나라 마지막 임금인 주(紂)는 사람을 제물로 쓰는 등, 천제를 성대하게 지냈으나, 폭정을 자행하여 결국 멸망하고 말았다.[10]

주나라 때에 이르러 신에 대한 관념이 변화하였다. 즉 『서경』에는 주공(周公)이 "하늘만 믿고 있을 수가 없다. 우리의 도리는 오직 나라를 안정시킨 왕의 덕을 이어가도록 하는 것뿐이다"(군석)라고 하였다. 그리고 또 『춘추좌씨전』(약해서 『좌전』)은 "민심에 거슬리지 않으면 나라가 흥하고, 신에만 의존하면 나라는 망한다"(장공)고 하였다.

---

10 위의 책 67면.

3. 음양오행사상

전통적 경천사상이 약화되면서 과학적 지식이 발달하였다. 주나라 말엽에는 천문과 역법의 지식도 발전하였다. 『주역』은 "천문을 보아서 시절의 변화를 살핀다"(비괘)고 하였으며, 『시경』에는 음력 '10월 1일에 일식이 일어난다'(B.C.766년)고 하고 있다.[11]

이 무렵에 오행(五行)이 우주 만물의 생성과 변화의 근원이라고 하는 오행설과 음(陰)과 양(陽)의 두 기(氣)가 우주 만물의 생성과 변화의 근원이라고 하는 음양설이 발생하였다.

『서경』의 '홍범구주'는 사람들이 살아가는 데 없어서는 안 될 물질적 요소로서 수·화·목·금·토의 오행을 들었으며, 『국어』는 "그러므로 선왕께서는 토와 금·목·수·화를 섞어서 만물이 이루어지게 하였다"(정어)고 하여 오행이 화합하여 만물을 생성한다고 하였다.

『국어』에는 삼천 지역에 지진이 발생하자, 백양보(伯陽父)가 "양기가 억눌려서 나오지 못하고, 음기가 갇혀서 증발할 수 없게 되어 지진이 발생하였다"(주어)고 하고, 『좌전』은 희공이 운석이 떨어진 일을 놓고 음양의 변화와 관련된 일로 해석하고, 나아가서 그것은 사회의 길흉과는 무관하다고 하였다(희공). 우주 만물은 음양의 작용으로 변화한다는 것이다.

4. 예(禮)의 사상

고대 중국인들은 하늘이 인간의 길흉화복을 주관하는 것으로 보아서 천제(天祭)를 성대하게 지냈다. 이것이 예의 시단이 된 것이다. 그 후 이러한 예는 인간 행위의 전반에 확대되어 신에 대한 의례와

---

11 侯外盧 主編, 앞의 책 40면.

세속의례로 분리되었으며, 세속의례는 다시 통치계급들 사이에 지켜야 할 준칙과 사람들 사이에 지켜야 할 준칙의 의미로 발전하였다.

『예기』는 "예는 천지의 질서이다"(악기)라고 하였으며, "예라는 것은 인간의 도리이다"(중니연거)라고 하였다. 예는 우주 만물의 질서를 본받아서 이루어진 것으로서, 사람이 마땅히 지켜야 할 도리라는 것이다. 그리고 예가 필요한 이유를 『예기』는 다음과 같이 말하였다.

"도덕과 인의(仁義)도 예가 아니면 갖추어질 수 없고, 사람을 가르쳐서 풍속을 바르게 하는 것도 예가 아니면 이루어질 수 없으며, … 군신 · 상하 · 부자 · 형제간에도 예가 아니면 의리가 두터워질 수 없고, 스승을 섬겨서 임관의 길을 배우고 육예(六藝 ; 『詩』 · 『書』 · 『易』 · 『禮記』 · 『春秋』)를 익히는 것도 예가 아니면 익숙해질 수 없다."(곡례상)

『좌전』은 예를 사회질서를 유지하는 데 있어서 필요불가결한 것으로서, 나라를 다스리는 근간이 되는 것이라 하였다. 즉 "예는 나라를 경영하고, 사직을 안정시키며, 백성들로 하여금 질서를 유지하게 하고, 후손들을 이롭게 하는 것이다"(은공)라고 하였으며, "무릇 예는 나라의 근간이다. … 예가 행하여지지 못하면 혼란에 빠지게 될 것이다"(희공)라고 하였다.

제4절 유교의 발전

1) 춘추전국시대에 전국의 혼란을 구제하기 위하여 제자백가가 일어나서 중국철학의 황금기를 이루었다. 그 가운데서 공자(孔子, B.C.551~479)에 의하여 창시된 유교가 최대의 학파를 이루어 지속적으로 중국을 지배하였다. 공자의 사후에 그 학파는 여러 개로 갈라졌는데, 이들 중 증자－자사학파는 맹자(孟子, B.C.372~289)에게 계승되었고, 자유－자하학파는 순자(荀子, B.C.336~236)에게 계승되면서 유교는 크게 발전하였다. 그러나 그 후 진나라 시황제(始皇帝)의 법가서적과 기술서적을 제외한 모든 경전을 불태워버리는 이른바 분서갱유(焚書坑儒)로 인하여 유교가 침체하게 되었다. 이때까지의 선진시대의 유교를 유교철학의 발흥기라 할 수 있다.

2) 한나라를 세운 고조 유방은 유학자들의 권유를 받아들여 공자의 묘에 가서 제사를 지내고, 유교를 존중함으로써 유교는 한나라의 통치이념이 되었다. 그 후 무제는 '유교로 사상을 통일하라'는 동중서(董仲舒, B.C.179~104)의 건의를 받아들여 오경박사를 관리로 등용하였다. 이리하여 오경의 경전이 재구성되었다. 그리고 무제는 태학을 세워서 이들 경전을 가르침으로써 경학(經學), 곧 훈고학(訓詁學)이 일어나서 유교가 크게 발전하였다. 후한 말에는 환관들의 전횡이 극도에 이르게 되자, 유학자들이 이를 비판하다가 다수의 유학자들이 사형과 금고형으로 처벌되었다. 이후 위진 남북조시대에는 대부분의 지식인들은 일신의 안락을 추구하거나, 신도가인 현학(玄學, 三玄學)에 빠져들었으므로 유교는 쇠퇴하였다. 그 후 수나라와 당나라 때에는 불교 특히 선종(禪宗, 禪學)이 크게 유행하여 유교가 발전하지

못하였다. 그러나 이 시대를 삼교교섭기라고도 하지만, 그래도 유교가 가장 오래 지배하였으므로 유교독존기라 한다.

3) 송나라 때에는 태조 조광윤이 문관 우대책을 강구함으로서 수당시대에 유행하였던 현학과 선종의 영향을 받아 주돈이(周敦頤, 1017~1073), 소옹(邵雍), 장재(張載), 정호(程顥), 정이(程頤) 등 이른바 북송오자들에 의하여 일어난 신유학이 일어났으며, 그 후 이것이 북송의 주희(朱熹, 1130~1200)에 의하여 집대성된 주자학(리학, 정주학, 송학)이 이 시기를 지배하였다. 그 후 원나라 때에도 과거 시험과목으로 주희의 『사서집주』와 '오경'을 채택하였고, 명나라도 과거시험 과목으로 주자학을 채용하는 등, 주자학을 관학으로 보호함으로써 주자학이 활기를 띠었다. 그 후 왕수인(王守仁, 1472~1528)은 육구연(陸九淵, 1139~1193)의 심학(心學)을 계승하여 양명학을 완성하였는데, 이 양명학은 명나라의 사상계를 지배하였다. 이 송명시대를 유교의 부흥기라 할 수 있다.

4) 청나라 때에는 한족들이 만주족에게 나라를 빼앗긴 것이 리(理)나 심(心)을 내세워 공리공론에 빠졌기 때문이라고 하여 이들을 비판하고, 한나라 때의 경학을 선호하는 고증학풍이 일어나서 이 시대를 지배하였다. 이러한 새로운 기풍은 실제적인 것을 중시하게 되었으며, 주희의 리학이나 왕수인의 심학을 버리고 기학(氣學)을 선호하였다. 그리하여 기학이 크게 유행하여 시대를 지배하였다. 이 시기에는 왕부지(王夫之, 1619~1692)와 대진(戴震, 1723~1777)이 장재의 기론(氣論)을 받아들여 기학을 완성하였다. 이런데 이 시기의 유학자들은 대체로 서재에 처박혀서 학문연구에만 몰두하였으므로 그들의 학문도 현실과 괴리된 것이었다. 따라서 그 후 정치적 사회적 혼란이 일어나자 차츰 비판을 받고 쇠퇴하였다. 이 시대를 유교의 종결기라 할 수 있다.

5) 우리나라에 유교가 삼국시대 이전에 들어온 것으로 보인다.

고구려 소수림왕(17대) 2년(372년)에는 태학을 세워서 유교를 교육했다는 기록이 있다. 백제의 박사 왕인은 일본에 『논어』 10권과 『효경』『천자문』 1권씩을 전했다고 한다. 신라에는 두 나라보다 늦게 내물왕(17대) 때에 고구려로부터 한문과 함께 유교가 도입된 것으로 보인다. 통일신라의 신문왕(33대) 16년에는 왕자 송충이 당에서 공자와 10철 72제자의 화상을 가져와 국학에 모셨다.

고려 태조 왕건은 '훈요십조'를 제정하여 후손들에게 이것을 지키도록 하였는데, 그 제3조에서 적자세습의 원칙을 지킬 것, 제7조에서 인정(仁政)을 베풀 것, 제10조에서 유교경전을 거울삼아 나라를 다스리라고 하였다. 그리고 서경(평양)에 학교를 세워서 경전을 가르치게 하였다.

광종(4대)이 중국의 과거제도를 도입하였다. 성종(6대)이 이를 받아들여서 태학을 세워서 학생들에게 유교를 공부하도록 하였다.

충열왕(25대) 때에 안향(安珦)은 중국으로부터 경전과 공자의 화상을 가져와서 유교의 진흥에 힘을 쏟았다. 공민왕 때 이색(李穡)은 성균관 대사성이 되고, 정몽주(鄭夢周)가 교관이 되어 『역전』과 『사서집주』 등을 가르쳤다. 여기에서 정도전(鄭道傳) 권근(權近) 길재(吉再) 등이 배출되었다.

조선의 태조 이성계는 정도전을 비롯한 주자학자들의 후원을 받아서 건국하였으므로 억불숭유(抑佛崇儒) 정책을 쓰게 되었다. 그리하여 유교는 조선조의 통치이념이 되었다. 태조는 서울에 성균관과 사학(四學)을 세우고, 각 지방에 향교를 건립하여 유교를 가르치게 하였다.

권근과 길재의의 학통을 이은 김종직(金宗直)의 문인인 김굉필(金宏弼)과 정여창(鄭汝昌)이 무오사화의 화를 입은 후로 다수의 선비들은 벼슬을 마다하고 산림에 서원을 열게 되어 유교가 크게 발전하였다.

이황(李滉 ; 退溪, 1501~1570)은 주자학을 수용하여 주리적 이기론 등을 수립하였으며, 특히 서원을 세워서 수많은 인재를 양성하였다. 그 후 이이(李珥 ; 栗谷, 1536~1584)는 '리도 발하고 기도 발한다'는 이황의 주리적 리기설에 반대하여, 주기론적 리기설을 주장하였다. 이들은 우리나라 주자학의 쌍벽을 이루었다.

그 후 임진왜란과 병자호란 등을 겪은 후에 학자들이 주자학의 현실 타개 능력의 한계를 절감하고 있던 차에 서양의 문물이 들어오면서 실학(實學)이 일어났다. 그 후 정약용(丁若鏞 ; 茶山, 1752~1836)이 실학을 종합·집대성하였다. 그는 고증학적 방법으로 유교 경전을 새롭게 해석하여 공리공담으로 흘러들어간 주자학을 공맹의 실천철학으로 돌이키려고 하였다.

제5절 유교의 경전

경전(經典)이란 만고불변의 진리를 기록한 서적을 말한다. 고대에는 유교 이외에 도가나 묵가 등의 서적도 경전이라고 일컫기도 하였지만, 유교가 중시되면서 유교경전 이외의 철학서적은 자서(子書)라고 하고, 유교서적만을 경전이라고 하였다.

공자는 그 이전의 문헌과 민요를 수집하여 『시경』과 『서경』과 『예기』를 편찬하고, 『역경』(『주역』)을 연구하여 「계사전」 등을 썼으며, 『춘추』를 지었는데, 이들을 '오경'이라고 한다. 이들 가운데서 특히 『역경』 『시경』 『서경』을 '삼경'이라 하여 중시하였다.

'오경(五經)'은 진시황제의 분서갱유로 말미암아 소실되었다가, 한나라 때에 유교를 장려함으로써 복원되었다. 특히 무제가 '유교로 사상통일을 하라'는 동중서의 건의를 받아들여 태학을 창설하고, '오경'을 가르쳐서 관리로 채용함으로써 경학이 발흥하였다.

당나라 때에는 공영달에 의하여 『오경정의』가 편찬되었으며, 『역경』 『시경』 『서경』 『예기』에 『주례』와 『의례』를 더하고, 『춘추』를 세밀하게 주석한 『춘추좌씨전』 『춘추공양전』 『춘추곡량전』을 더하여 '구경'으로 늘어났다.

송나라 때에 정이는 『논어』 『맹자』 『중용』 『대학』을 훌륭한 네 권의 책이라는 의미로 '사서(四書)'라고 하였는데, 주희가 이것을 '오경' 앞에 놓아 '사서오경'이라고 하고, '사서집주'를 씀으로써 '사서'가 중시되기에 이르렀다. 명나라와 청나라 때에는 과거시험이 주희의 『사서집주』에서 출제되었기 때문에 그 이후로 '사서'는 선비들의 필독서가 되었다.

제6절 유교의 분야와 그 특성

고대 그리스인들은 메소포타미아와 이집트 등 당시의 선진국들과의 무역, 곧 상업을 통해서 부를 획득하여 여유롭게 살면서, 추상적이고 사변적인 형이상학, 곧 존재론과 인식론과 윤리학 등의 체계를 갖춘 서양철학을 만들었다.

그러나 고대 중국인들은 농업을 주업으로 하면서 자연의 재해와 사회의 혼란 등의 매우 비관적인 상황, 곧 우환을 극복하기 위하여 자연의 변화 원리(天道, 天理)를 밝히고, 사람들과 더불어 어떻게 살 것인가 하는 방도(人道)를 알아내려고 노력하였으므로, 자연히 구체적이고 현실적인 우주론과 인성론과 치지론과 수기론과 윤리론 등의 분야로 구성된 유교철학을 만들었다.

1. 우 주 론

서양철학이 주로 자연의 배후, 곧 객관적 세계를 탐구하여, 형이상학, 혹은 존재론을 수립하였지만, 유교는 그런 것을 멀리하고, '인간이 자연과 더불어 어떻게 잘 살아갈 수 있을 것인가?'하는 것을 알기 위하여 우주 만물의 근원이 무엇이며, 그것이 어떻게 변화하는가(天道)를 밝히려고 하였다.

2. 인 성 론

서양철학은 인간을 이성적 존재로 규정하였을 뿐, 인간이 구체적으로 어떤 존재이며 그 본성은 어떠한가에 대하여는 별로 관심을 기울이지 않았으나, 유교에서는 사회 혼란의 근본 원인을 알아내기 위하여, 그리고 인간의 인격을 도야하기 위한 방안을 알기 위하여 인간은 어떤 존재이며, 인간의 본성은 어떤 것인가를 탐구하였다.

3. 치 지 론

서양철학에서는 사물의 존재나 그 배후 곧 객관적 세계 자체를 알기 위한 인식론을 수립하였으나, 유교에서는 사물의 변화 원리, 곧 천도(天道)를 알고 나서 그것을 토대로 하여 인간이 바르게 살아갈 수 있는 길, 곧 인도(人道)를 밝히는 인식론, 곧 치지론을 수립하였다.

4. 수 기 론

서양철학에는 인간의 성품, 곧 악의 근원인 욕망을 어떻게 알맞게 조절할 수 있을 것인가에 관한 방안, 곧 인격을 도야하기 위한 수기론이 없으나, 유교에는 사람의 욕망을 알맞게 조절하여 바람직한 인품을 갖추기 위한, 다시 말하면 '인격을 어떻게 닦을 것인가' 하는 방안을 밝히려고 하는 매우 치밀한 수기론을 수립하였다.

5. 윤 리 론

서양철학이 대체로 윤리, 곧 행위규범에 대한 이론적 탐구에 치중하고, 개개인이 어떻게 하면 행복하게 살 수 있을 것인가를 밝히려고 하는 윤리학을 수립하였다. 그러나 유교는 사람들이 함께 어우러져서 화목하고 안락하게 살아갈 수 있는 구체적인 방도(人道)를 제시하는 윤리론, 곧 예론을 수립하였다.

제2장

우 주 론

제1절 서 설

중국인들은 일찍부터 농업으로 생계를 꾸려나갔기 때문에 자연의 변화에 대하여 깊은 관심을 기울여 왔다. 그리하여 공자 이전에 이미 우주 만물의 근원이 무엇이며, 그것이 어떻게 생성 소멸하는가에 관하여 관심을 기울임으로써 우주론이 수립되었다.[12] 그 후 공자는 "가는 것이 이와 같구나! 밤낮을 쉬지 않는다"(『논어』자한)고 하여, 자연에 대하여 관심을 보인 이후로 유교에서도 우주론이 지속적으로 전개되어 왔다.

우주(宇宙)라는 말은 공간적으로는 사방과 상하를 포괄하고, 시간적으로는 고금과 왕래를 포괄하는 것, 다시 말하면 우주는 시간과 공간의 총칭이요, 만물의 통칭이라 할 수 있다.

이 우주(宇宙)라는 말은 전국시대의 도가사상가인 『장자』 이후에 많이 쓰였다.[13] 유교에서는 순자가 처음으로 이들 도가의 우주라는 말이나 그 이론을 수용하였는데, 그는 "커다란 리(大理)를 바로 잡으면 우주도 다스려질 것이다"(『순자』해폐)라고 하였다.

그런데 유교에서는 우주라는 말 보다는 천지(天地)라는 말을 더

---

12 張岱年은 그의 『中國哲學大綱』에서 '宇宙論'이라는 명칭을 쓰고 있다. 김용옥은 서양철학에서는 그리스철학 이래 우주 만물의 궁극적 근원을 다루는 존재론의 전통이 확립되어 존재론은 당연히 있어야 할 철학의 가장 주요한 영역으로 생각하지만, 중국철학에서는 서양철학에서 말하는 것과 같은 존재론은 없으므로 우주론이라는 말이 적절하다고 하였다. — 김용옥, 『노자철학 이것이다』 85면 이하.

13 『장자』는 "밖으로는 우주를 볼 수 없다"(지북유)고 하고, "나는 우주 가운데서 태어났다"(양왕)고 하였다. 『회남자』는 "太虛가 우주를 만들어 냈다"(천문훈)고 하였다.

많이 사용하여 만물의 생성 소멸에 관한 이론을 전개하였다. 특히 『주역』은 자연을 잘 관찰하여 치밀하고 체계적인 우주론을 전개하였는데, 특히 공자가 '계사전'을 써서 우주 만물의 이치를 밝힘으로써 유교의 우주론에 커다란 영향을 미쳤다.

제2절 천 론

1. 천의 의미와 그 변천

천론(天論)은 만물이 천의 작용으로 말미암아 생성 소멸한다는 이론이다. 천(天)이 선진시대부터 근대에 이르기까지 지속적으로 논의되어 오면서, 그에 관한 의미나 이론이 변천을 거듭하여 왔다.[14]

천(天) 자는 일찍이 갑골문에 쓰였으며, 사람(大 ; 사람이 팔을 편 모습)의 머리 위에 있는 것의 의미로 쓰였다. 그리고 천은 앞에서 언급한 바와 같이 경전에도 많이 쓰였다. 『시경』이나 『서경』을 보면 고대 중국인들은 천을 비롯한 여러 신들이 우주 만물을 지배하고, 인간의 생사와 길흉화복 등의 운명을 좌우한다고 생각하였다(제2장 참고). 특히 은나라 때에는 천을 제(帝 : 하느님)라고 하여 으뜸이 되는 신, 곧 인격적 주재자로 숭배하였다.

그러나 『주역』은 천(天)을 자연으로 보았다. 즉 건(乾, 乾爲天)괘를 64괘 가운데서 가장 으뜸 되는 괘로 삼아서, "건(하늘=자연)의 원기는 위대하구나! 이것을 바탕으로 하여 만물이 생성되었다!"(건괘 단전)라고 하였으며,[15] "하늘과 땅의 기가 감응하여 만물이 생성된다"(상동)고 하였다. 이것은 하늘을 땅과 더불어 우주 만물을 생성 소멸하게 하는 근원적 존재로 본 것이다.

---

14 溝口雄三 외, 김석근 외 옮김 『中國思想文化事典』 天.

15 『周易傳義』는 "乾은 곧 天이다. … 乾은 天의 性情을 뜻하며, 그것은 굳셈을 뜻한다"고 하였다.

공자는 천(天)을 대체로 천명, 자연의 이법, '자연의 추세'의 의미로 사용하였는데, 이러한 천관(天觀)은 대체로 자사와 맹자에게 계승되었다. 그러나 순자는 천을 철저하게 자연의 의미로 말하였다. 그 후 정호와 정이는 천을 천리(天理), 곧 리(理)로 해석하였으며, 주희는 이를 받아들여 리를 만물의 생성 소멸을 주재하는 원리(理)로서 우주 만물의 근원적 존재라고도 하였다.[16]

2. 천인관계 — 유교의 자연관(自然觀)

유교는 하늘을 자연, 곧 천지 만물로 보고, 그것을 하나의 거대한 생명체, 곧 유기체로 보았다. 그리고 그 천지 만물은 마음을 가지고 있는 위대한 존재로 여겨 숭배하기까지 하였다.[17]

공자나 자사는 '사람은 천명(天命)의 덕으로 인(仁)을 가지고 태어났다'고 하였으며(후술), 이를 계승한 맹자는 모든 만물은 선천적으로 인의 덕성을 가지고 태어났으므로 사람은 물론 만물을 사랑하는 것이라 하였다. 즉 맹자는 "어버이를 친애함(親)으로부터 출발하여 사람을 인자하게 대하고, 사람을 인자하게 대함으로부터 출발하여 만물을 사랑해야 할 것이다"(『맹자』진심상)라고 하였다.

정호는 사람과 만물이 생의(生意)로서의 인(仁)을 가지고 있는 한 몸이라고 하고, 따라서 만물을 사랑해야 한다고 하였다. 그는 "인이란 천지 만물을 한 몸으로 삼는 것이다. 그러므로 (만물은) 자기 아닌 것이 없다"(『이정유서』2)고 하였으며, "만약 지극한 인에 이르면 천지 만물이 한 몸이 되고, 천지간의 모든 사물은 자신의 사지와 몸뚱

16 김충열은 夏나라 때에는 자연현상 중 대표적인 天을 숭상하였고, 은나라 때에는 주재자로서의 帝(上帝 혹은 天帝)를 내세워 신으로 숭상하였으나, 그 후 天과 帝의 복합관념으로 天命의 관념이 생겨났다고 하였다. —『중국철학사(1)』 121면 이하.

17 『주역』은 "復에서 천지의 마음을 알 수 있다"(복괘)고 하였다.

이와 같이 된다. 무릇 사람이면서 어찌 자기의 사지와 몸을 사랑하지 않을 수 있겠는가?"(4)라고 하였다.

주희는 사람이나 사물이 리와 기를 부여받아서 생겨났으므로 만물은 한 몸(一體)이라고 하였다. 즉 그는 "사람과 만물은 생겨날 때 천지의 리를 함께 얻어서 그의 본성을 이루고, 천지의 기를 함께 얻어서 형체를 이루었다"(『맹자집주』이루하)고 하였으며, "사람과 만물의 본성은 근본적으로 같다. 다만 그 기품이 다를 뿐이다"(『주자전서』2)라고 하였다. 따라서 사람과 만물은 하나(一體)가 될 수 있다고 하였다. 즉 그는 "사람은 사사로운 마음을 없애고 난 후에 인(仁)하게 되고, 인하게 된 후에 천지 만물과 하나가 될 수 있다"(『주자어류』3)고 하였다.

왕수인도 천지 만물은 한 몸이라고 하였다. 즉 그는 "천지 만물과 사람은 원래 한 몸이다. … 그러므로 곡식과 고기를 먹고 사람이 살아가고, 약초나 돌 같은 것으로 질병을 치료하는 것이다"(3)라고 하였다. 그리고 그는 천지 만물이 생의로서의 인을 가지고 있는 하나의 유기체이므로 사람과 천지 만물이 한 몸이 되는 것이라고 하였다. 즉 사람이 새나 짐승들이 구슬피 우는 소리를 들으면 가여워하는 마음이 일어나고, 나무가 부러진 것을 보고 측은히 여기는 마음을 갖게 되며, 그리고 기와와 돌이 깨지는 소리를 듣고 애석해하는 마음을 갖게 되는 것들은 그 인이 천지 만물과 하나이기 때문이라고 하였다(『왕문성공전집』26).

제3절 기 론

1. 기의 의미와 기론

기론(氣論)은 기를 만물의 근원적 존재로 보는 우주론의 하나로서, 도가인 노자와 장자에 의해서 주창된 것을 순자가 처음으로 채용한 이후, 유교의 우주론의 하나로 확립된 것이다.

기(氣) 자는 갑골문이나 금문에 쓰였는데, 이것(气)은 구름이 흘러가는 모습을 본뜬 것이라고도 하고, 아지랑이나 수증기가 하늘로 올라가는 모습을 본뜬 것이라고도 한다. 그런가 하면 밥을 지을 때 김이 나와서 올라가는 모습을 본뜬 것이라고도 한다. 그런데 이 기(气) 자가 후에 '쌀 미(米)'자와 결합되었다. 이것으로 보아 생명력이나 활력의 의미로도 쓴 것이라고도 한다.[18] 『논어』의 혈기(血氣, 계씨), 『맹자』의 호연지기(浩然之氣, 공손추상)와 밤의 기(夜氣, 고자상) 등은 이러한 의미로 쓰인 것이다.

순자는 도가의 기론적 우주론을 거의 그대로 받아들여서, 기를 만물을 생성하는 근원적 존재라고 하였다. 그 후로 동중서는 이 기론과 음양오행설과 결합시켜서 기론적 우주론을 주장하였으며, 그리고 또 왕충 등이 이를 계승하였다. 그 후 주돈이가 보다 체계적인 태극론(기론)을 수립하였으며, 장재는 이를 더욱 발전시켰다. 그리고 왕부지와 대진 등에 이르러서 기론적 우주론이 완성되었다.

---

18 마루야마 도하사끼, 박희준 옮김 『氣란 무엇인가』 26면.

2. 원 기 론

순자는 만물은 하늘의 기와 땅의 기, 곧 음과 양의 두 기(兩儀, 兩體)의 화합으로 저절로 생성 소멸한다고 하였다. 즉 그는 "하늘의 기와 땅의 기가 화합하여 만물을 낳는다"(『순자』예론)고 하고, "음과 양의 두 기는 만물을 크게 변화시킨다"(천론)고 하였다. 만물의 변화는 제멋대로 이루어지는 것이 아니고, 그 자체의 일정한 법칙에 따라 이루어진다고도 하였다(천도).

동중서는 원기(元氣)를 만물의 근원이라 하고, 그 원기가 음과 양의 두 기가 되고, 음양의 두 기가 오행을 낳고, 오행이 화합하여 만물을 생성한다고 하였다. 즉 그는 "원기는 만물의 근원이 되는 것이다"(『춘추번로』5)라고 하고, "하늘의 기와 땅의 기는 화합하여 하나(元氣)가 되고, 나뉘어져서 음과 양이 되며, 갈라져서 사시(四時)가 되고, 펼쳐져서 오행이 된다"(13)고 하였다. 그리고 오행은 상생상승(相生相勝)의 작용을 하여 만물을 생성한다고 하였다. 즉 "목은 화를 낳고, 화는 토를 낳고, 토는 금을 낳고, 금은 수를 낳고, 수는 목을 낳는다"(11)고 하고, "금은 목을 이기고, 수는 화를 이기고, 목은 토를 이기고, 화는 금을 이기고, 토는 수를 이긴다"(13)고 하였다.

왕충은 하나의 원기가 분화해서 하늘의 기, 곧 양과 땅의 기, 곧 음의 두 기가 되고, 이 두 기가 화합해서 만물을 생성한다고 하였다. 즉 그는 "하늘의 기와 땅의 기가 화합하여 만물이 저절로 생겨난다"(『논형』자연)고 하였다. 그는 또 사람도 만물과 마찬가지로 음과 양의 두 기의 화합에 의해서 생겨났다고 하였다. 그리고 "사람이 죽으면 골육은 썩어서 없어지고, 정신은 흩어져서 없어진다"(동, 논사)고 하였다.

3. 태 극 론

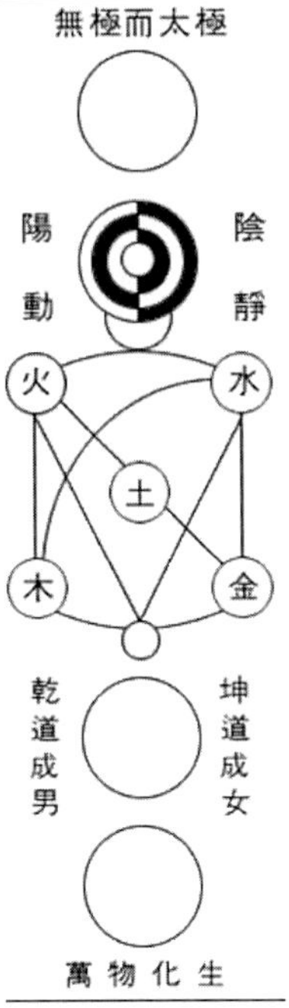

<太極圖>

태극론은 태극(太極)을 만물의 근원적 존재로 보는 것으로, 일찍이 『주역』에서 전개되었다. 즉 『주역』은 "『역(易)』에는 태극이 있어서 이것이 음양 양의(兩儀)를 낳는다. 이 양의는 사상(四象)을 낳고, 사상은 팔괘를 낳는다"(계사상)고 하였으며, 이 팔괘가 64괘를 만든다고 한다. 그런데 이 64괘가 모든 사물을 상징하므로, 태극이 만물의 근원적 존재가 되는 것이다.

주돈이는 이러한 『주역』의 태극론과 도가의 우주론, 그리고 음양오행설 등을 받아들여 다음과 같은 태극론을 전개하였다.

"무극이면서 태극이 있다(無極而太極). 태극이 움직여서 양을 낳고, 움직임이 극도에 다다르면 머무르게 되고, 머무르면 음을 낳게 된다. 머무름이 극도에 다다르면 다시 움직이게 된다. 한 번은 움직이고 한 번은 머무르는 것이 각기 근본이 되어 음과 양으로 나뉘어져서 양의가 세워진다. 음양이 변화하고 화합하여 수·화·목·금·토의 오행을 낳고, 오행이 순차로 베풀어져서 사시(四時)가 운행된다. … 무극의 참된 본체와 음양·오행의 정수(精髓)가 교묘하게 화합하여 엉키게 되는데, 건(乾)의 도는 남성적인 것이 되고, 곤(坤)의 도는 여성적인 것이 되어, 남성적인 것과 여성적인 것의 두 기운이 서로 감응하여 만물이 생성된다. 만물이 생성되고 생성되어 그 변화가 무궁하다."(『태극도설』)

여기서 만물의 근원을 '무극이면서 태극'이라고 하였는데, 형체가 없어서 사람의 오관으로는 인식할 수 없으므로 무극이라 하고, 그로부터 만물이 생겨나므로 태극이라 한 것이다.[19]

4. 기화유행론

1) 장재는 마치 물이 얼어서 얼음이 되고, 얼음이 녹아서 물이 되는 것처럼 기가 응결하여 만물이 되고, 만물이 흩어져 기, 곧 태허(太虛)가 된다고 하였다(『정몽』태화). 즉 기는 스스로 움직이는 가운데 감응하는 성질을 가지고 있어서 모이고 흩어지고, 움직이고 머무르고, 뜨고 가라앉고, 올라가고 내려오는 등의 음양 동정의 신비스런 작용을 한다고 하였다(상동). 그리고 이러한 작용으로 말미암아 천차만별의 사물들이 끊임없이 생성되고 소멸하며(상동), 그러한 천차만별의 사물들은 크게 보면 조화(太和)를 이루고 있다고 하였다.[20]

그는 만물이 생성 소멸함에 있어서는 일정한 이법, 곧 도, 혹은 리가 있다고 하였다. 즉 "천지의 기는 비록 모이고 흩어지며, 서로 배척하기도 하고 서로 끌어당기기도 하여 여러 가지 형태를 갖는다. 그러나 그것은 리에 따르므로 결코 문란함이 없다"(상동)고 하였다.

2) 왕부지는 장재의 기론을 받아들여 기화일신론(氣化日新論)을 주장하였다. 즉 그는 만물의 근원이 되는 것은 오직 기(氣)뿐이라고 하고(『독사서대전설』10), 그것은 하나의 물건(器物)이면서 음양의 두 기를 가지고 있으며, 그 작용으로 말미암아 오행이 생성되고, 이 음양과 오행의 작용으로 말미암아 만물이 생성된다고도 하였다(『정몽주』1).

그는 리(理 – 道)는 기, 곧 기물의 조리요 법칙이라고 하였다. 즉 "리라는 것은 물건의 원래 그러함이요, 일의 그러한 까닭이다"(『정몽주』5)라고 하고, "리는 곧 기의 리이다. … 리는 앞설 수 없고, 기는 뒤일 수 없다"(상동)고 하였다. 그리고 정주(程朱)의 '리일분수(理一分

---

19 김충열은 『태극도설』의 본래의 입장은 理論이 아닌 氣論으로 보아야 할 것 같다고 하였다. — 『중국철학산고』(Ⅱ) 261면. 그리고 太極은 『주역』에, 無極은 『노자』(28)에 나오며, 불교에서는 궁극적 근원을 圓相으로 표현하였다. — 같은 책 266면.

20 侯外廬, 박완식 옮김 『송명이학사(1)』 126면.

殊)'를 반대하였다. 즉 실제로 존재하는 것은 나눌 수 있지만, 리는 무형한 것이기 때문에 나눌 수 없으므로 분수(分殊)라고 할 수 없다는 것이다(『상서인의』태서상).

그는 노자 이래로 머무름(靜)을 기의 속성으로 보는 전통과는 달리, 움직임(動)을 기의 속성이라고 하였다. 즉 "태허는 곧 기이다. 기는 움직이는 것이다"(『정몽주』1)라고 하였으며, "천하의 만물은 날마다 생겨난다"(상동)고 하였다. 그리고 "오늘의 해와 달은 어제의 빛을 그대로 사용하는 것이 아니다"(상동)라고 하였으며, 또 "천지만물은 변화하여 날마다 새로워진다"(『사문록』외)고도 하였다.

3) 대진은 장재의 기론을 받아들여 기화유행론(氣化流行論)을 전개하였다. 즉 그는 도(道)를 '기(氣)이면서 리(理)'라고 하였으며, "도 곧 기란 사물의 본체로서 형체가 없는 것이다"(『맹자자의소증』중)라고 하고, "기는 변화하는데, 그것이 나뉘어져서 음과 양이 되며, 또 나뉘어져서 오행이 되며, 이 음양과 오행이 한데 어우러져서 수많은 변화를 일으킨다"(『서언』상)고 하였다. 도 곧 기의 운동으로 말미암아 음양과 오행이 생겨나고, 음양과 오행이 상호 작용하여 만물을 생성한다는 것이다.

그리고 그는 기나 음양이나 오행은 형질이 없어서 볼 수 없는 것이므로 형이상자(形而上者)라고 해야 하고, 기물은 형질이 있어서 볼 수 있는 것이므로 형이하자(形而下者)라고 해야 한다고 하였다(『원선』상).

그는 또 도를 생성 소멸의 원리인 리(理)라고도 하였다. 즉 "기의 변화와 유행으로 말미암아 만물이 끊임없이 생성 변화한다. 이것을 일컬어 도라고 한다"(『맹자자의소증』중)고 하였다. 그리고 정주의 리일분수설(理一分殊說)을 부정하여 "사물을 떠나서 따로 존재하는 리는 없다"(『원선』상)고 하였다. 즉 리는 존재하는 보편적 원리나 법칙이 아니라, 개개의 사물들의 생성 소멸하는 이법에 불과하다는 것이다.

제4절 리 기 론

1. 리의 의미와 리기론

리기론(理氣論)은 리와 기를 만물의 근원적 존재로 보는 우주론이다. 정이에 의해서 최초로 주창되어 주희가 체계화함으로써 중국과 우리나라에 크게 영향을 미쳤다.

리(理) 자는 선진시대에 널리 사용되었다. 『주역』은 "『역』은 평이하고 간이하지만, 여기에서 천하의 모든 리를 얻을 수 있다"(계사상)고 하였으며, "사물의 리를 철저히 탐구하고, 사람의 성을 다함으로써 천명(天命)에 이르게 된다"(설괘전)고 하였다. 맹자는 "(사람들의) 마음이 다 같이 그렇다고 여기는 것을 리(理)라고 하고, 의(義)라고 한다"(『맹자』고자상)고 하였으며, 순자는 "예란 바뀌어질 수 없는 리로부터 온 것이다"(『순자』악론)라고 하고, "무릇 사람의 본성을 알면 사물의 리를 미루어 알 수 있다"(『순자』혜폐)고 하였다. 그런가 하면 한비자는 "리는 물건이 이루어지는 조리(文)를 뜻한다"(『한비자』해로)고 하였다. 이들은 모두 리를 사물의 조리, 내지 이법으로서 의와 예의 바탕이 되는 것의 의미로 사용한 것이다.[21]

이와 같이 사물의 이법, 곧 기의 조리의 의미로 사용되어 왔던 리를 만물의 근원적 존재로 보는 리기이원론(理氣二元論)이 정이에 의해서 최초로 수립되었으며, 주희는 이것을 계승하여 체계화 하였다.

---

21 葛榮晉, 『中國哲學範疇史』 80면.

2. 리기이원론

정이는 '만물은 기의 움직임과 머무름으로 말미암아 음과 양이 생겨나고, 이 음과 양이 상호 작용하여 오행이 생겨나며, 음양과 오행이 서로 화합하여 만물이 생성된다'고 하였다. 그리고 움직이고 머무르는 까닭을 도, 곧 리라고 하였다. 즉 그는 『주역』의 「계사전」에서 말한 형태가 없는 형이상자(形而上者)로서의 도(道)와 형태가 있는 형이하자(形而下者)로서의 기물(器)을 리와 기로 바꾸어 리기이원으로 본 것이다. 따라서 형이상자인 리와 형이하자인 기, 곧 음양은 근본적으로는 서로 다른 것이지만, 함께 있어서 서로 떼려야 뗄 수 없는 관계라고 하였다.

그는 음양과 오행의 기가 모여서 개개의 사물이 생성되고, 흩어져서 소멸되는데, 그 음양과 오행이 화합하여 사물이 생성될 때에 그 기의 맑음과 흐림, 치우침과 올바름의 정도에 의하여 수만 가지의 서로 다른 물건이 되는데, 사람은 혼잡한 기를 받아서 생성된 다른 사물들과는 달리, 우수한 진원(眞元)의 기를 받아서 생성된 것이라고 하였다(『수언』15).

그는 모든 사물은 리를 가지고 있다고 하였다. 즉 "나무 한 그루, 풀 한 포기에도 리가 있다. … 하나의 사물에는 하나의 리가 있다"(『이정유서』18)고 하였다. 그런데 그는 개개의 사물에 리가 있다고 하면서, 또한 "리는 자연에서 온 것이므로 천리라고 한다"(상동)고 하여, '최고의 원리로서의 천리가 모든 사물에 투영되어 있다'고 하여, 리일분수설(理一分殊說)을 주장하였다.

3. 주리적 리기론

1) 생성원리로서의 리

주희는 주돈이의 태극설과 정이의 리기이원론 등을 받아들여 주리적 리기론(主理的理氣論)을 수립하였다. 그는 주돈이가 말한 태극을 형이상자로서의 도, 혹은 리라고 하였으며, 그런가 하면 태극을 기로 보아 그것이 음양의 두 기를 낳는다고 하여, 형이하자로서의 기물(器)이라고 하였다(『주자어류』94). "리란 형이상자로서의 도이며, 만물을 생성하는 근본이다. 기란 형이하자로서의 기물이며, 만물을 생성하는 재료이다. 그러므로 사람과 만물이 생성될 때에 반드시 리를 부여받은 후에야 성(性)을 갖게 되고, 기를 받은 후에 비로소 형체를 갖게 되는 것이다"(『주자문집』58)라고 하였다.

그는 "리는 감정이나 의지도 없고, 헤아림이나 생각함도 없고, 조작함도 없다"(상동)고 하였으며, 기의 음양 동정으로 만물이 생성되는데, 그 음양 동정의 원리가 태극, 곧 리라고 하였다(『역본의』소주). 태극 곧 리가 사물의 생성원리로서 근원적 존재라는 것이다.

그는 정이의 리일분수설을 받아들여 태극, 곧 천리로부터 개개의 사물의 리가 나왔다고 하였다. 즉 "만물은 모두 리를 가지고 있으며, 이러한 리는 하나의 근원에서 나온 것이다"(『어류』18)라고 하고, "태극은 천지 만물의 리를 통틀어서 이름한 것이다"(『성리대전』태극도해)라고 하였다.

그는 이러한 태극, 곧 리가 모든 사물과 모든 사람에게 부여되어(命), 모든 사물이 갖추고 있으며(理), 모든 사람이 갖추고 있다(性)고 하여, 명과 리와 성이 하나라고 하였다. 따라서 만물의 리는 사람의 마음에도 내재되어 있다고 하였다(『어류』9).

2) 생성자로서의 기

그는 기가 천지에 가득 차 있으며, 그것은 형체를 가지고 있으며, 생의(生意)를 가지고 있어서 능히 조작하고, 엉키어서 만물을 낳는다고 하였다. 그리고 이러한 기로부터 생성된 만물은 생의, 혹은 생기(生氣)로서의 인(仁)을 가지고 있다고 하였으며(『어류』6, 53), 인은 봄기운이 만물을 생동하게 하는 것, 곧 원(元)과 같은 것이라고 하였다. 그리고 그는 원은 천지가 만물을 낳는 단초(生意)로서(68), 이 원이 있으므로 만물이 자라고(亨), 열매 맺고(利), 생명을 감싸게 되는 것(貞)이라고 하였다(20).

그는 대체로 주돈이가 말한 태극을 리로 보았으나, 때로는 기로 보아 만물을 생성하는 근원적 존재라고도 하였다. 즉 "태극이 이른바 '무극이면서 태극'이라는 것이니, 움직여서 양이 되고 머물러서 음이 되는 것의 본체이다"(『태극도해』)라고 하였다.

그리하여 기가 움직여서 양을 낳고, 머물러서 음을 낳는다고 하였으며, 이 두 기가 서로 화합하여 오행의 질(質)을 낳는다고 하였다. 그리고 음양의 기와 오행의 질이 화합하여 만물을 생성한다고 하였다(94). — 이와 같이 태극을 기라고도 하고, 사물의 생성원리로서 근원적 존재라고도 하였기 때문에 그 후로 주리설과 주기설의 논쟁이 있었다.

그는 만물이 리와 기를 부여받아 생겨났지만, 차별이 있는 것은 그 부여받은 기의 맑고 흐림, 정밀하고 조잡함, 올바르고 치우침, 통하고 막힘 등의 차이가 있기 때문이라 하였다. 즉 "사람과 만물이 생겨날 때에 똑같이 천지의 리를 얻어서 본성을 갖게 되고, 똑같이 천지의 기를 얻어서 형체를 갖게 된다"(『맹자집주』이루하)고 하고, "기에는 맑고 흐림이 있다. 사람은 맑은 기를 얻었으며, 짐승들은 흐린 기를 얻었다"(상동)고 하였다.

제5절 심 론

1. 심의 의미와 심론

심론(心論) 혹은 유심론(唯心論)은 심, 곧 마음을 만물의 근원적 존재로 보는 이론이다. 멀리는 맹자에게서 그 연원을 찾아볼 수 있으며, 가까이는 정호에게서 그 싹을 찾아볼 수 있는데, 이러한 심론은 육구연이 최초로 주장하였으며, 왕수인에 의해서 완성되었다.

심(心) 자는 갑골문에 쓰였는데(𢖩), 이것은 사람의 심장 모양을 본뜬 것이라 한다. 그 후로 경전에도 많이 쓰였다. 『시경』은 "마음(心)을 삼가고 공경하라"(대아)고 하고, "딴 마음을 갖지 말라"(상동)고 하였으며, 『서경』은 문왕과 무왕께서는 "세 가지 요직에 임명한 사람들의 마음을 잘 알고 있었다"(입정)고 하여, 심(心)을 사람의 마음의 의미로 사용하였다.

공자도 심(心)을 마음의 의미로 사용하였다. 그는 "70세에 이르러서 마음이 욕구하는 바를 쫓아도 법도에 어긋남이 없게 되었다"(『논어』위정)고 하고, "종일토록 배불리 먹고 마음 쓰는 데가 없다면 딱한 일이다"(양화)라고 하였다.

맹자는 심을 사람의 마음의 의미로 사용하였다. 그는 마음은 생각하는 기능을 가지고 있다고 하여, 사유기관의 의미로 사용하기도 하였지만(『맹자』고자상), "대인이란 그 어릴 때의 마음을 잃지 아니하고, 그대로 간직하고 있는 사람이다"(이루하)라고 하여, 심을 사람의 마음의 의미로 사용하였다.

순자는 심을 마음의 의미로 말하였으며, 그것은 오관을 통솔하여 지각하기도 하고, 사유하기도 하는 능력을 가지고 있다고 하였다. 즉 "사람의 마음은 한가운데의 텅 빈 곳에 자리 잡고 있으면서 오관을 다스린다"(『순자』천론)고 하였다. 그는 또 마음은 몸을 주재하는 주체적 존재라고 하였다. 즉 "마음이란 몸(形)을 통솔하는 자(君)이며, 천지신명의 주인이다"(상동)라고 하였다.

순자 이후 유학자들은 대체로 심을 마음으로 보아 육신과 감관을 주관하고, 사려를 하는 인식기관의 의미로 사용하였다.

정호는 심 곧 사람의 마음은 만물의 마음(仁)과 같다고 하였으며, 천지 만물은 생의로서 인을 가지고 있는 기로 말미암아 생겨났으므로, 천지 만물의 마음이 서로 통하는 것이라고 하였다(『유서』11).

2. 심즉리설

육구연은 맹자와 정호의 심에 관한 이론을 바탕으로 하고, 선종의 유심론을 받아들여 심, 곧 마음을 우주 만물의 근원으로 보는 심론을 수립하였다.

그는 주희의 리기론을 반대하고, '마음이 곧 리'라는 심즉리설(心卽理說)을 주장하였다. 그는 주희가 태극을 도, 곧 리로 보아 그것을 형이상자라 하고, 음양을 기물(器)로 보아 그것을 형이하자라고 한 것을 반대하고, 태극만이 아니라 음양 역시 형이상자인 만큼, 태극과 음양이 별개의 것이 아니라고 하였다. 그리고 태극, 곧 리, 혹은 도를 떠나서 만물이 존재하는 것이 아니며, 만물을 떠나서 도가 있는 것이 아니므로 '도 역시 사물이고, 사물 역시 도'이며, '태극이 곧 음양이고, 음양이 곧 태극'이라고 하였다(『육상산전집』23).

그는 이러한 도, 곧 리에 의해서 천지가 움직이고, 만물이 생성소멸한다고 하였다. 즉 "이러한 도는 우주에 꽉 채워져 있다. 천지는 이것을 따라서 움직인다. 그러므로 해와 달의 움직임도 이것을 벗어나지 않으며, 네 계절의 변화도 이것을 어그러뜨리지 않는다"(10)고 하였다.

그는 만물의 리는 모든 사람의 마음에 갖추어져 있기 때문에 '마음이 곧 리'라고 하였다. 즉 "하늘이 나에게 부여해 준 것이 바로 마음이다. 사람에게는 모두 이러한 마음이 있으며, 마음마다 모두 리를 갖추고 있다. 마음이 곧 리이다"(11)라고 하고, "우주는 곧 나의 마음이며, 나의 마음은 곧 우주이다"(22)라고 하였다. 여기서 말하는 나의 마음은 한 사람의 사사로운 마음을 말한 것이 아니고, 우주적인 마음, 곧 인간의 보편적인 마음을 말한다. 따라서 이러한 나의 마음은 우주의 마음과 같다는 것이다.

3. 심 론

왕수인은 육구연의 심즉리설을 받아들여 심론, 곧 유심론을 완성하였다. 그는 태극 곧 기의 작용에 의하여 만물이 생성 소멸한다고 하였으며, 만물은 모두 하나의 리를 가지고 있으며, 그러한 리는 사람의 마음에도 내재되어 있다고 하였다. 즉 그는 "대체로 모든 사물의 리는 나의 마음을 떠나서 따로 있는 것이 아니다"(2)라고 하였으며, "마음이 곧 리이다"(1)라고 하였다.

그는 마음을 천지 만물의 주재자라고 하였다. 즉 "그대가 이 꽃을 보지 않았을 때에는 이 꽃이나 그대의 마음은 다 고요했었다. 그런데 그대가 와서 이 꽃을 보았을 때에 이 꽃의 색깔은 단번에 분명하게 드러났다. 이것으로 보아 이 꽃이 그대 마음의 밖에 있지 않음을 알 수 있다"(3)고 하여, 모든 사물은 마음을 통하여 인식됨으로써 비로소 존재하게 된다고 하였으며, "나의 신령스런 밝은 마음이 바로 천지와 귀신과 만물의 주재자이다. … 천지 · 귀신 · 만물은 나의 신령스런 밝은 마음을 떠나면 곧 바로 없어져 버린다"(3)라고 하여,

신령스런 밝은 마음을 천지 만물의 주재자라고 하였다.

그는 또 만물은 생의(生意)로서의 인(仁, 良知, 明德)을 가지고 있는데, 그것으로 말미암아 만물이 생성된다고 하였다. 즉 "인은 만물을 생성하는 근거이다. … 어떤 것도 인의 조화로 인하여 생겨나지 않는 것이 없다"(3)고 하고, "양지는 조화의 정령(精靈)이다. 이 정령으로 말미암아 하늘과 땅이 생겨나고, … 그리고 모든 만물이 나왔다"(3)고 하였다.

그는 이러한 생의로서의 인, 곧 양지는 마음에 내재되어 있는 일신의 주재자이며, 그것은 곧 만물의 본체이므로 사람과 천지 만물은 본질적으로 동일하다고 하였다(3). 이리하여 그는 "이것이 한 몸으로서의 인이다. 비록 소인의 마음일지라도 또한 반드시 이것이 있다. 이것은 바로 하늘이 부여해 준 사람의 본성에 갖추어져 있는 것이다"(26)라고 하고, "대인이 능히 천지 만물을 한 몸으로 삼을 수 있는 것은 … 그 마음의 인이 본래 이와 같이 천지 만물과 한 몸이기 때문이다"(상동)라고 하였다.

제3장

인 성 론

제1절 서 설

1. 인 간 관

유교는 사람(人) 곧 인간이 어떤 존재이며, '그 본성은 어떠한가?'를 알아야 '인격을 어떻게 닦을 것인가?'를 밝힐 수 있으며, 또한 인간이 '어떻게 살 것인가?' 하는 문제를 해결할 수 있다고 생각하여 공자 이래로 줄곧 인간의 문제에 깊은 관심을 기울여 왔으며, 그중에서도 특히 인성의 문제를 지속적이고, 집중적으로 논의하여 왔다.

공자는 계로가 귀신 섬기는 일에 대하여 묻자, "아직 사람도 제대로 섬기지 못하면서 어떻게 귀신을 섬길 수 있겠느냐?"라고 하였으며, 또 죽음에 대하여 묻자, "아직 삶도 알지 못하거늘 어찌 죽음을 알겠느냐?"(『논어』선진)라고 하여, 귀신이나 죽은 후의 세계에 대하여 관심이 없었다. 그리고 걸익이라는 은자(隱者)가 '(혼란한) 세상을 피해서 사는 것이 어떻겠느냐?'고 충고했다는 말을 전해 듣고, "(나는 금수가 아니므로) 새나 짐승의 무리와는 어울려 살 수 없다. 내가 사람들과 더불어 살지 아니하고, 누구와 더불어 살겠느냐?"(미자)라고 하였다. 이상으로 보아서 공자는 현실주의자이면서 인본주의자였음을 알 수 있다.

인(人) 자는 갑골문에 쓰였는데(亻),걸어가는 사람의 모습을 표현하였다. 그리고 이것은 경전에도 많이 쓰였다. 『서경』은 "천지는 만물의 부모이고, 사람(人)은 만물의 영장이다"(태서상)라고 하였으며, 『예기』는 "그러므로 사람은 천지의 덕인 음과 양이 교묘하게 화합하여 생겨난 것이요, 귀(鬼)와 신(神)이 모인 것이요, 오행의 빼어난 기로 이루어진 것이다”(예운)라고 하였다.

공자는 인(人) 곧 사람을 존엄한 존재로 보고, 사람을 사랑하고 백성을 존중하라고 하였다. 즉 그는 “(위정자는) 절약하여 쓰고, 사람을 사랑하고, 백성을 부리기를 때에 들어맞게 해야 한다”(『논어』학이)고 하였으며, “백성을 부릴 때에는 큰 제사를 모시듯이 해야 한다”(안연)고도 하였다.

자사는 ‘하늘이 사람에게 성을 부여했다’고 선언하였다(『중용』1). 그리고 성실한 사람은 하늘과 땅과 더불어 천지 만물을 변화시키고, 육성하는 일에 참여할 수 있다고 하였다(22).

순자도 사람은 귀한 존재라고 하였다. 그는 “물과 불에는 기는 있지만 생명이 없고, 초목에는 생명은 있으나 지각이 없고, 금수는 지각은 있으나 의로움(義)이 없다. 그러나 사람은 기도 있고, 생명도 있고, 지각도 있고, 의로움도 있어서 천하에서 가장 귀하다”(『순자』왕제)고 하였다.

주희는 사람의 몸과 마음은 리와 기의 화합으로 이루어졌으며, 바르고 맑은 기를 부여받았다고 하였다(『주자어류』4). 그리고 풀과 나무는 마음과 생의는 있으나 지각이 없고, 짐승은 지각은 있으나 신령함이 없으며, 원숭이는 신령함이 있지만 언어 구사력이 없다고 하고, 사람만이 이들을 모두 갖추고 있어서 가장 빼어난 존재라 하였으며(상동), “사람은 가장 영특하다”(『주자문집』59)고도 하였다.

왕부지는 ‘사람은 천지가 낳은 모든 사물들 가운데서 가장 귀하다’라고 하였으며(『사문록』내), “(사람은) 총명하고 깊은 지혜로 만물의 감추어진 곳에까지 파고 들어가 천지의 묘한 작용에 참여하는 일을 맡았다”(『주역외전』2)고 하여, 천지 만물의 변화에 참여할 수 있는 귀한 존재라고 하였다.[22]

대진은 사람에게는 하늘로부터 부여받은 혈기와 심지가 있으므로 신명(神明)에 이를 수 있다고 하였으며(『맹자자의소증』중), "사람의 재능은 천지의 전능함을 얻었으며, 그 덕은 천지의 온전함에 통한다"(하)고 하여, 사람은 신명하고 전지전능하다고 하였다.

2. 신심과 성정

1) 심성정론(心性情論)

심성정론(心性情論)은 심과 성과 정에 관한 이론인데, 장재에 의하여 제기되어 정이를 거쳐 주희에 의하여 체계화되었다.

전술한 바와 같이 공자는 심(心)을 마음의 의미로 말하였다. 맹자는 심을 사유기관의 의미로 사용하기도 하고, 사람의 마음의 의미로도 사용하여 그것은 성, 곧 덕(四德)을 간직하고 있는 곳이라고 하였다(고자상). 그리고 순자도 심을 인식의 주체의 의미로 말하기도 하고, 마음의 의미로 사용하기도 하였다.

장재는 심 곧 마음의 본체를 성이라고 하고, 그 작용 곧 발동하여 밖으로 드러난 것을 정이라 하였으며, 마음은 성과 정을 통괄한다는 심통성정설(心統性情說)을 주장하였다. 즉 그는 "마음이 성과 정을 통괄한다. … 성이 발동하면 정으로 드러난다"(『성리습유』)고 하였다.

정이도 심 곧 마음을 본체와 작용으로 나누어 마음의 본체를 성이라고 하고, 그 작용을 정이라고 하였으며, 사람의 성은 선하지만 정에는 불선이 있을 수 있다고 하였다(『이정유서』22).

2) 주희의 심성정론

주희는 이들을 받아들여 정밀한 학설을 수립하였다. 우선 그는 심 곧 마음은 몸을 주재한다고 하고, 성은 마음의 본체이며, 정은 그

---

22 유교는 인간을 가장 존엄한 존재로 보는 人本主義로서, 神本主義가 아니다.

작용이라고 하였다. 즉 “마음은 몸을 주재하는 것이다. 그 본체가 되는 것이 성이고, 그 작용이 되는 것이 정이다”(『주자문집』40)라고 하였으며, “의(意)는 마음이 발동한 것(發)이고, 정(情)은 마음이 움직인 것(動)이며, 지(志)는 마음이 가는 것(之)이다”(『주자어류』5)라고 하였다.

그리고 그는 마음은 성과 정을 통괄하는 것으로서, 사덕을 갖추고 있다고 하였다. 즉 “마음은 성과 정을 통괄한다”(98)고 하고, “(마음의) 본체는 인(仁)·의(義)·예(禮)·지(智)의 성이요, 그 작용은 측은(惻隱)·수오(羞惡)·사양(辭讓)·시비(是非)의 정이다”(17)라고 하였으며, “사단은 리에서 발한 것이고, 칠정은 기에서 발한 것이다”(53)라고 하였다.

그는 또한 정호의 인심도심설(人心道心說)을 받아들였다. 즉 “(『중용』에서 말한) ‘인심이 위태롭다’고 한 것은 인욕이 싹틀 수 있다는 것이요, ‘도심이 은미하다’고 한 것은 천리가 깊숙이 숨어있다는 것이다”(『주자문집』44)라고 하고, “인심과 도심의 다름이 있는 것은 그것이 혹은 형기(形氣)의 사사로움에서 생겨나기도 하고, 혹은 원래의 성명(性命)의 올바름에서 나오기도 하기 때문이다”(76)라고 하였으며, “마음의 신령함이 천리를 생각하는 것이 도심이요, 욕구를 생각하는 것이 인심이다”(56)라고 하였다.

제2절 인성의 바탕, 인

1. 공자의 인

공자는 사람은 누구나 선천적으로 마음속에 인(仁)의 덕을 가지고 있는 것으로 보았다. 다시 말하면 모든 사람은 마음이 발하기 이전의 상태에서는 인을 가지고 있다는 것이다.[23]

금문에 인(仁) 자가 쓰였는데(⺈), 대체로 두 사람 사이의 바람직한 인간관계의 의미, 곧 '온화함이나 인자함' 혹은 '친함'의 뜻으로 사용되었다.

공자는 여러 곳에서 인(仁)을 말하고 있는데,[24] 대체로 인을 사람의 본성에 갖추어져 있는 덕으로 보고, 사람을 사랑하는 마음, 혹은 남을 배려하는 따뜻한 마음(情)의 뜻으로 말하고 있다. 그는 "인이란 인간다움이다"(『중용』20)라고 하였으며, "(인이란) 사람을 사랑하는 것이다"(『논어』안연)라고 하였다. 그리고 섭공이 그에게 "우리 무리 중에 곧은 사람이 있는데, 아버지가 양을 훔친 것을 입증했습니다"라고 자랑스럽게 말하자, 그는 "우리 무리 중에 곧은 사람은 그와는 다릅니다. 아버지가 자식을 위하여 숨겨주고, 자식은 아버지를 위하여 숨겨줍니다. 진실로 곧음은 그와 같은 것입니다"(자로)라고 하였다. 부자간에 잘못을 서로 감싸주는 것은 자연스런 인정(仁)에서 나온 것이기 때문에 그것을 곧음(直)이라고 한 것이다. 그리고 그가

---

23 『설문해자』는 "仁은 친근함(親)을 뜻하며, 人과 二가 결합된 것이다"고 하였다.

24 『논어』 498개 문답 중에서 55곳(110자)에서 仁을 말하고 있다.

"사람의 타고난 본성은 서로 비슷한 것이다"(양화)라고 말한 것도 사람은 누구나 이러한 인의 덕을 가지고 있다는 것을 전제로 말한 것이다.

2. 맹자 이후의 인

맹자는 이러한 공자의 인(仁)을 받아들였다. 즉 그는 "인이란 인간다움을 뜻한다"(『맹자』진심하)고 하였으며, "인한 사람은 사람을 사랑한다"(이루하)고 하였다. 그리고 그는 인을 인(仁) · 의(義) · 예(禮) · 지(智)의 사덕(四德)으로 확장하여 말하기도 하였다.

정호는 인을 생의(生意 ; 生機)를 북돋아주려는 마음으로 보고, 만물은 이러한 생의로서의 인을 가지고 있는 기로 말미암아 생겨났으므로 사람과 만물의 본성이 소통하는 것이라고 하였다(『유서』11). 이리하여 그는 "의학서적에 손발이 마비되는 것을 불인(不仁)이라고 하였다. … 인이란 천지 만물이 나와 한 몸이 되는 것이다. … 만약 자기와 한 몸인 것으로 느끼지 못하게 되면 자연히 자기와 상관없는 것으로 될 것이다. 이것은 마치 자기의 손발이 마비되어 기운이 이미 통하지 않아서 자기에 속하지 않는 것처럼 느껴진 것과 같다"(2)고 하였다.

주희는 인(仁)을 사람의 마음의 본체(性)에 갖추어져 있는 덕이라 하고, 사랑 곧 정(情)으로 드러난 것이 그 작용이라 하였다. 즉 "인은 사랑의 리(愛之理)이며, 마음의 덕(心之德)이다"(『논어집주』학이)라고 하였으며, "인은 (마음의) 본체이고, 사랑은 그 작용이다"(『어류』20)라고 하였다. 그리고 그는 인을 생의(生意)라고도 하였다. 즉 "인은 천지 만물을 생성하는 마음이다"(53)라고 하였다. 그는 또 인으로부터 모든 덕이 나온다고 하였다. 즉 인은, 마치 원(元)이 형(亨)과 이(利)와 정(貞)을 감싸는 것처럼, 의와 예와 지를 감싼다고 하였다. 즉

"대저 천지의 마음에는 네 가지 덕이 있다. 그것은 곧 원·형·이·정이다. 그런데 원이 나머지 모두를 포괄한다. … 마찬가지로 사람의 마음에도 네 가지 덕이 있다. 그것은 인·의·예·지이다. 그런데 인이 나머지 모두를 감싼다"(상동)고 하였다.

왕수인은 전술한 바와 같이 사람은 물론 모든 만물이 인(仁=良知, 明德)을 가지고 있다고 하고, 만물이 한 몸인 것은 이러한 모든 만물에 갖추어져 있는 인으로 말미암아 드러난다고 하였다. 즉 "대인이 능히 천지 만물을 한 몸으로 삼을 수 있는 것은 … 그 마음의 인이 본래 이같이 천지 만물과 더불어 하나이기 때문이다"(『전서』26)라고 하였다.

제3절 성선설과 성악설

1. 성 선 설

1) 맹자의 성선설

맹자 당시에 인성에 관한 논의가 활발하게 전개되었다. 『맹자』(고자상)에서 고자(告子)는 '사람의 성은 선하다고 할 것도 없고 선하지 아니하다고 할 것도 없다'고 하고(性無善無惡說), 어떤 사람은 '사람의 성이 선하게 될 수도 있고 불선하게 될 수도 있다'고 하였으며(性有善有惡說), 또 다른 어떤 사람은 '사람의 성이 선한 사람도 있고 선하지 아니한 사람도 있다'고 하였는데(性有善性有惡說), 맹자는 이들을 반대하였다.

맹자는 특히 이들 중 성무선무악설을 주장한 고자와 치열한 논전을 펼쳤다. 고자가 "사람의 성은 빙빙 도는 물과 같다. 동쪽으로 트면 동쪽으로 흐르고, 서쪽으로 트면 서쪽으로 흐르는 것이다. 사람의 성에 선과 악의 구분이 없는 것이 마치 물이 동서의 구분이 없는 것과 같다"고 하였으며, "생겨난 그대로를 성이라 한다"고 하였다. 이에 대하여 맹자는 '사람의 성이 개나 소의 성과 같다는 말인가?'라고 반박하고, 물은 동서의 구분은 없지만 상하의 구분이 있어서 항상 아래로 흘러 내려가는 것처럼 사람의 성은 선하지 않음이 없다고 하여 인성이 선하다고 주장하였다.[25] 고자는 인간의 생리적

---

25 『설문해자』는 "善은 좋다(吉)는 뜻이다"라고 하였으며, "惡은 지나침(過)을 뜻한다"고 하였다.

본능을 인성으로 규정하였으며, 맹자는 사람의 타고난 심성(心性 곧 德性)을 인성의 실체로 본 것이다.

아무튼 맹자는 성선설을 주장하고, 그 근거로서 공자가 말한 인을 확장하여 인(仁) · 의(義) · 예(禮) · 지(智)의 네 가지 덕(四德)을 말하고, 모든 사람에게 이러한 사덕이 갖추어져 있는 것은 사람의 마음속에 사단(四端), 곧 측은히 여기는 마음(惻隱之心), (자신의 불선을) 부끄러워하고 (남의 불선을) 미워하는 마음(羞惡之心), 사양하는 마음(辭讓之心), 옳고 그름을 가리는 마음(是非之心)이 있는 것으로 보아서 알 수 있다고 하였다.

“지금 사람이 한 어린이가 갑자기 우물에 빠지려는 것을 본다면 누구나 깜짝 놀라서 측은지심이 일어나게 될 것이다. … 이것으로 보아 측은지심이 없다면 사람이 아니다. 수오지심이 없다면 사람이 아니다. 사양지심이 없다면 사람이 아니다. 시비지심이 없다면 사람이 아니다. 측은지심은 인의 단서요, 수오지심은 의의 단서요, 사양지심은 예의 단서요, 시비지심은 지의 단서이다.”(공손추상)

그는 또 사람은 누구나 나면서부터 선을 알고, 선을 행할 수 있는 능력으로서 양지(良知)와 양능(良能)을 가지고 있다고 하였다. 즉 “사람이 배우지 아니하고도 할 수 있는 것을 양능이라 하고, 생각하지 아니하고도 아는 것을 양지라 한다. 어린아이도 그 어버이를 공경할 줄 알고, 자라나면 형을 공대할 줄 안다”(진심상)고 하였다.

2) 성선설의 계승

이러한 맹자의 성선설은 그 후로 많은 사람들에게 수용되었다. 주돈이는 성(誠), 곧 ‘성실함’은 우주의 본체이며, 인간의 본성이라고 하였다. 그리고 인간의 마음은 고요하여 움직이지 않는 상태(未發之中)에서는 성실하고, 지극히 선하다고 하였다.

육구연은 천리를 부여받았으므로 사람의 심성(心性), 곧 본래의 마음은 선하다고 하였다. 즉 그는 "대체로 사람은 천지의 중정함(天理)을 부여받아서 태어났다. 그러므로 그 본래의 마음은 선하지 아니함이 없다"(『육상산전집』35)고 하였으며, "사람은 본래 선하다. 그 선하지 아니함이 있는 것은 사물에 끌려서 변하였기 때문이다"(35)라고 하고, "인이란 사람의 마음이다. 이러한 마음이 갖추어져 있기 때문에 사람은 사람이 되는 것이다"(32)라고 하였다.

왕수인은 앞에서 언급 바와 같이 사람은 만물과 마찬가지로 그 마음속에 생의로서의 인(仁)을 갖추고 있다고 하였다. 그리고 이러한 인을 양지(良知)로서 마음의 본체라고 하고, 그것을 순수하고 지극한 선, 또는 명덕(明德), 혹은 미발지중의 덕성이라고도 하였다. 즉 그는 "하늘이 명한 본성은 순수하고 지극히 선한 것이다. … 그것이 바로 명덕의 본체요, 이른바 양지이다"(26)라고 하였으며, "(양지는) 고요하여 움직이지 않는 본체로서 사람마다 다 갖추고 있는 것이다"(2)라고 하였다.

2. 성 악 설

순자는 사람의 생리적 욕구를 성의 실체로 보아, 후천적 관점에서 성악설을 주장하였다.[26] 그리하여 그는 다음과 같이 맹자의 성선설을 반박하고, 그의 성악설이 옳다는 것을 증명하였다(『순자』성악).

첫째로, 사람은 누구나 태어나면서부터 이익을 좋아하여, 그것을 좇기 때문에 남과 다투고 남의 것을 빼앗는 일이 생기는 것이라고 하였다.

둘째로, 맹자가 사람이 그 본성을 상실하여 악하게 되는 것이

---

26 맹자는 인간의 욕망을 인정하면서도 그것을 인성의 내용에서 제외시켜버렸으나, 순자는 그것을 인성의 실체로 보아 성악설을 주장한 것이다.

라고 하였지만, 사람의 본성은 타고난 대로 놓아두어도 그 질박함이 없다고 하였다.

셋째로, 맹자가 사람의 본성이 선하다고 하였으나, 선하다면 예의를 만들고 학습이나 수기를 말할 필요가 있겠느냐고 하였다.

넷째로, 사람의 본성이 선하여 태어나면서부터 도리에 들어맞도록 공정하게 행할 수 있다면, 성왕이나 예의가 무슨 소용이 있겠느냐고 하였다.

다섯째로, 사람은 자기에게 없거나 부족한 것을 얻으려고 하는데, 사람이 선을 행하려고 하는 것으로 보아서 성이 악하다고 하였다.

여섯째로, 요·순이나 군자가 귀한 것은 자기 자신의 본성을 교화하기 위해서 인위적인 노력을 거듭하여 덕을 쌓았기 때문이라고 하였다.

그런데 이러한 순자의 성악설은 인간을 금수와 다름없는 존재로 본 것이므로 인간을 만물 가운데서 가장 빼어난 존엄한 존재로 보는 유교의 인간관에 배치되어 지지를 받지 못하였다.[27]

3. 성삼품설

동중서는 맹자의 성선설과 순자의 성악설을 절충하여 성에는 상·중·하의 품급이 있다는 성삼품설(性三品說)을 주장하고, 중품 곧 중인의 성은 아직 선하지 않다는 미선설(未善說)을 주장하였다(『춘추번로』10). 그는 성인(上品)은 가르치지 않아도 선하고, 소인(下品)은 가르쳐도 선해질 수 없지만, 이들을 제외한 대부분의 보통사람들(中品)은 선단(善端)과 악인(惡因)이 갖추어져 있을 뿐 아직 선하지 아니하고, 성이 사물에 접하여 정으로 드러날 때 선이나 악으로 갈리게 된

---

27 중국철학연구회, 『논쟁으로 보는 중국철학』 66면.

다고 하였다. 그리고 그는 중인, 곧 보통사람들의 성과 선의 관계를 여러 가지로 비유하여 말하였다. 즉 "쌀은 벼에서 나오지만 벼가 모두 쌀이 될 수 없는 것처럼 선은 성에서 나오지만 성이 모두 선이 될 수는 없다"(상동)고 하고, 달걀에는 병아리가 될 수 있는 요소가 있으나, 달걀이 곧 병아리는 아니다"(상동)라고 하였다.

왕충도 성삼품설을 내세웠다. 즉 그는 "나는 맹자가 성선이라고 한 것은 중품의 사람 이상을 말한 것이고, 순자가 성악이라고 한 것은 중품의 사람 이하를 말한 것이며, 양웅이 보통사람들의 성에는 선과 악이 혼재한다고 한 것은 중품의 사람을 말한 것이라고 확신한다"(『논형』본성)고 하고, "중품의 사람의 성은 익힌 바에 의존한다. 선을 익히면 선인이 되고, 악을 익히면 악인이 된다. 그러나 지극히 선하거나 지극히 악한 사람의 성은 결코 바꿀 수 없다"(상동)고 하였다.

제4절 기질의 성설

1. 기질의 성설

장재는 기론적 우주론에 입각하여 기질의 성설(氣質之性說)을 주장하였다. 즉 그는 태허(太虛), 곧 기로부터 모든 만물이 생겨나기 때문에 사람이나 만물은 다 같이 기질의 성을 가지고 있을 뿐이라고 하였다. 다시 말하면 기의 동정으로 생겨난 음양의 기와 음양의 화합으로 생겨난 오행의 질이 상호 작용하여 만물이 생겨나는 것이므로 만물은 기질의 성을 가지고 있으며, 따라서 사람도 기질의 성을 가지고 있다는 것이다. 그는 "성은 만물이 다 같이 하나(氣)에서 비롯된 것이다"(『정몽』성명)라고 하고, "천하 만물의 성은 한 가지이다"(『성리습유』)라고 하였으며, "(사람은) 형체를 갖게 된 후에 기질(氣質)의 성을 갖게 되었다"(성명)고 하였다. 이리하여 그는 "백성은 나의 동포요, 만물은 나의 친구이다"(『서명』)라고 하였다.

그런데 그는 모든 사람이 선천적으로 타고난 기질의 성인 천지의 성은 순수하고 맑은 기를 부여 받은 것이므로 사람은 누구나 선하지만, 그 타고난 기질이 사람마다 약간씩 달라서 후천적으로 악하게 될 수 있다고 하여 모든 사람이 가지고 있는 보편적인 천지의 성과 사람마다 제각기 다른 특수한 성인 기질의 성으로 구분하였다(상동). 그러나 천지의 성은 천리에 따르고, 기질의 성은 인욕에 끌리는 차이가 있기는 하지만, 크게 보면 둘 다 기질의 성이므로 그 범주를 달리한 것이 아니라고 하였다.

2. 성명일생설

왕부지는 장재의 기질의 성설을 받아들여 만물과 마찬가지로 사람도 기로 말미암아 생겨났으므로 기질의 성만 가지고 있을 뿐이라고 하고, 기질의 성이 곧 본연의 성이라고 하였다. 즉 그는 "이른바 기질의 성이란 말하자면 기질 속의 성을 말한다. … 이 기질 속의 성은 의연히 하나의 본연의 성이다"(『독사서대전설』7)라고 하였다.

그는 만물이 기로 말미암아 생겨났으므로 사람에게도 천리, 곧 천도(생성의 도)가 부여되어 있다고 하고(『주역내전』5), 따라서 자기에게 선천적으로 부여되어 있는 천리, 곧 천도에 따라서 삶을 이어가는 것이 선이라고 하였다. 즉 그는 "천도를 이어가는 것이 선이요, 이어가지 못하는 것이 악이 되는 것이다"(『상서인의』2)라고 하였다. 이리하여 그는 사람이 삶을 이어가는 데 필요한 욕망은 선천적으로 부여받은 것이므로 그것을 천리로 보아야 한다고 하였다(『독사서대전설』8). 따라서 사람이 욕망을 추구하는 것은 마땅한 것이 되는 것이다.

그는 또 사람의 성과 명이 날마다 생겨나고 날마다 완성된다는 성명일생설(性命日生說)을 주장하였다. 천지의 기가 그침 없이 변화하고 유행하는 것처럼 인간의 성도 부단히 변화한다는 것이다. 그는 "(성은) 날마다 생성되며 날마다 완성된다"(『상서인의』3)고 하였으며, "유년에서 소년으로, 소년에서 장년으로, 장년에서 노년으로 성장하는 것 역시 명(命)이 아님이 없다. … 그러므로 성이란 날로 생성되고 날로 완성된다"(상동)고 하였다.

3. 혈기의 성설

대진은 음양과 오행으로 말미암아 생겨난 기질, 곧 혈기(血氣)와 심지(心知)가 성의 실체라고 하였으며, 사람의 성은 기질, 곧 혈기의 성 하나뿐이라고 하였다. 즉 "음양과 오행은 도의 실체이며, 혈기와 심지는 성의 실체이다"(『맹자자의소증』중)라고 하고, "성이란 혈기 심지로서 음양과 오행에 근원하는 것이다"(상동)라고 하였으며, "사람이 사람됨에 있어서 기품과 기질이 없다면 어떻게 사람이 되겠는가?"(하)라고 하였다.

그는 이같이 혈기와 심지를 가진 사람에게는 감정과 지성과 더불어 욕망이 있다고 하고, 따라서 욕망은 사람의 본성으로서 결코 악한 것이 아니라고 하였다. 즉 "사람이나 만물은 똑같이 욕망을 가지고 있다. 욕망이란 성의 일이다"(『원선』상)라고 하였으며, "사람은 태어나면서부터 욕망이 있고, 감정이 있으며, 지성도 있다. 그런데 이 세 가지는 혈기와 심지의 자연스런 것이다"(『맹자자의소증』하)라고 하였다. 그리고 그는 "대체로 모든 일과 행위는 욕망에서 생겨나며, 욕망이 없으면 어떤 행위도 있을 수 없다"(상동)고 하였다.

그는 욕망을 성취하고, 감정을 통달하게 하는 것은 도덕의 극치라고 하였다. 즉 "도덕의 극치는 사람으로 하여금 욕망을 성취하지 못함이 없도록 하고, 사람의 감정을 통달하지 못함이 없도록 하는데 있다"(『맹자자의소증』중)고 하였으며, 욕망과 감정 곧 자연을 달성하는 것은 마땅히 그렇게 해야 할 것, 곧 필연(善)이라고 하였다(상동). 그리고 감정과 욕망은 항상 천리와 함께 있어서, 한계를 넘는 욕망을 그(천리)에 따라 조절되도록 되어 있다고 하였다. 즉 "천리란 그 욕망을 조절하여 인욕이 지나침이 없도록 하는 것이다"(동, 상)라고 하였다.

제5절 본연의 성설

1. 성이원론

정이는 리기이원론에 입각하여 장재나 정호가 기질의 성만을 말한 것과는 달리, 사람의 성에는 리에서 비롯된 순수하고 지극히 선한 의리(義理)의 성과 기에서 비롯된 선과 악이 가능한 기질의 성이 있다고 하였다.

그는 사람이라면 누구나 선천적으로 타고난 리로서의 성인 의리의 성을 가지고 있다고 하였다. 즉 "성이 곧 리이다. 요·순으로부터 서인에 이르기까지 모두 한 가지이다"(『이정유서』18)라고 하였으며, "성이 곧 리이므로 이른바 리는 곧 성이다. 천하의 리는 그 근원을 찾아보면 불선이 있지 아니하다. 희노애락의 감정이 일어나기 전에야 어찌 선하지 아니하겠는가? 그것이 일어나서 절도에 맞지 아니한 후에 불선이 되는 것이다"(22)고 하였다.

그 이전에는 대체로 리가 자연의 이법, 혹은 천하의 보편타당한 원리의 뜻으로 사용되어 왔으며, 성은 한 개인이 내적으로 갖춘 사적이고 특수한 것의 의미로 사용되어 왔는데, 그가 '성이 곧 리(性卽理)'라고 함으로써 천하의 보편타당한 리를 개개인이 가지고 있는 것이 되고, 따라서 사람의 본성은 지극히 선한 것이 되었다.

그는 이러한 리로 말미암은 의리의 성 이외에 기로 말미암은 기질의 성이 있으며, 그 기의 맑고 흐림으로 말미암아 현인과 우인, 선인과 악인이 있게 된다고 하였다. 즉 "성은 선하지 아니함이 없다. 선하지 아니함이 있는 것은 재질(才) 때문이다"(18)라고 하였으며,

"그 부여받은 기가 맑으면 재질도 맑고, 기가 흐리면 재질도 흐리다. … 재질로 말미암은 성에는 선과 불선이 있다"(19)고 하였다. 의리의 성은 리로 말미암은 것이므로 선하지만, 기질의 성은 기로 말미암은 것이므로 기질이 맑으면 리에 따르기 쉽고, 기질이 흐리면 리에 따르지 못하게 되어 악을 저지르게 된다는 것이다.

2. 본연의 성설

주희는 정이의 성론을 받아들여 사람이 태어날 때에 하늘로부터 부여받은 마음속의 리를 성이라고 하였다. 즉 그는 "성이 곧 리이다. 마음에 있어서는 성이라고 하고, 사물에 있어서는 리라고 한다"(『주자어류』5)고 하였으며, "성은 마음이 지니고 있는 리이다. 마음은 바로 리가 깃들어 있는 곳이다"(상동)라고 하였다.

그는 사람의 성에는 리로서의 성인 본연의 성(本然之性, 곧 天命之性, 혹은 義理之性)과 기로서의 성인 기질의 성이 있다고 하였다. 즉 "천지의 성을 논한 것은 오로지 리를 가리켜서 말한 것이요, 기질의 성을 논한 것은 리와 기를 섞어서 말한 것이다"(동, 4)라고 하였다.

그는 본연의 성이 다른 곳에 있는 것이 아니라 기질의 성 속에 있다고 하였다. 즉 "성(본연의 성)은 기품과 떨어질 수 없다. … 기품이 없으면 성은 기대어 탈 곳이 없다"(상동)고 하고, "대체로 본연의 성과 기질의 성은 명백하게 구별되는 두 개의 물건이 아니다"(『주자문집』4)라고 하였다.

그는 또 사람은 누구나 본연의 성을 갖추고 있으므로 그 본성은 지극히 선하다고 하였다. 즉 "하늘이 사람을 낳을 때 인·의·예·지·신의 리를 부여하였으므로 선하지 않음이 없다"(동, 74)고 하였다. 그러나 본연의 성이 기질 속에 있으므로 그것에 얽매여 물욕에 빠져서 악하게 될 수도 있다고 하였다(상동). 즉 기질이 순수하고 맑은 사람도 있고, 잡박(雜駁)하고 혼탁한 사람도 있어서 제각기 다른 성(기질의 성)을 갖게 되어 선한 사람이 되기도 하고, 악한 사람이 되기도 한다는 것이다. 그는 본연의 성은 맑은 물과 같고, 기질의 성은 병과 같아서 맑은 물을 깨끗한 병에 넣어 놓으면 맑게 보이지만, 더러운 병에 넣어 놓으면 흐리게 보이는 것과 같다고 하였다(4).

제4장

치 지 론

제1절 서 설

유교에서는 인식, 곧 치지(致知, 곧 認識)를 일찍부터 중시하여 왔다. 공자는 『논어』의 맨 첫 머리에서 "배우고 때에 맞추어 익히니, 또한 기쁘지 아니한가?"(학이)라고 하였으며,[28] "명(天命)을 알지 못하면 군자가 될 수 없다"(요왈)고 하고, "아침에 도를 들어서 알게 된다면 저녁에 죽어도 여한이 없겠다"(이인)고 하여, 천명이나 도에 대한 앎을 중시하였다.[29] 그리고 증자는 '격물(格物) 치지(致知)'를 언급하였고, 맹자와 순자 이후로도 인식의 문제가 논의되어 왔으며, 송대 이후부터 본격적으로 논의되었다.

유교는 우리의 감각기관과 사유기관을 통하여 사물이나 사물의 이법(理法)인 천명(天命), 곧 천도(天道, 天理)를 아는 것을 치지, 곧 앎의 목표로 삼았다. 다시 말하면 자연이나 사물의 이법, 곧 우주 만물의 이법으로서의 천도를 아는 것을 그 목표로 삼았다. 그리고 더 나아가서 '사람이 어떻게 살아야 할 것인가'에 관한 도, 혹은 인간으로서 마땅히 행해야 할 도리, 곧 인도(人道)를 아는 것을 치지의 목표로 삼았다. 그런데 인간의 삶의 도인 인도는 만물의 이법인 천도에서 비롯된 것으로 보고, 천도와 인도를 하나로 보았으며, 그것을 리, 혹은 도(道 – 天道와 人道)라고 하였다. 따라서 치지의 목표는 리, 곧 도를 아는 것이 된다.

따라서 유교의 치지론에서는 앎의 목표로서 '리의 인식'이 중

---

28 김용옥은 여기서의 學은 六藝를 말한다고 함. — 『논어한글역주(1)』 250면.

29 『논어』에 知가 118회 쓰임. — 陳大齊, 안종수 옮김 『공자의 학설』 245면.

시되었으며, 앎의 방법으로서 '견문과 사려', 앎의 기원과 관련하여 '생지(生知)와 학지(學知)'가 문제되었다. 그런데 주희가 사물의 리인 천도와 사람의 리인 인도가 일치하는 것으로 봄으로써, 앎의 문제에 있어서 도덕적인 것과 더욱 더 밀착되어 앎과 함께 행함의 문제 곧 '인식과 실천'도 중시되었다.

제2절 리의 인식

1. 천도를 알고자 함

유교의 치지론은 전술한 바와 같이 도, 곧 리를 아는 것, 다시 말하면 '우주 만물이 어떻게 생성 소멸하는가?'(天道), '인간이 어떻게 살 것인가?'(人道)를 아는 것을 그 목표로 한다.

그런데 유학자들 중에는 우주 만물, 곧 사물의 리인 천도를 아는 것을 중시하는 사람이 있으며, 인간의 도 곧 인도를 아는 것을 더 중시하는 사람이 있다. 그런가 하면 이 두 가지를 다 아는 것을 중시하는 사람도 있다.

순자는 커다란 리(大理) 곧 천도를 아는 것이 치지의 목표라고 하였다. 즉 그는 "무릇 도라는 것은 그 본체는 항구불변하면서도 그 작용은 변화무궁한 것이다"(『순자』해폐)라고 하였으며, "무릇 사람의 병폐는 하나의 편견에 가리어져서 커다란 리를 알지 못하는 데 있다"(상동)고 하여, 천도로서의 리를 알아야 한다고 하였다.

왕충은 사물의 리를 아는 것을 중시하였는데, 감각 기관을 통하여 얻은 것을 마음으로 검토해야 리를 정확하게 알 수 있다고 하였다. 즉 그는 "대체로 귀와 눈으로 듣고 본 것으로만 논한 것은 허상으로 말한 것이 될 수 있다"(『논형』박장)고 하였으며, "그러므로 시비를 가리는 사람은 … 반드시 마음으로 생각한다"(상동)고 하였다.

2. 인도를 알고자 함

맹자는 사람의 마음속에 갖추어져 있는 덕성은 하늘이 부여하여 준 것이므로 사람이 자신의 덕성을 앎으로써 천명도 알 수 있으며, 또한 인도도 알 수 있다고 하여 인도를 아는 것을 중시하였다. 즉 그는 "만물의 이치는 모두 나에게 갖추어져 있다"(『맹자』고자상)고 하였으며, "그 마음을 다하면 그 덕성을 알 수 있고, 그 덕성을 알게 되면 천명을 알게 된다"(진심상)고 하였다.

정호는 모든 만물이 인(仁)을 지니고 있는 기를 부여받았으므로 사람은 만물과 한 몸(一體)이라고 하고, 사람은 이러한 인을 체득해야 한다고 하였다. 즉 그는 "인이란 천지 만물이 나와 한 몸이 되는 것이다"(『유서』2)라고 하고, "배우는 사람은 모름지기 인을 체득해야 한다"(상동)고 하였다.

육구연은 '마음이 곧 리이다(心卽理)'라고 하여 사람의 마음에 내재되어 있는 마음의 리를 아는 것이 치지의 목표라고 하였다. 즉 그는 "우주에 가득 차 있는 것은 하나의 리일 따름이다. 사람이 학문을 하는 것은 오로지 이러한 리를 밝히기 위해서이다"(『육구연전집』12)라고 하였다. 그런데 마음은 이러한 리, 곧 인도를 갖추고 있으므로 리를 알기 위해서는 마음을 다하면 된다고 하였다(35).

왕수인은 치지의 목표는 나의 마음에 갖추어져 있는 천리로서의 인, 곧 양지를 아는 것이라고 하였다. 그는 "모든 사물의 리는 나의 마음의 밖에 따로 있는 것이 아니다"(『왕문성공전서』2)라고 하고, "수만 가지 변화가 일어나지만 모두 나의 마음에서 일어나지 않는 것이 없다"(8)고 하였다. 그리고 "나의 마음의 양지는 바로 천리(仁)이다. … 나의 마음의 양지에 이르는 것이 앎에 이르는 것이다"(2)라고 하였다.

3. 천도와 인도를 알고자 함

앞에서 언급한 바와 같이 공자는 '명을 알지 못하면 군자가 될 수 없다'고 하여, 도(道=理)를 알아야 한다고 하였으며, 또 '아침에 도를 들어서 알게 된다면 저녁에 죽어도 여한이 없겠다'고 하였다. 그가 말한 명(命)이나 도는 만물의 리(天道)와 인간이 살아가야 할 바른 길(人道)을 말한 것이라 할 수 있다. 따라서 그의 앎의 목표는 천도와 인도, 곧 리를 아는 것이라 할 수 있다.

자사는 대인(大人)의 학문의 길은 사람의 명덕을 밝혀서 지극한 선에 머무르는데 있다고 하고, 명덕을 밝히기 위해서는 격물을 통해서 사물의 리를 알고, 치지를 통해서 인간의 덕 내지 인간이 살아가야 할 도리를 아는 것이라고 하였다.

장재는 "사물의 리를 철저히 탐구하고, 사람의 성을 터득하여 천명과 천리에 이르게 되면 하늘과 뜻을 같이할 수 있다"(『역설』설괘)고 하였다.

정이는 사물의 리(天道)나 사람의 마음의 리(人道)를 같은 것으로 보았으며, 그러한 리를 아는 것이 앎의 목표라고 하였다. 그리고 리는 나의 마음속에 내재되어 있으므로 자기 자신을 살펴서 그것을 밝혀내야 한다고 하였다. 즉 그는 "리와 성과 명의 세 가지는 다른 것이 아니다"(『이정유서』21)라고 하고, "오로지 리를 철저히 탐구하면 곧 바로 성(性)을 다할 수 있고, 천명을 알 수 있다"(25)고 하였다.

주희는 천도와 인도로서의 리를 아는 것을 치지의 목표로 삼았다. 즉 그는 "궁리란 사물의 그렇게 되는 이유(천도)와 그렇게 해야 하는 도리(인도)를 알고자 하는 것뿐이다"(『주자대전』64)라고 하였으며, "그렇게 되는 이유를 알게 되면 의지의 미혹됨을 면할 수 있고, 마땅히 그렇게 해야 하는 도리를 알게 되면 행함에 있어서 잘못을 저지르지 않을 수 있다"(상동)고 하였다.

왕부지는 사물에 리가 있는 것처럼 사람의 마음에도 리가 갖추어져 있으므로(『사서훈의』8), 감각적 경험과 마음의 사유를 통하여 사물의 리와 마음의 리를 알 수 있다고 하였다.

대진은 사물의 리, 곧 천도와 사람의 마음의 의(義), 곧 인도를 알아야 한다고 하였다. 즉 그는 "이목구비의 감각기관이 사물에 접촉하고, 마음으로 사유함으로써 사물의 리에 통하는 것이다"(『원선』 중)라고 하였으며, 마음은 정미하고 밝기 때문에(상동), "마음은 능히 천하(세상)의 리와 의에 통할 수 있다"(『독맹자론성』)고 하였다.

제3절 견문과 사려

1. 감각과 마음을 통한 인식

치지 곧 인식의 문제에 있어서 감각적 견문(見聞)을 통해서 리를 알 수 있다는 견해와 마음의 사려(思慮)를 통해서 리를 알 수 있다는 견해가 있지만, 견문과 사려를 통해서 알 수 있다는 견해가 많다.[30]

견문과 사려를 최초로 언급한 사람은 공자이다. 그는 도(道=理)를 알기 위해서는 많이 듣고 많이 보아야 한다고 하였다(『논어』술이). 그리고 그는 "군자는 널리 글을 배우고(博文), 예로써 그것을 집약한다면(約禮) 도에 어긋남이 없을 것이다"(옹야)라고 하여, 학(學)을 통해서 문(文)을 넓히고, 사(思)를 통해서 예(禮 – 理)에 맞게 그것을 집약해야 한다고 하였다. 그는 또 "옛것을 익혀서 새로운 것을 알 수 있으면 스승이 될 만하다"(위정)고 하고, "배우기만 하고 생각하지 아니하면 맹목이 되고, 생각하기만 하고 배우지 아니하면 위태롭다"(상동)고 하여, 배우고 깊이 생각해야 한다고 하였다.

순자는 감각기관을 통해서 들어온 사물에 대한 인상을 마음으로 헤아려 봄으로써, 사물의 리에 대한 확실한 지식을 얻게 되는 것이라고 하였다. 즉 그는 "마음은 변별하고 검증하는 능력(徵知)이 있다. … 그러므로 징지는 반드시 장차 오관 가운데 해당하는 기관을 거쳐서, 사물의 부류에 따른 인상을 얻은 후에라야 가능한 것이다"(정명)라고 하였다. 그리고 마음을 쓰지 않으면 감각기관이 제구실을

---

30 姜國柱, 『中國認識論史』 238면 이하.

할 수 없으며, 리 곧 도를 알 수 없다고 하였다. 즉 그는 "마음을 쓰지 않으면 희고 검은 것이 눈앞에 있어도 보지 못하고, 우레 소리와 북소리가 옆에서 진동하여도 듣지 못 한다"(상동)고 하였으며, "사람은 무엇으로 도를 알 수 있는가? 마음으로 알 수 있다"(성악)고 하였다.

왕충은 감각이 바깥 사물에 접촉하고, 마음으로 사유함으로써 리에 대한 인식이 이루어진다고 하였다. 즉 그는 "눈으로 보지 아니하고, 입으로 묻지 아니하고서는 알 수 없다"(『논형』실지)고 하였다. 그러나 감각만으로는 정확한 인식을 얻을 수는 없으므로 반드시 마음의 사유를 통해서 검토해야 한다고 하였다. 그는 "대체로 귀와 눈으로 듣고 본 것으로서 논한 것은 허상으로 말한 것이 될 수 있다"(박장)고 하였으며, "시비를 가리는 사람은 귀와 눈에만 의존하지 아니하고, 마음으로 생각한다"(상동)고 하였다.

장재는 견문과 사려를 통하여 리를 알 수 있다고 하였다. 그는 "사물을 많이 보고 궁리를 많이 하게 되면 사물의 리를 알 수 있다"(『장자어록』)고 하였으며, 견문의 지식(見聞小知)과 덕성의 지식(天德良知)을 구분하여(『정몽』대심), 견문을 통하여 견문의 지식을 얻을 수 있고, 사려를 통하여 덕성의 지식을 얻을 수 있다고 하였다.

주희는 견문과 사려를 통하여 리를 알 수 있다고 하였다. 즉 그는 "귀는 듣는 것을 맡고, 눈은 보는 것을 맡는 등 각기 맡은 바가 있다. 그러나 감각기관은 사유할 수 없다"(『맹자집주』11)고 하고, "마음은 능히 사유하는 능력이 있어서 사유하는 일을 맡는다. 사물이 다가오면 마음은 그것을 살펴서 그 리를 얻게 된다"(상동)고 하였다. 그는 또 만물의 리는 마음에 구비되어 있어서 자신에 돌이켜 보면 알 수 있다고 하였다(『맹자집주』13).

왕부지는 견문과 사려를 통하여 리를 알 수 있다고 하였다. 즉 그는 "눈이 없으면 마음은 색깔을 변별할 수 없다. 귀가 없으면 마음은 소리를 들을 수 없다"(『상서인의』1)고 하여, 감각기관으로 사물을 접촉함으로써 인식이 시작된다고 하였다. 그는 또 마음으로 리를 좇으면 사물의 이법, 곧 천도를 체득할 수 있다고도 하고(『사서훈의』 8), 마음을 다하면 인도로서의 리를 알 수 있다고 하였다(『사문록』내).

대진은 견문과 사려를 통하여 사물의 리를 알게 되는 것이라고 하였다. 즉 그는 "인간의 마음에 대하여 말하면 별도의 리가 마음에 갖추어져 있는 것이 아니다. 오로지 마음이 신명(神明)하기 때문에 사물의 불변의 법칙을 알게 되는 것이다"(『맹자자의소증』상)라고 하고, "감각기관으로 사물에 접촉하고, 마음으로 사유함으로써 사물의 리에 통하는 것이다"(『원선』중)라고 하였다.

2. 마음을 통한 인식

앞에서 언급한 바와 같이 마음으로 사려함으로써 마음속의 덕성인 인도를 알 수 있으며, 사물의 리인 천도를 알 수 있다고 하는 사람들도 있다.

맹자는 사람의 인식기관으로 감각과 마음을 들었지만, 덕성을 인식하는 것을 중시하고 마음을 통한 사유를 자주 말하였다. 즉 그는 "마음은 생각하는 기능을 가지고 있다. 생각하면 얻어지고 생각하지 아니하면 얻을 수 없다"(『맹자』진심상)고 하고, 마음을 다하면 성을 알 수 있고, 하늘을 알 수 있다고 하였다(상동). 사람에게는 덕성은 물론 사물의 리도 갖추어져 있으므로(상동), 마음을 살펴보면 이것들을 알 수 있다고 하였다.

정호는 감각기관으로는 사물을 인식할 수 있을 뿐이므로, 천리를 알기 위해서는 마음을 통한 사려가 필요하다고 하였다. 즉 그는 "눈이나 귀로는 보고 듣는 것은 알 수 있으나, 멀리 있는 것(사물의 리)은 알 수 없다. … 그러나 마음은 멀고 가까운 것의 구별 없이 알 수 있다"(『이정어록』11)고 하였다.

육구연은 마음을 인식의 주체이며, 또한 객체라고 하였다. 즉 그는 “마음은 모두 이러한 리를 구비하고 있다. … 배움에 있어서 귀하게 여기는 것은 이러한 리를 철저히 탐구하는 것이요, 이 마음을 다하는 것이다”(『육상산전집』11)라고 하였다. 따라서 사람은 바깥 사물과 접촉할 필요가 없이 마음을 밝히면 리를 알게 된다고 하였다(35).

왕수인은 사물의 리는 마음속에 내재되어 있으므로 마음으로 사려함으로써 사물의 리를 알 수 있다고 하였다. 즉 그는 “대체로 모든 사물의 리는 나의 마음을 떠나서 따로 있는 것이 아니다”(『왕문성공전서』2)라고 하였다. 그리고 사람의 마음은 신령(神靈)하여 사물을 인식할 수 있다고 하였다. 즉 그는 “마음은 텅 비어 있으면서도 신령하여 밝게 깨달을 수 있다”(1)고 하였다.

제4절 생지와 학지

1. 생 지 설

치지의 기원에 관하여, 특히 인도(人道)에 관한 앎의 기원에 관하여 사람은 태어나면서부터 안다고 하는 생지설(生知說)과 학습을 통하여 후천적으로 알게 된다는 학지설(學知說)이 대립되어 왔다.

공자는 생지와 학지의 문제를 최초로 제기하였다. 즉 그는 사람을 선천적으로 나면서부터 아는 현명한 사람(上智)과 배워서 아는 보통 사람(中人)과 모자라면서도 배우지 않은 우둔한 사람(下愚)으로 구분하였다(『논어』계씨). 그는 또 "나는 태어나면서부터 아는 사람이 아니다. 옛것을 좋아하여 부지런히 그것을 구하여 알게 된 사람이다"(술이)라고 하여, 자신은 배워서 알게 된 사람이라고 하였다.

맹자는 '사람은 누구나 선천적으로 도덕관념(덕)을 가지고 있다'고 하였다. 즉 그는 "사람이 배우지 아니하고도 할 수 있는 것이 양능이다. 생각하지 아니하고도 알 수 있는 것이 양지이다. 갓난아이도 그 어버이를 사랑할 줄 알고, 성장하면 형을 공경할 줄 안다"(『맹자』진심상)고 하였으며, "인 · 의 · 예 · 지는 밖으로부터 나에게 들어 온 것이 아니라, 나에게 본래부터 갖추어져 있는 것이다"(고자상)라고 하였다.

장재는 사람 가운데에는 태어나면서부터 현명한 사람(上智)과 우둔한 사람(下愚)의 두 가지 부류가 있다고 하였다(『장자어록』상). 그리고 지식에는 감각적 경험을 통해서 알 수 있는 견문의 지식과 마음의 사려를 통해서 알 수 있는 덕성의 지식이 있는데, 후자는 선천적으로 타고 난 것이지, 견문으로 얻을 수 있는 것이 아니라고 하였다(『정몽』대심).

정호는 사람의 마음속에는 선천적으로 양지와 양능이 갖추어져 있다고 하였다. 즉 그는 "양지와 양능은 모두 다른 곳으로부터 오는 것이 아니다. 그것은 선천적으로 타고난 것이다"(『이정유서』2)라고 하였으며, "배우는 사람은 … 가까운 자기 몸에서 취하여 오직 인간의 도리를 밝힐 뿐이다"(상동)라고 하였다.

주희는 '도덕적 관념은 사람의 마음속에 선천적으로 갖추어져 있다'고 하였다. 즉 그는 "사람은 나면서부터 바로 앎을 갖춘 것이지, 사물과 접촉함으로써 알게 된 것이 아니다"(『주자문집』30)라고 하고, "갓난아이도 그 어버이를 사랑할 줄 알고, 성장하면 그 형을 공경할 줄 안다. 그 양지와 양능은 본래부터 갖추어진 것이다"(『주자어류』14)라고 하였다.

육구연은 '사람은 태어나면서부터 양지와 양능을 갖추고 있다'고 하였다. 즉 그는 "이것(양지 양능)은 선천적으로 나에게 부여된 것으로 나에게 본래부터 갖추어져 있는 것이요, 밖으로부터 나에게 들어온 것이 아니다"(『육상산전집』1)라고 하였으며, "이른바 만물의 리(理)는 모두 나에게 갖추어져 있는 것이다"(상동)라고 하였다.

왕수인도 '사람은 누구나 선천적으로 양지와 양능을 갖추고 있다'고 하였다. 즉 그는 "'옳고 그름을 가리는 마음(是非之心)'은 생각하지 아니하고도 아는 것이다. … 나의 마음의 양지는 스스로 알지 못함이 없다"(『왕문성공전서』26)고 하였다.

2. 학 지 설

순자는 도덕이나 예의는 사람이 선천적으로 알고 있는 것이 아니라, 후천적인 학습을 통해서 알 수 있는 것이라고 하여 학지설을 주장하였다. 즉 그는 "예의라는 것은 성인이 만든 것으로서 사람이 그것을 배우면 행할 수 있고, 노력하면 이룰 수 있는 것이다"(『순자』 성악)라고 하였으며, "요임금과 우임금도 태어나면서 갖춘 사람이 아니다"(영욕)라고 하였다.

양웅도 '사람은 배움으로써 알게 된다'고 하였다. 그는 "사람이 배우면 바르게 되고, 배우지 않으면 그릇되게 된다"(『법언』학행)고 하고, "배우는 데는 훌륭한 스승을 구하기를 힘쓰는 것보다 중요한 것은 없다"(상동)고 하였다.

왕충은 '사람은 후천적으로 배우고 생각함으로써 알게 된다'고 하였다. 그는 "천지간에 혈기를 가진 무리로서 나면서부터 아는 것은 없다"(『논형』실지)고 하고, "배우지 아니하고도 스스로 알고, 묻지 아니하고도 스스로 깨닫는다고 하는 것은 옛날부터 지금까지 있어본 적이 없었다"(상동)고 하였다.

왕부지는 앎(知)은 견문과 사려를 통하여 얻어지는 것이라고 하였다. 즉 그는 "감각기관과 마음과 사물의 셋이 서로 만나 지각이 생겨난다"(『정몽주』1)고 하였으며, "견문을 넓히면 앎은 날로 새로워진다. 그러므로 견문을 넓히지 않으면 안 된다"(4)고 하였다.

대진은 '사람은 학습을 통하여 현인이나 성인이 될 수 있다'고 하였다. 즉 그는 "사람은 오로지 배움으로써 그 부족한 것을 채울 수 있으며, 또한 지혜로운 사람이 될 수 있다"(『맹자자의소증』상)고 하고, "사람은 태어날 때부터 먹지 아니하면 죽게 되고, 어려서부터 배우지 아니하면 우둔해진다. 음식은 사람의 생명을 기르고 성장하게 하며, 배움은 양지를 기르고 확충하여 현인이나 성인에 이르게 한다"(하)고 하였다.

제5절 인식과 실천

1. 지행난이

치지론과 관련하여 앎(知)과 행함(行), 곧 인식과 실천의 문제가 일찍이 제기되었으며, 때로는 격렬한 논쟁을 벌이기도 하였다. 그런데 이러한 지와 행에 관하여 논의되어 왔던 것은 대체로 인도에 관한 인식과 그 실천의 문제였으며, 이에 관하여는 지행난이(知行難易)의 문제와 더불어 지행선후(知行先後) · 지행경중(知行輕重) · 지행상수(知行相須) · 지행분합(知行分合) 등이 논의되어 왔다.[31]

지행난이 문제에 있어서 앎보다 행함이 더 어렵다는 지이행난설(知易行難說)이 먼저 등장하였다. 『서경』은 "아는 것은 어렵지 않다. 오직 행하는 것이 어렵다"(열명,중)고 하였으며, 『좌전』은 "아는 것이 어려운 것이 아니고, 행하는 것이 어렵다"(소공)고 하였다.

이와는 달리 정이는 알기도 어렵고 행하기도 어렵다는 지난행난설(知難行難說)을 주장하였다. 즉 그는 "사람은 행함에 힘써야 하지만, 그에 앞서서 앎이 요청된다. 그러므로 행하는 것만이 어려운 것이 아니고 아는 것 역시 어렵다"(『유서』18)고 하였다.

왕부지는 앎보다 행함이 더 어렵다고 하였다. 즉 "『서경』에서 '아는 것은 어렵지 않고, 오직 행하는 것이 어렵다'고 말한 것은 천년 만에 성인이 다시 나온다고 하여도 바꿀 수 없는 말이다"(『상서인의』3)라고 하였다.

---

31 『설문해자』는 "行은 사람이 걷거나 달리는 것(步趨)을 뜻한다"고 하였다.

2. 지행선후

지행선후(知行先後)의 문제에 관하여는 행함이 먼저라는 행선지후설(行先知後說)이 있으나, 앎이 먼저라는 지선행후설(知先行後說)이 주류를 이루어 왔다.[32] — 순자는 "높은 산에 올라가 보지 아니하고는 하늘의 높음을 알 수 없고, 깊은 연못에 들어가 보지 아니하고는 땅의 두터움을 알 수 없다"(『순자』권학)고 하였으며, 왕충이나 왕부지도 행함이 앎보다 앞선다고 하였다. 그러나 이들이 말한 앎과 행함은 윤리 도덕에 관한 것이 아니라 사물에 대한 감각적 견문을 말한 것이다.

정이는 지선행후설을 주장하였다. 즉 그는 "모름지기 앎은 행함에 선행하는 것이다. 이것은 길을 가자면 모름지기 빛이 비추어야 하는 것과 같다"(『이정유서』3)고 하고, "반드시 나아갈 곳의 문을 알고, 가야 할 길을 안 연후에야 갈 수 있는 것이다"(『수언』1)라고 하였다. 그리고 사람이 참으로 알면 행하게 되는 것이라고 하였다. 즉 그는 "사람이 선한 것이 아님(不善)을 참으로 알았다면 결코 행하지 않을 것이다"(『이정유서』2)라고 하였으며, "알고도 행하지 못하는 것은 앎이 얕기 때문이다. 사람이 굶주려도 까마귀 부리를 먹지 아니한 것은 오직 이 앎 때문이다"(15)라고 하였다.

주희는 정이의 지선행후설을 계승하였다. 즉 그는 "선후를 논하면 앎이 먼저요, 경중을 논하면 행함이 중요하다"(『주자어류』9)고 하였다. 이러한 지선행후설의 근거로서 그는 첫째로, 앎은 행함의 기초로서 행함을 인도한다고 하였다. 즉 "사람이 길을 가는데 보지 못하면 어떻게 가겠는가?"(9)라고 하였다. 둘째로, 알게 되면 행할 수 있다고 하였다. 즉 "이미 알게 되었다면 힘쓰지 아니하고도 자연

---

32 姜國柱, 『中國認識論』 413면.

스럽게 행하게 된다"(18)고 하였다. 셋째로, 알고도 행하지 못하는 것은 아직 확실하게 알지 못했기 때문이라고 하였다. 즉 "모름지기 알고도 행하지 못하는 것은 앎이 아직 얕기 때문이다"(15)라고 하였다.

3. 지행경중

지행경중(知行輕重)의 문제에 관하여는 앎이 중요하다는 지중행경설(知重行輕說)과 행함이 중요하다는 행중지경설(行重知輕說)이 있다. 정이는 앎 곧 격물과 치지는 근본이요, 행함 곧 치국과 평천하는 말단이라고 하여(『수언』1) 앎을 행함보다 중요시하였으며, 육구연은 "사람이 참으로 잘못임을 알면 고치지 않을 수 없다"(『전집』14)고 하여, 앎이 행함보다 중요하다고 하였다.

그러나 이와는 달리 공자가 실천이 중요하다고 하였기 때문에 유교에서는 대체로 앎보다 행함을 중요시 하였다.[33] 즉 공자는 "젊은이들은 들어가서는 효도하고, 나가서는 우애하고, 말을 삼가고 믿음 있게 행동해야 한다. … 이것들을 모두 실천하고 남음이 있으면 글을 배워야 한다"(『논어』학이)고 하여, 도리를 행하고 나서 글을 배우라고 하였다.

순자는 앎보다 행함을 더 중요시하였다. 즉 그는 "듣지 아니한 것은 듣는 것만 못하고, 듣는 것은 보는 것만 못하고, 보는 것은 아는 것만 못하고, 아는 것은 실천하는 것만 못하다. 그러므로 배움은 그것을 행함으로써 끝나는 것이다"(『순자』유효)라고 하였다.

주희는 앎보다 행함이 중요하다고 하고, 앎의 궁극 목적은 그것을 행하는 데에 있다고 하였다. 즉 그는 "이 리를 밝히려고 하는 것은 힘써 행하기 위한 것에 불과하다"(『주자문집』54)고 하고, 참다운

---

33 姜國柱, 앞의 책 429면.

앎은 반드시 행함을 기다려야 하는 것이라고도 하였다(『주자어류』15).

왕부지는 앎보다 실천, 곧 행함이 더 중요하다고 하였다. 그는 "행함으로는 앎의 효과를 얻을 수 있으나, 앎으로는 행함의 효과를 얻을 수 없다"(『상서인의』3)고 하였다. 그리고 행함은 앎의 최종 목적이라고 하였다. 그는 "앎을 다하는 것은 그것을 실천하는 데에 있다"(『정몽주』5)고 하였다.

안원은 몸소 행함(習行)을 중시하였다. 즉 그는 "공자는 오로지 일을 익히면서 사람을 가르치고, 일 속에서 그 이치를 알 수 있도록 하는 데 철두철미하였다"(『존학』2)고 하였으며, "사람들이 학문을 함에 있어서 마음속으로 생각하고, 입으로 토론하여 수천 수백 배의 도리를 알았다고 하더라도, 이것은 하나의 도리를 실천하는 것만 같지 못하다"(상동)고 하였다.

4. 지행상수

지행상수(知行相須)는 '앎과 행함이 서로 필요로 한다'는 것이다. 공자가 말하는 앎은 대체로 윤리 도덕에 관한 것이었고, 따라서 그에 있어서 학문은 인도를 알고, 인격 곧 마음의 덕을 닦아서 그것을 실천하기 위한 것이었다. 그래서 그는 말과 행동이 일치해야 한다는 것(言行一致)을 강조하였다. 즉 그는 "그 말은 행한 후에 그에 따르도록 해야 한다"(『논어』위정)고 하였으며, "군자는 그가 말한 것이 자기가 행한 것보다 과대한 것을 부끄럽게 여긴다"(헌문)고 하였고, "옛날 사람들이 말을 함부로 하지 않았던 것은 자신이 몸소 실천하지 못할 것을 염려하였기 때문이다"(이인)라고 하였다. 그리고 "군자는 말은 어눌하게 하고 행동은 민첩하게 하려고 노력한다"(상동)고 하였다. 그는 언행일치 곧 행하는 것이 중요하다는 것을 강조하였다.

주희는 앎과 행함은 서로 필요로 하며, 촉진하여 주는 것이라고 하였다.[34] 즉 그는 "앎과 행함은 항상 서로 필요로 한다"(『주자어류』9)고 하였으며, "앎과 행함의 공부는 모름지기 나란히 함께 행해야 한다"(14)고 하였다. 그리고 그는 "앎이 점차 밝아지면 행함이 더욱 더 독실하게 되고, 행함이 점차 독실해지면 앎이 더욱 더 밝아지게 된다"(상동)고 하였으며, "행함에 힘쓰면 앎은 더욱 더 깊어지게 되고, 앎이 깊어지면 행함이 더욱 더 투철하게 된다"(『주자문집』60)고 하였다.

왕부지는 앎과 행함은 서로 도와주고 함께 나아가는 것이라고 하였다. 즉 그는 "앎과 행함은 서로 도와주고 이용됨으로써 각기 지극한 공을 세우게 되고, 또한 효과도 얻을 수 있게 되는 것이다"(『예기장구』31)라고 하였으며, "그러므로 앎으로 말미암아 행할 바를 알고, 행함으로 말미암아 알 수 있으며, 함께 나아가 공을 이룰 수 있다고 할 수 있다"(『상서인의』4)고도 하였다.

5. 지행분합

지행분합(知行分合)은 앎과 행함을 별개의 것으로 보느냐, 혹은 하나로 보느냐 하는 문제이다. 앞에서 언급한 지난행이니 행난지이니, 혹은 지선행후니 행선지후니, 또는 지중행경이니 행중지경이니, 혹은 지행상수니 하는 주장들은 모두 앎과 행함을 나누는 견해들이다.[35] 따라서 지와 행을 구분하는 견해는 이미 살펴 본 셈이다.

왕수인은 앎과 행함의 구분을 반대하고, 지행합일설(知行合一說)을 주장하였다. 그는 정주의 지선행후설(知先行後說)로 인하여 그 말이 과장되고, 또한 행하여지지도 못하였다고 하였다. 즉 "지금 사람들은 앎과 행함을 두 가지로 나누어 이해하고 있다. 그들은 반드시

---

34 姜國柱, 앞의 책 491면.

35 姜國柱, 앞의 책 470면.

먼저 안 뒤에야 행할 수 있다고 생각한다. … 그러므로 평생토록 행하지도 못하고, 알지도 못하게 되었다”(『왕문성공전서』1)고 하였다.

그는 앎과 행함은 일체로서 앎은 행함을 포함하고, 또 행함은 앎을 포함한다고 하였다. 즉 “앎은 행함의 시작이요, 행함은 앎의 완성이다”(상동)라고 하였으며, “앎과 행함의 공부는 본래 떨어질 수가 없다. … 참으로 안다면 곧 행하게 되는 것이다”(2)라고 하였다.

그는 뜻이 발동하는 것이 곧 행함이므로 앎과 행함은 선후를 나눌 수 없다고 하였다. 즉 “아름다운 빛깔을 보는 것은 앎에 속하고, 빛깔을 좋아하는 것은 행함에 속한다. 그 아름다운 빛깔을 보았을 때에 이미 좋아하게 되는 것이지, 그것을 본 뒤에 또 하나의 마음이 일어나서 좋아하는 것은 아니다”(2)라고 하였다. 아름다운 것을 보고, 그것을 좋아하게 되는 것이 행함이라는 것이다.

그는 앎과 행함의 목적과 임무는 오로지 욕망을 배제하여 양지를 회복하는 데 있다고 하였다. 즉 “나의 마음 밖에서 이것(양지)을 구하기 때문에 앎과 행함이 둘이 되는 것이다”(2)라고 하였으며, “지행합일의 공은 바로 그 본래의 마음의 양지에 이르게 하는 것이다”(2)라고 하였다. 양지를 알아서 그것을 곧바로 행하자는 것이 그의 지행합일설의 궁극 목적인 것이다.

제5장

수 기 론

제1절 서 설

전술(제4장)한 바와 같이 유교는 '사람은 그 본성이 선하지만 욕망으로 말미암아 악행을 저지르게 된다'고 한다. 이리하여 수기(修己, 修身, 修養), 곧 마음을 닦는 것을 매우 중시하였다. 즉 공자가 "(군자는) 자기 자신을 닦아서 남을 편안하게 해준다"(『논어』헌문)고 하여, 수기안인(修己安人)을 말한 이후로 유교에서는 '인격을 어떻게 닦을 것인가' 하는 수기의 문제를 중요시하여 왔다. 왜냐하면 사람은 수기를 통하여 인격을 도야하고 난 다음에 올바른 행위를 할 수 있기 때문이다. 따라서 유교를 위성지학(爲聖之學)이라고도 하고, 군자학이라고도 한다.

공자는 수기, 곧 덕을 닦는 일은 마치 공인(工人)이 일을 잘하기 위해서 일하러 나가기 전에 반드시 먼저 자기 연장을 손질하는 것과 같다고 하였다(위령공). 그리고 그가 "그림을 그리는 일은 흰 바탕이 마련 된 뒤에 하는 것이다(繪事後素)"라고 말하자, 자하가 "예가 뒤에 온다는 말이겠군요!"라고 하였는데, 이에 공자는 감탄하여 "나를 깨우쳐주는 자는 상(卜商 – 자하의 본명)이로구나! 상과 더불어 시를 말할 수 있겠구나!"(팔일)라고 하였다. 이것은 수기를 통해서 인격을 도야하고 난 후에라야 예, 곧 올바른 도덕적 행위를 할 수 있다는 것을 말한 것이다. — 따라서 인격의 도야, 곧 수기는 윤리에 선행하는 것으로서 그 기초가 되는 것이다.

아무튼 인격의 도야, 곧 '어떤 사람이 되어야 할 것인가?' '왜 그런 사람이 되어야 하는가'의 문제는 유교의 주된 관심사였다.

제2절 수기의 이념, 중

1. 중(中)의 의미

유교는 사람이 미발지중(未發之中)의 덕성을 간직하고 발휘할 수 있도록 하는 것을 수기(修己)의 이념 내지 목표로 삼고 있다. 다시 말하면 유교에서의 수기는 사람의 마음이 아직 발하지 아니한 상태, 곧 중(中)을 지향한다고 할 수 있다. 그것은 『서경』과 『논어』와 『중용』과 『주역』이 중(中)이나 중용(中庸)이나 중화(中和), 혹은 시중(時中)을 윤리적 행위의 표준으로 말하면서도, 또한 수기의 이념으로 말하고 있기 때문이다.

중(中) 자는 갑골문에 쓰였으며, 경전에도 많이 쓰였는데, 『서경』은 "스스로 땅의 중앙(中)을 다스려야 한다"(소고)고 하여, 중을 중앙의 의미로 쓰기도 하였으며, "진실로 그 중을 붙잡도록 하라!(允執厥中)"(대우모)고 하여, 중을 중용의 뜻으로 사용하기도 하였다. 『주역』은 "문채가 속(中)에 들어 있다"(곤괘)고 하고, 『예기』는 "중(中)은 속에 깊이 간직한다는 것이다"(향음주의)라고 하여 중을 '속' 혹은 '안'의 의미로 사용하였다.

요컨대 중(中)은 '가운데, 혹은 '한복판'이라는 뜻으로 어떤 한 쪽으로 치우침이 없는 것, 또는 다른 것들과 알맞은 조화를 이룬 상태에 놓여 있는 것이라 할 수 있다.[36] 자사는 "사람들이 도를 행하지 못하는 것은 '지혜롭다고 하는 사람은 지나치고, 우둔한 사람은 미

---

36 김충열, 『중용대학강의』 103면.

치지 못하기 때문'이다"(『중용』4)라고 하여, 중(中=道)을 '지나침이나 미치지 못함이 없음'의 의미로 사용하였는데, 이를 받아들여 주희는 중을 '치우치거나 기울어지지도 아니함(不偏不倚)'으로, 혹은 '지나침이나 미치지 못함이 없음(無過不及)'으로 풀이하였다(『중용장구』 2). — 김충열은 '『중용』은 치우침이 없고, 지나치거나 미치지 못함이 없는 중심의 중과 희노애락의 감정이 나타나지 않는 미발의 중, 그리고 일단 그것이 발하여 내외가 알맞게 들어맞아 화합을 이루는 중화의 중, 이러한 중의 덕성을 갖춘 군자만이 언제 어디서나 행할 수 있는 시중의 중을 말하고 있다'고 하였다.[37]

2. 중에 이름

공자는 요임금이 천자의 자리를 물려주면서 순임금에게 당부했던 말, 곧 "진실로 그 중을 붙잡도록 하라!"(『논어』요왈)라는 말을 인용하여 중, 곧 중용을 말하였다. 그는 사람이 갖추어야 할 덕으로서 인을 중시하고, 그러한 인에 도달하기 위해서는 극기·복례의 수기를 해야 한다고 하였는데, 결국 그가 이러한 극기·복례를 통해서 도달하고자 하는 수기의 목표는 중, 곧 미발지중의 덕성인 인에 이름으로써 군자가 된다는 것이다.[38]

자사는 하늘, 곧 천지 만물이 중(中, 알맞음)과 화(和, 어울림)의 속성이 있어서 알맞게 어우러져 있는 것으로 보고, 사람은 마땅히 그러한 중과 화를 따라야 한다고 하였다. 즉 그는 "하늘이 부여해 준

---

37 김충열, 위의 책 104면.

38 윤천근은 '仁은 도덕을 가능하게 하는 내면적 덕성'으로서, 일체의 사욕으로부터 떠난 공정한 마음이므로 中을 기조로 한다고 하였다. 그리고 내면적인 中으로서의 仁은 天命으로부터 기인하는 것이요, 그것은 天理에 가깝다고 하였다. — 윤천근, 『原始儒學의 새로운 解釋』 72면.

것을 성(性)이라 하고, 성을 따르는 것을 도라고 한다"(『중용』1)고 하고, "희노애락의 감정이 일어나기 이전을 중(中)이라고 하고, 그것이 발하여 모두 정도에 들어맞는 것을 화(和)라고 한다. … 중과 화를 이룩하면 천지가 제자리를 잡고, 만물이 잘 자란다"(1)고 하였다. 하늘 곧 자연이 만물에 그 성을 부여하여 주었다는 것이요, 하늘이 부여해 준 만물의 성의 상태(未發의 상태)는 중이라는 것이요, 그것이 발하여 정도에 들어맞는 상태(已發의 상태)가 화라는 것이다. 그리고 이러한 중과 화에 이르게 되면 만물이 잘 자라게 된다는 것이다. 따라서 마땅히 사람도 중과 화에 이르도록 해야 한다는 것이다.[39] 요컨대 중은 아직 발동하지 않는 원래의 상태로서, 그것은 곧 공정무사하며, 지나침도 모자람도 없는 균형을 이루고 있는 것을 말한다. 그것은 하늘이 부여해준 성으로서 보편적인 덕, 곧 도심(道心)이며, 거기에 이르는 것이 수기의 목표라는 것이다.[40]

주희는 중(中)을 성(性)의 덕이라 하고(『어류』62), 마음을 정성스럽고 한결같이 하여 그것을 붙잡도록 하라고 하였다. 즉 그는 "'진실로 그 중을 붙잡도록 하라'고 한 것은 요임금이 순임금에게 전수한 것이요, '인심(人心)은 오로지 위태롭고 도심(道心)은 오직 은미하다. 오직 정성스럽고 한 결 같아야 진실로 그 중을 붙잡을 수 있다'고 한 것은 순임금이 우임금에게 전수한 것이다. … 군자는 때에 맞게 행해야 한다'고 한 것은 중을 붙잡으라는 것이다"(『중용장구』서)라고 하였다.

왕수인은 양지를 마음의 본체라고 하고(전술), 그것을 천리, 혹

---

39 김용옥은 중국인들이 우주 만물은 물론 사람의 몸과 마음도 中 곧 평행을 유지하고 있는 것으로 보았다고 하였다. — 김용옥, 『中庸講義』上, 198면.

40 최영진은 『중용』의 전반부에서 中을 말하고, 후반부에서 誠을 말한 것은 中에 이르도록 해야 하며, 그러기 위해서는 誠이 필요하기 때문이라 하였다. — 최영진, 『유교사상의 본질과 현재성』 61면.

은 명덕이라고도 하였으며, 미발지중의 덕성이라고도 하였다. 즉 그는 “양지는 아직 발하기 이전의 중으로서 탁 트이어 크게 공정한 것이요, 고요하여 움직이지 않는 본체로서 사람마다 다 갖추고 있는 것이다”(『왕문성공전서』2)라고 하고, “발하기 이전의 중(未發之中)은 양지이다”(상동)라고 하였다. 이리하여 그는 양지에 이르도록 하는 것(致良知)이 수기의 목표라고 하였다.

요컨대 중(中)은 선천적으로 하늘이 부여하여 준 미발지중의 덕성, 곧 인(仁)이라는 것이다. 그리고 ‘그 중을 붙잡도록 하라’는 것은 수기를 통해서 욕망이나 감정에 끌려서 미발지중의 덕성인 인을 잃어버리지 않도록 해야 한다는 것이다.

3. 시중의 도

유교는 이러한 중(中)을 수기의 이념으로서 뿐만 아니라 우리의 삶 속에서 언제 어디서나 항상 간직하고, 행하지 않으면 안 되는 것이라고 하였다. 즉 우리는 때(時)와 장소(所)와 상황(位)에 적중(的中), 곧 들어맞도록 해야 한다는 뜻으로 시중(時中)을 말하고 있다. 따라서 중(中)은 윤리적 행위의 표준, 곧 실천 원리가 되는 것이다.

『주역』은 이러한 시중을 중요시하고 있다. 즉 “덜고 보태는 것과 가득 차고 텅 비는 것이 모두 그 때와 더불어 행해지는 것이다”(손괘)라고 하고, “머물러야 할 때에 머무르고, 나아가야 할 때에 나아가야 한다. 움직이고 머무름이 그 때를 잃지 않으면 그 도가 크게 빛날 것이다”(간괘)라고 하였으며, “그 때를 따라 두려워하고 삼가면 비록 위험에 처하더라도 탈이 없을 것이다”(문언전)라고 하였다. 자연은 모두 때에 들어맞게 운행되고 있다는 것이요, 사람은 마땅히 그것을 본받아서 그 때에 들어맞게 대처해야 한다(時中)는 것이다.

자사는 시중은 상황에 따라 적절하게 대응하는 것이라고 하였다. 즉 그는 "군자는 중용을 행하고, 소인은 중용을 거스른다. 군자가 중용을 행함은 군자로서 때에 들어맞게 하는 것(時中)이고, 소인이 중용을 한다는 것은 소인으로서 거리낌 없이 하는 것이다"(2)라고 하였으며, "군자는 자신의 처지에 따라 행하고, 그 밖의 것은 바라지 않는다. 부귀하게 되면 부귀한 대로 행하고, 빈천하게 되면 빈천한 대로 행하고, 오랑캐의 땅에 머물게 되면 거기에 맞게 행하고, 환란이 닥치면 거기에 맞게 행한다"(14)고 하였다.

맹자는 이러한 시중(時中), 곧 '중을 붙잡는 것(執中)'은 실제 정황에 따라서 변통함이 있어야 한다고 하였다. 즉 그는 "양주는 '자기 자신만을 위하라'(自愛說)고 하여 하나의 터럭을 뽑아 천하를 이롭게 하는 일도 하지 않았으며, 묵적은 '모든 사람을 사랑하라'(兼愛說)고 하여 머리부터 발끝까지 닳도록 천하를 이롭게 하는 일을 하였다. 그런가 하면 자막은 중을 붙잡았는데, 중을 붙잡는 것이 정도(正道)에 가깝다고는 하지만, 그것을 붙잡으면서 경우에 따라 변통함이 없으면 한 가지를 고집하는 것과 다를 것이 없다"(『맹자』진심상)고 하였다.

그리고 그는 "공자는 성인으로서 때에 들어맞게(時中) 행하신 분이시다"(만장하)라고 하였으며, "빨리 떠날 만하면 빨리 떠나고, 오래 머무를 만하면 오래 머무르고, 있을 만하면 있고, 벼슬할 만하면 벼슬을 하신 분이 공자이시다"(상동)라고 하였다.

제3절 수기의 마음가짐, 성

1. 성(誠)의 의미

유교는 수기를 다하여 미발지중의 덕성인 인(仁)을 간직하고 발휘하기 위해서는 성(誠), 곧 성실함이 필요하다고 하였다. 다시 말하면 유교는 수기의 기초가 되는 것으로 성을 말하고 있다. 증자는 수신을 다하기 위해서는 성의(誠意), 곧 뜻(德性)을 성실하게 해야 한다고 하고, 그런 뒤에서야 정심(正心), 곧 마음을 바르게 할 수 있다고 하였다(『대학』경). 그리고 자사는 성실함을 다하면 그 본성(仁-명덕)이 밝아진다고 하였으며(『중용』21), "오직 천하의 지극히 성실한 사람만이 자기의 본성을 다 발휘할 수 있다"(22)고도 하였다.

성(誠) 자는 춘추시대 이전부터 조사 또는 접속사로 사용되었다. 성(誠)이 명사로 쓰인 것은 『주역』과 『예기』에서이다. 『주역』은 "간사함을 막고 그 성실함(誠)을 보존한다"(문언전)고 하였으며, 『예기』는 "성실함을 드러내고, 거짓됨을 버리는 것이 예의 근본이다"(악기)라고 하였다. 이들은 대체로 성(誠)을 성실함이나 충실함의 뜻으로 사용하였다.

사마광은 어떤 제자가 평생토록 행할 만한 것을 말해주라고 하자, "그것은 성(誠)이다"라고 하였다. 이어서 그것을 행하는 방법을 묻자, 그는 "그것은 거짓말을 하지 않는 데서부터 시작한다"고 하였다. 주희는 "성이란 '진실하고 거짓 없음(眞實無妄)'을 말하는 것으로서, 천리의 본래 그러한 것이다"(『중용장구』20)라고 하였다.

요컨대 성(誠)은 '거짓됨이 없이 정성을 다하여 말을 이룩하는 것'으로서, 수기를 위한 마음가짐이면서, 또한 모든 행실의 바탕이 된다는 것이다.

2. 수기의 마음으로서의 성

1) 자사의 성

자사는 하늘 곧 자연은 성실함(誠)의 도를 가지고 있다고 하였다(『중용』20). 즉 자연은 성실하게 운행되고 있다는 것이다. 이러한 성실함은 자연이 그 자신을 유지할 수 있는 근거가 되는 것이며, 우주 만물이 생성 발전하는 원동력이라는 것이다(26). 따라서 "성실함은 모든 사물의 처음이요, 끝이다. 성실함이 없으면 아무 것도 이루어낼 수 없다"(25)고 하였으며, "성실하면 힘쓰지 아니하여도 중(中)에 이르고, 생각하지 아니하고도 터득하여 저절로 도에 들어맞게 된다"(20)고 하였다.

그는 성실한 사람만이 자기를 완성하고(成己, 修身), 사람을 다스리고, 사물을 완성할 수 있다(成物 ; 治人보다 넓음)고 하였다. 즉 "오직 천하의 지극히 성실한 사람만이 자기의 성(性)을 다 발휘할 수 있다. 자기의 성을 다 발휘할 수 있으면 남의 성을 다 발휘하게 할 수 있고, 남의 성을 다 발휘하게 할 수 있으면 만물의 성을 다 발휘하게 할 수 있으며, 만물의 성을 다 발휘하게 할 수 있으면 만물을 변화시키고 육성하는 일을 돕게 될 것이다"(22)라고 하였다.

2) 맹자 이후의 성

이러한 성(誠)의 사상은 그 후 유학자들에 계승되었다. 맹자는 성실함을 천도라고 하고, 성실함을 다하면 무엇이나 움직일 수 있다고 하였다. 즉 그는 "성실함은 하늘의 도라고 하고, 성실하고자 하는 것은 사람의 도라고 하는 것이다. 성실함을 다하면 무엇이나 움직일 수 있고, 성실하지 못하면 아무것도 움직일 수 없다"(이루상)고 하였다.

주돈이는 성실함을 우주 만물의 본체라고 하고, 인간의 본성이라고도 하였다(『통서』성). 그리고 "성실함은 성인됨의 근본이 되는 것이다"(상동)라고 하였으며, "성실함은 오상(仁義禮智信)의 근본이 되는 것이다"(상동)라고 하였다.

장재는 성실함을 다하면 성인의 경지에 이를 수 있다고 하였다. 즉 그는 "사람이 성실함을 다하면 그 본성을 회복하여 신의 경지에 이를 수 있다"(『정몽』건칭)고 하였으며, "성실함을 다하면 성인의 경지에 오르고, 하늘의 덕(天德)에 이르게 된다"(『역설』건괘)고 하였다.

주희는 "성의(誠意)는 수기의 첫머리이다"(『대학장구』전6)라고 하고, '성실함(誠)은 천리의 실체로서 털끝만큼의 거짓도 없는 것'이라고 하였으며(『주자어류』64), 그것은 '진실하고 거짓 없음'을 뜻하는 것으로서, '천리의 본래 그러한 것'이라고 하였다(전술). 그리고 성실함은 하늘이 모든 만물에 부여하여 준 것이라 하고, 성인이 되려면 성실함을 다해야 한다고 하였다. 즉 그는 "성실함은 하늘로부터 만물이 부여받은 올바른 리로서 모든 사람이 가지고 있는 것이다. 성인이 성인되는 까닭은 그 스스로 이것을 온전히 행하기 때문이다"(『통서주』)라고 하였다.

왕수인은 성의(誠意), 곧 뜻을 성실하게 해야 미발지중의 덕성인 인(仁=良志)에 이를 수 있다고 하였다. 즉 그는 "뜻을 성실하게 한다는 것은 천리를 따르는 것이다. … 이것을 알면 미발지중의 덕성을 알게 될 것이다"(『왕문성공전서』1)라고 하였다. 그리고 그는 성의란 스스로를 속이지 않는 것을 의미한다고 하였다. 즉 "자신을 속이지 않고자 노력한 후에라야 성의를 다했다고 할 수 있다"(2)고 하였다.

제4절 극기와 복례

1. 존심과 양성

1) 인(仁)의 덕을 닦음

공자는 사람이 선천적으로 타고난 인을 두텁게 간직하고, 그것을 실천한다면 군자가 될 수 있다고 하였다. 그리고 그러한 군자가 되기 위해서는 극기·복례의 수기를 해야 한다고 하였다. 즉 그는 "자기를 이기고 예로 돌아가면 인에 이를 수 있다"(『논어』안연)고 하였다.[41] 이 극기복례위인(克己復禮爲仁)의 극기는 내적으로 자기의 욕망(私欲, 人心)을 제어하는 것이고, 복례는 외적으로 보편타당한 도리(道理, 天理)를 따르는 것이다.[42] 위인(爲仁)은 인에 이를 수 있다는 것이다. 극기를 통하여 자신의 마음을 다잡고, 복례를 통해서 행위를 절제함으로써 인에 이르게 되고, 그리하여 군자가 될 수 있다는 것이다.

그는 극기의 측면에서 "내가 인에 이르고자 간절히 원하기만 하면 곧바로 인에 이를 수 있다"(술이)고 하고, "나에게 불선함이 있는 것을 알고도 그것을 고치지 못하는 것, 이것이 나의 걱정거리이다"(술이)라고 하였다.

그는 또 복례의 측면에서 "예가 아니면 말하지도 말고, 예가 아니면 듣지도 말고, 예가 아니면 행하지도 말라!"(안연)고 하였으며,

---

41 주희는 克己復禮를 仁이라고도, 仁의 공부라고도 하였다. — 『어류』41.

42 송복은 克己는 내면적인 수기요, 復禮는 외면적인 수기라 하고, 禮도 배우고 익히고 거기에 몸과 마음을 적응하는 습득과정을 밟는 것이라고 하였다. — 송복, 『동양적 가치란 무엇인가』 236면 이하.

"(知와 不欲과 勇과 藝를 갖추고) 그 위에 예(禮)와 악(樂)으로써 문채(文彩 ; 화려함)를 발하게 한다면 또한 완성된 사람이라 할 수 있을 것이다"(헌문)라고 하였다.

2) 명덕을 밝힘

증자는 사람이 명덕(明德-仁)을 간직하고 태어난 것으로 보고, 『대학』의 첫 머리에서 '명덕을 밝혀야 한다(明明德)'고 하였다. 그리고 명덕을 밝히기 위해서는 '사물의 이치를 탐구하고(格物), 앎에 이르고(致知), 뜻을 성실하게 하고(誠意), 마음을 바르게 하고(正心), 자신을 닦아야 한다(修身)고 하였다(『대학』경).

명덕을 밝혀야 한다는 것은 원래 모든 사람이 선천적으로 명덕을 간직하고 태어났으나, 후천적인 습성이나 욕망으로 말미암아 본래의 명덕이 흐려진 것으로 보았기 때문이다. 그래서 그 흐려진 명덕을 밝히려면, 곧 수기를 하려면 격물·치지·성의·정심을 해야 한다고 하였다.

격물이란 사물의 리를 탐구한다는 것이요, 치지는 사물의 리를 아는 것이다. 대체로 격물은 사물의 리를 탐구하여 천도를 알고자 하는 것이요, 치지는 그것을 바탕으로 하여 마음으로 인도를 알고자 하는 것이다.

성의는 뜻(意 ; 마음을 촉발)을 성실하게 하는 것이다. 그는 "그 뜻을 성실하게 한다는 것은 스스로를 속이지 않는 것이다. … 그러므로 군자는 반드시 그 홀로 있을 때에 더욱 삼가는 것이다"(전 6)라고 하였다.

정심은 마음을 바르게 하는 것이다. 그는 "수신이 '그 마음을 바르게 하는 데 있다'고 한 것은 마음에 분노가 있으면 바름을 얻을 수 없고, … 즐거움이 있으면 그 바름을 얻을 수 없다는 것을 말한다"(전 7)고 하였다.

3) 존덕성과 도문학

자사는 하늘이 부여해 준 것을 성(性)이라 하고, 성을 따르는 것을 도(道)라 하고, 도를 닦는 것을 교(敎)라고 하였다(『중용』1). 이것은 인간의 본성, 곧 미발지중(未發之中)의 덕성은 원래 하늘이 부여해 준 것으로서 선하지만, 육신의 욕구로 말미암아 지나치거나(過) 미치지 못하여(不及) 사람이 악하게 될 수 있으므로 수기가 필요하다는 것이다.

그는 수기의 방법으로 덕성을 높이는 일(尊德性)과 도를 묻고 배우는 일(道問學)을 들었다(27). 존덕성은 덕성을 돈독하게 하자는 것이요, 도문학은 지적인 노력을 통하여 덕성을 파악하고 예를 알자는 것이다.

존덕성의 방법으로는 덕성을 '광대함에 이르도록 하고(致廣大), 고명함을 지극하게 하고(極高明), 옛것을 익히고(溫故), 후함을 두텁게 하는 것(敦厚)'을 들었다.[43] 도문학의 방법으로는 '정미함을 다하고(盡精微=博學, 審問, 審問, 愼思, 明辨, 篤行), 중용을 따르며(道中庸), 새로운 것을 알도록 하고(知新), 예를 높이 받들어야 한다(崇禮)'고 하였다.[44]

4) 과욕과 양기

맹자는 사람의 본성은 선하므로 누구나 성인·군자가 될 수 있다고 하였다. 즉 그는 "사람은 누구나 요·순같은 성인이 될 수 있다"(『맹자』고자하)고 하였다. 그런데 욕망으로 말미암아 본성을 잃어버려서 악하게 되는 것이므로 그 타고난 본성을 보존하고 길러야 한다고 하였다. 즉 존심(存心) 양성(養性)이 필요하다고 하였다.

그는 "대인은 그 어릴 적의 마음을 잃지 아니하고 그대로 지니고 있는 사람이다"(이루하)라고 하고, "학문의 길은 다른 것이 없다. 자기의 본래의 마음을 다시 찾는 것뿐이다"(고자상)라고 하였다.

---

43 윤천근, 『原始儒學의 새로운 길』 198면 이하.

44 위의 책 201면 이하.

그리고 그는 본래의 마음(본성)을 보존하기 위해서는 욕심을 줄여야 한다(寡欲)고 하였다. 즉 "마음을 닦는 데는 욕심을 줄이는 것보다 더 좋은 것이 없다"(진심하)고 하였다.

그는 양성 곧 성을 기르기 위해서는 기(氣-氣像, 活力)를 길러야 한다(養氣)고 하였으며, 기를 기르기 위해서는 뜻(志)을 한결같이 해야 한다고 하였다. 즉 "대체로 뜻은 기의 통솔자이며, 기는 몸에 충만한 것이다. 뜻이 지극하면 기는 따라 오는 것이다"(공손추상)라고 하였으며, "뜻을 한결같이 하면 기를 움직일 수 있고, 기를 한결같이 하면 뜻을 움직일 수 있다"(상동)고 하였다. 뜻과 기는 서로 간에 영향을 준다는 것이다. 그러므로 기 곧 호연지기(浩然之氣)를 길러야 한다고 하였다.

5) 거경

유교는 사람의 본래의 마음에는 인이 갖추어져 있어서 사람의 본성이 선하지만, 그 욕망으로 말미암아 불선하게 되는 것이므로 그 욕망을 일어나지 않도록 해야 한다는 것이다.

주돈이는 사람의 본성은 지극히 선하지만(『통서』성), 욕망으로 말미암아 악하게 되는 것이므로 주정(主靜), 곧 마음을 고요하게 하지 않으면 안 된다고 하였다. 즉 그는 "욕망이 없으면 (마음이) 고요하여 텅 비워지게 되고, 움직여서 곧게 된다"(성학)고 하고, 욕망이 일어나지 않도록 마음을 고요하게 하면 성인이 될 수 있다고 하였다(상동).

정이는 "정(靜)이라는 말은 불교의 말(坐禪)이 되므로 정 대신에 경(敬)을 쓰게 된 것이다"(『이정전서』8)라고 하여 용경(用敬)을 말하였는데, 주희는 이를 받아들여 '정을 경으로 보아도 무방하다'고 하고, 수기의 방법으로 거경(居敬)을 내세웠다(『주자어류』94).[45]

---

45 경(敬)은 사람이 자기 자신의 행위를 반성하고, 마음을 가다듬을 때의 심리상태로서 공경하고, 삼가고, 두려워하고, 경계함을 뜻하는 것이라 할 수 있다.

일찍이 공자는 "(군자는) 경으로써 자기 자신을 닦는다"(『논어』헌문)고 하여 수기와 관련하여 경을 말하였으며, 정호는 천지만물일체의 인(仁)을 체득하여 천인합일의 경지에 이르는 것이 수기의 궁극적 목표라고 하고, 거기에 이르기 위해서는 성(誠)과 경(敬)이 필요하다고 하였다(『명도문집』2).

정이는 사욕으로 말미암아 흐려진 본연의 성을 회복하려면 경(用敬)과 궁리(窮理)가 필요하다고 하였으며(『이정유서』18), 전자를 중시하여 말하기를 "경이란 '마음을 한결같이 하는 것'을 말한다"(15)고 하고, "마음을 한결같이 하면 동쪽으로도 가지 아니하고, 서쪽으로도 가지 아니한다. 이와 같이 되면 곧 중(中)에 이르게 된다"(상동)고 하였다. '마음을 한결같이 하는 것'은 '마음이 흐트러짐이 없도록 한다'는 것이요, 그것은 바깥 사물에 끌리지 않도록 하려는 것이다.

주희는 수기의 방법으로 거경(居敬)과 궁리(窮理)를 말하였다. 즉 그는 "학자의 공부는 오직 거경과 궁리에 있다"(『주자어류』9)고 하였다. 그리고 그는 먼저 궁리, 곧 격물과 치지를 통해서 천도와 인도를 알아야 한다고 하고(전술), 경(敬)으로써 미발지중의 덕성을 보존해야 한다고 하였다. 특히 그는 경을 중시하여 "경의 공부는 성인이 되는 길로 들어가는 문(聖門)으로서 가장 중요한 것이다. 그러므로 처음부터 끝까지 한시도 그것을 중단해서는 안 된다"(『주자어류』12)고 하였으며, "경을 잃지 않으면 치우치지도 않고 기울어지지도 않게 된다. 이것이 중이다"(96)라고 하였다.

6) 양지에 이름

왕수인은 모든 사람이 인(仁), 곧 양지(良知), 혹은 명덕(明德)을 가지고 있어서 선하지만, 사람에 따라서는 그것이 사욕에 가리어져서 악을 행하게 되기도 하는 것이라고 하였다(『왕문성공전서』2). 따라서 그는 "대인(大人)이 되려고 하는 사람은 오로지 사욕에 가리어진 것을 제거하고, 스스로 그 명덕을 밝혀서 천지만물일체의 본연을 회복해야 한다"(26)고 하였다.

그는 격물은 마음의 리인 양지를 알아서 마음을 바르게 하는 것(正心)에 지나지 않는다고 하였다. 즉 "(격물은) 그 옳지 못한 것을 바르게 하여 바른 데로 돌아가게 하는 것을 말한다.(상동)라고 하였다. 그는 또 치지를 '양지에 이르는 것(致良知)'이라 하였다. 즉 "(치지는) 내 마음의 양지에 이르는 것을 말한다"(34)고 하였다.

그는 성의나 정심이나 수신이 모두 격물·치지와 같은 것이라고 하였다(26). 그리고 그것들은 모두 양지에 이르는 것에 불과하다고 하였다. 그는 또 양지에 이르게 되면 제가·치국·평천하를 이룩할 수 있다고 하였다. 즉 "마음을 다 발휘하면 가정이 가지런하게 되고, 나라가 다스려지고, 천하가 평화롭게 된다"(7)고 하였다.

2. 교화와 교도

1) 스승의 교화와 예악의 교도

순자는 사람은 본성이 악하지만 수기를 통하여 그것을 개조하여 나가면 성인이 될 수 있다고 하였다. 즉 그는 "인위(人爲)가 없으면 성은 저절로 좋아질 수 없다"(『순자』예론)고 하고, "그러므로 성인이란 사람이 스스로 쌓아올려서 된 것이다"(상동)라고 하였다.

그는 수기의 방법으로 교화(敎化)와 교도(敎導)를 들었다. 즉 "스승과 법도에 의한 교화와 예의의 가르침을 통한 교도가 있어야 사양하게 되고, 아름다운 꾸밈(文理-禮)을 갖추게 되어 다스려질 것이다"(성악)라고 하였다.

그는 특히 예가 사람의 감정을 순화시켜주고, 정화시켜주는 꾸밈(文飾)의 기능을 가지고 있다고 하였다. 즉 "대체로 예라는 것은 산 사람을 섬길 때에는 기쁜 마음을 꾸미는 것이요, 죽은 사람을 보낼 때에는 애통한 마음을 꾸미는 것이요, 제사를 지낼 때에는 공경하는 마음을 꾸미는 것이다"(상동)라고 하였다. 그는 예 곧 의식(儀式)은 합리적인 꾸밈을 통해서 사람의 마음을 순화하고 감정을 조절하는 데 그 목적이 있는 것이라고 하였다.

그는 또 음악도 예와 마찬가지로 사람의 감정과 욕망을 순화시켜주는 힘을 가지고 있다고 하였다. 즉 "그 소리는 충분히 즐거우면서 음란한 데로 흐르지 않게 하고, … (음절과 곡조는) 간사한 기운이 접근할 수 없도록 해야 한다"(상동)고 하였으며, "옛날 임금들이 혼란을 싫어하여 아(雅)와 송(頌)의 노래를 지어서 이끌어 주셨다"(상동)고 하였다. 그는 또 음악은 군신 상하가 함께 들으면 화기애애하면서도 서로 공경하는 마음을 갖게 되고, 집안에서 부자와 형제가 함께 들으면 화목하고 사랑하지 않을 수 없게 된다고 하였다(상동).

2) 스승의 교화

왕충은 상품의 선한 사람이나 하품의 악한 사람은 그 성품을 변화시킬 수 없지만, 중품의 성을 가진 대다수의 보통사람은 그 성을 변화시킬 수 있다고 하였다. 즉 그는 "사람의 성은 선한 것을 악하게 할 수도 있고, 악한 것을 선하게 할 수도 있다"(『논형』솔성)고 하였다. 이것은 보통사람은 그 성을 교정할 수 있다는 것이다.

그는 환경에 의해서 인성이 바뀌어질 수 있다고 하였다. 즉 임신한 후에 태교의 잘 잘못으로 사람의 성이 선하게 되기도 하고, 악으로 되기도 하며, 좋고 나쁜 환경의 영향으로 말미암아 선하게 되거나 악하게 되기도 한다고 하였으며(명의), "입고 먹는 것이 넉넉하면 사람들이 영욕을 알고, 겸양은 여유가 있을 때에 나오며, 다툼은 넉넉하지 못할 때 일어난다"(『의속절의』치기)고 하였다.

그는 또 교화와 교도를 통하여 사람의 성을 바꿀 수 있다고 하였다. 즉 "악한 사람은 가르쳐서 깨달을 수 있도록 하고, 이끌어서 힘쓰게 하면 선하게 될 수 있다"(『논형』솔성)고 하였으며, "백이의 풍모를 들은 사람들 가운데에는 탐욕스런 사람이 청렴해지기도 하였으며, 나약한 사람이 큰 뜻을 세우기도 하였다. … 단지 그 풍모나 명성만을 듣고도 절개를 바꾸기도 하였는데, 하물며 몸소 몸과 얼굴을 접촉하여 돈독하게 가르친다면 말할 것이 있겠는가!"(상동)라고 하였다.

3) 천덕과 예의 학습

장재는 전술한 바와 같이 사람은 누구나 순수하고 맑은 기를 부여 받았으므로 타고난 기질의 성인 천지의 성은 선하지만, 그 기질의 성이 사람마다 약간씩 달라서 후천적으로 악하게 될 수 있다고 하였다. 즉 사람은 그 기질의 성이 있으므로 욕망에 끌려서 악하게 될 수 있다는 것이다.

그래서 그는 사람이 천지의 성을 보존하기 위해서 학습이 필요하다고 하고, 학습에는 내적인 것과 외적인 것의 두 가지가 있다고 하였다. 즉 "본래의 마음을 보존하는 근본은 오로지 하늘의 덕을 명백하게 아는 데 있다. 하늘의 덕은 텅 빈 마음(虛心)이다"(『정몽』성명)라고 하고, "천지는 '비어 있음'으로써 덕을 삼는다. 지극한 선이란 마음이 텅 비어있는 상태이다"(상동)라고 하여, 하늘의 덕(天德—虛心)을 알고, 마음을 비워서 욕망을 버리라고 하였다.

그리고 그는 "무릇 사람이 그 본성을 발휘하지 못하는 것은 예를 익혀서, 그것을 충실히 간직하지 못하기 때문이다"(『경학이굴』예양)라고 하여, 외적으로는 예를 익혀서 그것을 잘 간직하여 타고난 천지의 성을 보존해야 한다고 하고, 또 천지의 성을 보존하려면 성실하지 않으면 안 된다고 하였다(제3절).

4) 천리에의 합치

왕부지는 만물과 마찬가지로 사람도 기로 말미암아 태어났으므로 사람에게는 천리, 곧 천도가 부여되어 있다고 하였다. 즉 그는 "도를 떠나서 따로 성이 없으며, 성은 바로 도가 깃들어 있는 곳이다"(『주역내전』5)라고 하였다. 그러므로 도에 따라 삶을 이어가는 것이 선이요, 삶을 이어가지 못하게 하는 것이 악이라고 하였다. 그리고 사람의 욕망은 사람이 살아가는 데 있어서 반드시 필요한 것이므로 그것을 추구하는 것은 마땅한 것, 곧 천리라고 하였다. 즉 그는 "사람으로부터 떨어져서 따로 천리가 있는 것이 아니며, 욕망을 떠나서 별도로 천리가 있는 것이 아니다"(『독사서대전설』8)라고 하였다.

그는 사람은 선천적으로 인과 의를 갖추고 있어서 천리, 곧 천도에 합치할 수 있다고 하였다. 즉 "인과 의는 사람이 갖추고 있는 천도이다"(『사문록』내)라고 하고, "사람에게 내재되어 있는 천도가 성(性)이다. 이러한 성이 있으므로 … 사람이 천도에 합치할 수 있는 것이다"(『독사서대전설』3)라고 하였다.

5) 충서와 학습

대진은 욕망(欲)과 감정(情)과 지성(知)을 성의 내용으로 보았으며(전술), 따라서 성 곧 욕망과 감정과 지성의 바름을 잃을 수 있다고 하고, 욕망의 잃음은 사사로움(私), 감정의 잃음은 편벽됨(偏), 지성의 잃음은 가리어짐(蔽)이라고 하였다(『맹자자의소증』하). 그는 또 사사로움은 자신의 욕망만을 채우려고 하는 이기심에서 나오고, 편벽됨은 감정의 치우침으로 말미암아 일어나고, 가리어짐은 감각에 끌려서 인식과 판단을 잘못하게 함으로써 생기는 것이라 하였다.

그는 사사로움이 생기게 되면 간사해지고, 편벽하게 되면 비뚤어지며, 가리어지게 되면 착오를 일으키게 되는 것이므로 이것들을 없애지 않으면 안 된다고 하였다.

그는 또 사사로움을 없애려면 자기의 욕망과 함께 타인의 욕망도 인정해야 한다고 하였다. 즉 "자신의 삶을 성취하고자 하고, 또한 다른 사람의 삶을 성취하도록 하는 것이 인이다"(상)라고 하였으며, "사사로움을 제거하는 데는 충서에 힘쓰는 것보다 더 좋은 것은 없다"(『원선』하)고 하였다.

그리고 그는 이러한 충서는 또한 편벽됨을 제거하는 방법도 된다고 하였다. 즉 인한 마음으로 다른 사람의 욕망을 헤아려서 자신의 욕망을 '지나침이나 모자람이 없는 상태(中)'에 이르도록 하면 사사로움은 물론 편벽됨도 없어지게 된다는 것이다.

그는 또 가리어짐을 제거하기 위해서는 학습이 필요하다고 하였다. 즉 "가리어짐을 제거하는 것으로는 배우는 것보다 더 좋은 것은 없다"(『원선』하)고 하였으며, 학습을 통해서 그 본래의 덕성을 길러서 성현이 된다고 하였다(『맹자자의소증』상).

제5절 군 자 론

1. 군자의 의미

유교는 수기를 통하여 도달할 수 있는 이상적 인간상으로 성인(聖人)·군자(君子)를 말하고 있다.[46] 공자는 "나는 성인을 만나 볼 수 없을지라도 군자라도 만나 볼 수 있다면 좋겠다"(『논어』술이)고 하여, 성인은 인(仁)을 구현하는 완전한 인격자로, 군자는 거기에 이르고자 꾸준히 노력하여 상당한 수준에 도달한 사람으로 구분하였다.[47] 그리고 그는 성인이 되기는 매우 어렵지만, 군자가 되는 것은 누구든지 노력하면 될 수 있다고 하고, 군자에 이르도록 하는 것을 교육, 곧 수기의 목표로 삼았다. 그리고 그는 "사람들이 알아주지 아니하여도 노여워하지 않을 수 있으니, 또한 군자가 아니겠는가?"(『논어』 첫머리)라고 하여, 자신을 군자에 이른 사람이라고 말하기도 하였다.

군자의 군(君)은 일찍이 금문에 쓰였는데, 대체로 왕·윤(尹) 등의 지도자에 대한 존칭으로 쓰였다. 군자라는 말은 경전에도 널리 사용되었는데, 원래는 '임금의 아들'의 의미로 사용하였으나, 그 의미가 확대되어 그리운 임이나 지배 계층을 지칭하는 말로도 쓰였다.[48] 『시경』은 "아리따운 아가씨는 군자의 좋은 짝이로구나!"(주남)라고 하였으며, 『서경』은 "여러 군자(제후)들이여! 그대들은 내 가르

---

46 『논어』에는 '聖人'은 8회, '君子'는 107회 언급되었다.

47 김승혜, 『原始儒敎』 96면.

48 張其昀, 앞의 책 456면.

침을 언제나 잘 들으시오!"(주고)라고 하였다. 그리고 "군자는 안일하게 지내지 않는다"(무일)라고 하였다.

이들과는 달리 『주역』은 군자를 도덕적 인격자의 의미로 쓰고 있다. 즉 "군자는 경(敬)으로써 안을 곧게 하고, 의(義)로써 밖을 방정하게 한다"(문언전)고 하였으며, "군자는 인이 몸에 배어있다"(상동)고 하였다. 그리고 "군자는 덕을 쌓고 업(業)을 닦아나간다"(상동)고 하였다.

공자는 신분을 지칭하는 뜻으로 군자라는 말을 사용하기도 하였으나(『논어』향당, 양화 등), 대체로 후술하는 바와 같이 군자를 도덕적 인격자의 의미로 사용하였다.

2. 군자의 덕

공자는 군자가 되기 위해서는 무엇보다도 조화로운 인격(성품)을 갖추어야 한다고 하였다. 즉 그는 "바탕(質)이 꾸밈(文)보다 두드러지면 야(野)하게 되고, 꾸밈이 바탕보다 두드러지면 번지르르하기만 할 것이다. 그러므로 꾸밈과 바탕이 잘 배합된 연후라야 군자라고 말할 수 있는 것이다"(『논어』옹야)라고 하였다. 군자는 바탕과 꾸밈, 곧 내용과 형식의 조화를 이루어야 한다(文質彬彬)는 것이다.

그는 인(仁)을 군자가 갖추어야 할 근본적인 덕이라 하여, "군자가 인에서 떠나 있다면 어떻게 그 이름을 이룰 수 있겠는가?"(이인) "지사(志士)와 인인(仁人)은 살기 위해서 인을 해치는 일이 없고, 자신을 희생해서 인을 이룩하는 일은 있다"(위령공)고 하였다.

그는 인의 내용으로 인함·지혜·용기·겸손함 등을 들었다. 즉 "군자의 도가 세 가지가 있다. … 인한 사람(仁者)은 근심하지 아니하고, 지혜로운 사람(智者)은 미혹하지 아니하고, 용기 있는 사람(勇者)은 두려워하지 아니한다"(헌문)고 하였다.

3. 군자와 소인

공자는 군자로서 간직해야 할 덕, 혹은 인품을 소인(小人)과 비교하여 언급하였다. "군자는 덕을 생각하고, 소인은 살 곳(土)을 생각한다."(『논어』이인) "군자는 의로움(義)에 민감하고, 소인은 잇속(利)에 민감하다."(상동) "군자는 사람들과 화합하지만 부화뇌동하지 아니하며, 소인은 부화뇌동하지만 화합을 이루지 못한다."(자로) "군자는 태연하되 교만하지 아니하고, 소인은 교만하고 태연하지 못하다."(상동) "군자는 남의 아름다운 면을 이룩하도록 도우며 남의 추한 면을 버리도록 돕는다. 그러나 소인은 이와 반대로 한다."(안연) "군자는 두루 마음을 쓰고 편당을 짓지 아니하지만, 소인은 편당을 짓고, 두루 마음을 쓰지 아니한다."(위정) "(허물에 대하여) 군자는 자신을 반성하지만, 소인은 남에게 그 원인을 찾는다."(위령공)

그는 군자가 추구하는 것은 물질적인 것이 아니라 정신적인 것이라고 하였다. "먹는데 배부르기를 구하지 아니하고, 거처하는 데 편안하기를 구하지 아니한다."(학이) "거친 밥을 먹고 맹물을 마시며 팔을 굽혀서 베개로 삼고 사는 가운데에도 또한 즐거움은 있는 것이다. 의롭지 못한 부귀를 얻는 것은 나에게는 뜬 구름일 뿐이다."(술이) "인하지 못한 사람은 곤궁함을 오래 견디지 못하고, 즐거움을 오래도록 누리지 못한다."(이인) "군자는 도가 행해지지 못함을 걱정할지언정, 가난함을 걱정하지는 않는다."(위령공)

그리고 그는 "(나는) 도에 뜻을 두고, 덕을 굳게 지키며, 인(仁)에서 떠나지 아니하고, 예(藝 – 六藝) 속에서 노닌다"(술이)고 하여 최고의 즐거움의 경지에 이른 군자상을 말하기도 하였다.

4. 군자론의 계승

1) 자사는 사람은 누구나 군자가 될 수 있다고 하였으며,[49] 하늘로부터 부여받은 덕성인 인을 간직하고, 발휘한 사람을 군자라 하였다.

그는 군자의 도는 매우 평이하여 어리석은 부부도 그것을 알 수 있고, 불초(不肖)한 부부라도 그것을 행할 수 있다고 하였다(12). 그러나 그 지극한 곳에 미쳐서는 성인도 할 수 없는 것이 있다고 하였다.(12)

그는 군자를 다음과 같이 묘사하였다. 즉 앞에서 언급한 바와 같이 "군자는 자신의 처지에 따라 부귀하게 되면 부귀한 대로 행하고, 빈천하게 되면 빈천한 대로 행하며, 환란이 닥치면 거기에 맞게 행한다"고 하였으며, "군자는 화합하되 휩쓸리지 않는다. … 중을 잡고 서서 한편으로 치우치지 아니한다"(10)고 하고, "나라에 도가 있을 때에는 어려웠던 때의 뜻을 바꾸지 아니하고, 나라에 도가 없을 때에는 죽음에 이르러도 지조를 바꾸지 아니한다"(10)고 하였다.

2) 맹자는 성인과 군자를 구분하지 않고 사용하였으며, 인자(仁者) 혹은 대인(大人) 또는 대장부(大丈夫)라는 말도 즐겨 사용하였다. 그리고 그는 성인·군자를 도덕적 인격을 갖춘 사람이라고 하고, 누구나 성인·군자가 될 수 있다고 하였다. 즉 '사람은 누구나 요·순 같은 성인이 될 수 있다'고 하고(『맹자』고자하), 어떤 제자가 '어떤 사람은 대인이 되고, 어떤 사람은 소인이 되느냐'고 묻자, 그는 "마음을 따르는 사람은 대인이 되고, 감각을 따르는 사람은 소인이 된다"(고자상)고 하였다.

그는 성인·군자의 모습을 다음과 같이 그렸다.

---

49 뚜 웨이밍, 정용환 옮김 『뚜 웨이밍의 유학 강의』 265면.

“스스로 돌이켜 보아서 의롭지 못하다고 생각되면 비록 허름한 옷을 입은 미천한 사람 앞에서도 우리는 두려워하지 않을 수 없으나, 스스로 생각해서 의롭기만 하면 천만 명의 사람과 대적할지라도 나는 당당히 나아갈 수 있다.”(공손추상)

“그리하여 부귀로도 이 사람의 마음을 어지럽히지 못하고, 빈천으로도 이 사람의 지조를 바꾸지 못하며, 위엄과 무력으로도 이 사람의 뜻을 꺾지 못한다.”(등문공하)

제6장

윤 리 론

제1절 서 설

1. 윤리와 예의 의의

유교는 인간을 사회를 떠나서는 살 수 없는 존재로 보았다. 즉 공자는 "내가 사람들과 더불어 살지 아니하고 누구와 더불어 살겠느냐?"(『논어』미자)라고 하였으며, 그리고 순자는 인간을 혼자 살 수 없는 사회적 동물이라고 하였다(『순자』왕제).

이리하여 유교는 사람이 사람과 더불어 '어떻게 살 것인가?'하는 문제(윤리)를 매우 중시하여 왔으며, 결국 사람이 사람들과 어우러져서 화목하고 안락하게 살 수 있는 사회인 평천하의 대동사회(大同社會)라는 유교의 이상사회를 만들기 위한 보편타당한 윤리체계(禮)를 수립하였다. 즉 공자는 "아침에 도를 들어서 알게 된다면 저녁에 죽어도 여한이 없겠다"고 하면서 진지하게 탐구하여 그 도(人道)를 제시하였는데, 그 후의 유학자들이 이를 토대로 하여 합리적이고 체계적인 윤리론, 곧 예론(禮論 혹은 禮學)을 수립하였다.

윤리(倫理)의 윤은 무리(類)를 뜻하고, 리는 도리(道)를 뜻한다.[50] 그러므로 윤리란 사람이 이 세상에서 다른 사람들과 더불어 화목하고 안락하게 살아가기 위하여 지켜야 할 바람직한 도리라고 할 수 있다. 유교에서는 그것을 흔히 예라고 말한다.[51]

---

50 『설문해자』

51 윤리의 어원이 되는 그리스어 ethos나 도덕을 가리키는 라틴어 mores는 거의 같은 뜻을 가지고 있으며, 윤리학을 도덕철학이라고도 한다. 테일러(Paul Tayler)는 "윤리학은 도덕의 본질과 근거에 대한 철학적 탐구라고 할 수 있다"(김영진 옮김

예(禮) 자는 일찍이 갑골문에 쓰였으며,[52] 『예기』와 『좌전』에도 많이 쓰였다. 『예기』는 "예란 인정(人情)에 근거하여 그것을 절문(節[나눔], 文[꾸밈])한 것이다"(방기)라고 하였으며, 『좌전』은 "예는 하늘의 법도(經)이며, 땅의 의리(義)이며, 사람의 행동규범(行)이다"(소공)라고 하였다.

순자는 "예는 사람으로서 마땅히 지켜야 할 법도의 근본이다"(『순자』권학)라고 하였으며, 주희는 "예란 천리의 절문(節文)이요, 사람이 마땅히 행해야 할 규범(儀則)이다"(『논어집주』학이)라고 하였다.

고대 중국인들은 신이 인간의 길흉과 화복을 주관한다고 믿고, 일정한 의식, 곧 예에 따라 천제를 지냈는데, 그 후 제사와 정치가 분리됨으로써 이러한 예는 신에 대한 예와 세속의 예로 분리되고, 세속의 예는 다시 분화되어 통치계급 간에 지켜야 할 행동 준칙과 일반 사람들 사이에 지켜야 할 도덕 준칙의 의미로 발전하였다.

이상과 같이 예는 여러 가지 함의(含意)를 가지고 있었으나, 오늘날에는 대체로 넓은 의미로는 인간으로서 마땅히 실천해야 할 도리인 윤리, 곧 예를 가리키는 말로 사용되고, 좁은 의미로는 예절, 곧 의식이나 일상생활 속에서의 예의의 뜻으로 사용되고 있다.

2. 예교주의

유교는 인간으로서 마땅히 실천해야 할 도리인 예를 사람들이 살아가는 데 없어서는 안 될 필수불가결한 것으로 보고, 그것을 사람들에게 가르쳐서 실천하도록 해야만 화목하고 안락하게 살 수 있

『윤리학의 기본원리』 11면)고 하였다.

52 禮자는 신(示=神)에게 음식을 차려놓고(豊), 제사를 지낸데서 온 것이다. 『예기』는 "예는 理이다"(중니연거)라고 하였다. 『설문해자』는 "禮는 절차를 따라서 행하는 것이며, 신을 섬겨서 복을 얻으려고 하는 것이다"라고 하였다.

는 사회(大同社會)를 이룩할 수 있다고 하였다. 이리하여 유교를 예교주의(禮敎主義)라고 한다.

우선 예는 사람이 살아가는 데 마땅히 있어야 할 매우 중요한 것이라고 하였다. 『예기』는 "예나 음악이 잠시도 몸에서 떠나서는 안 된다"(악기)고 하고, "사람을 가르쳐서 풍속을 바르게 하는 것도 예가 아니면 이루어질 수 없다"(곡례상)고 하였다. 공자는 "예를 알지 못하면 입신(立身)할 수가 없다"(『논어』요왈)고 하였으며, "사람들이 예를 지키면 나라가 안정되고, 예를 지키지 않으면 위태로워진다"(『효경』전)고 하였다.[53] 순자는 "예가 없으면 사람이 살아갈 수가 없고, 예가 없으면 일을 성취할 수가 없고, 예가 없으면 가정이나 나라도 안정될 수가 없다"(『순자』대략)고 하였으며, "학문의 최종 목표는 예를 실천함에 있다"(권학)고 하였다.

예로써 다스리는 것이 법으로 다스리는 것보다 더 낫다고 하였다. 즉 『예기』는 "예는 악한 마음이 일어나지 않도록 하는 것이며, 법은 악행을 행한 후에 처벌하는 것이다"(『대대예기』예찰)라고 하였으며, 공자는 "정령으로 이끌고 형벌로 다스리면 백성들은 법망을 뚫어 형벌을 피하는 것을 수치로 여기지 않는다. 그러나 덕으로 인도하고 예로써 다스린다면 백성들은 수치를 알게 되어 바른 길로 나아갈 것이다"(상동)라고 하였다.

예를 제정하게 된 동기는 다툼과 혼란을 막기 위해서라고 하였다. 순자는 "사람은 나면서부터 욕망이 있다. 바라는 것을 얻지 못하면 그것을 구하려 하고, 구하는 데 있어서 양의 헤아림과 한계가 없으면 다투게 된다. 다투게 되면 사회는 혼란해지고, 혼란해지면 사회는 곤궁해진다. 옛날 성왕이 이러한 혼란을 싫어해서 예를 제정하

---

53 송복은 『논어』 20편 가운데 18편에서 75회나 禮를 말하고 있다고 하였다. — 송복, 『동양적 가치란 무엇인가』 187면.

여 분수를 정하였다"(『순자』예론)고 하였다.

예의 근본원리는 규구(規矩 ; 준칙, 표준)에 있다고 할 수 있다. 즉 예는 그 시대의 합리적 판단(규구)에 의해서 정리 정돈되어 사회적 습속이 된 것이다. 그러나 거기에 다음 시대에 들어맞지 않는 비합리적인 면이 있게 되면 제거되기도 한다. 그리하여 예의 형식이나 절차는 시대에 따라 항상 새롭게 형성되어 가는 것이다. 그래서 『한서』(예락지)는 '왕은 전왕의 예를 토대로 해서, 그 시대에 알맞도록 그것을 첨가하고 삭제해야 한다(隨時適用)'고 하였다.[54]

예의 근본정신은 자신을 낮추고 상대방을 높이는 마음, 곧 공경하는 마음을 갖는 것이라고 할 수 있다. 『예기』는 "대체로 예라는 것은 스스로를 낮추고 남을 높이는 것이다"(곡례상)라고 하였다. 그리고 공자는 '예를 행한다면서 사람을 공경할 줄 모른다면 그런 사람을 무엇으로 평가하겠는가?'(『논어』팔일)라고 하였다.

54 최승호, 『東洋倫理學史』 16~17면.

제2절 윤리의 목표, 화

1. 화(和)의 의미

유교윤리가 지향하는 목표는 화목한 가정을 이룩하고, 더 나아가서 화목하고 평화로운 사회를 구축하여 모든 사람이 함께 어우러져서 화목하고 안락하게 살 수 있는 화(和)의 사회, 곧 평천하의 대동사회를 이룩하는 것이었다. 따라서 화(화합)는 유교윤리의 궁극적 최후의 목표라고 할 수 있다.[55]

화(和) 자는 『시경』과 『서경』 등에서 많이 쓰였다. 즉 『시경』에는 '어울리게 연주하다(和奏)'(소아) '어울리게 울다(和鳴)'(주송)라는 말이 나오고, 『서경』에는 '온 나라를 어우러지게 한다(協和萬邦)'(요전) '신과 인간이 어우러진다(神人以和)'(순전)는 말이 나오는데, 이것들은 '어울리다' '화합하다' '조화를 이루다'라는 의미로 쓴 것이다.[56]

그 후 화(和), 곧 화합, 혹은 어울림을 만물이 생성되는 원동력의 의미로도 사용하였다. 『주역』은 "하늘의 기와 땅의 기가 화합하여 만물을 생성하고 질서를 유지한다"(구괘)고 하였으며, "천지간의 모든 만물이 커다란 조화(大和)를 이루고 있다"(건괘)고 하였다. 그리고 『국어』는 "무릇 화(和)는 만물을 낳는 실질이다. … 그로 말미암아 만물이 풍성하게 자라서 결실을 맺는다"(상동)고 하였다.

---

55 『설문해자』는 "和는 '서로 호응하다(應)'는 뜻이다"라고 하였다.

56 백도근, 『선진유학과 주자철학』 16면.

2. 화의 사상

유교는 화(和), 곧 조화 또는 화합을 이룩하는 것을 예의 목표로 삼았다. 공자는 '군자는 사람들과 화합을 이루며 살아가지만 부화뇌동하지 아니한다'(『논어』자로)고 하였다. 그리고 유자는 "예의 쓰임(用)에 있어서는 화합(和)을 귀하게 여긴다"(학이)고 하였다.

자사는 '중은 천하의 큰 근본이요, 화는 천하에 달성되어야 할 도'라고 하고, 중과 화를 이룩하면 천지가 제자리를 잡고, 만물이 잘 자라게 된다고 하였다(『중용』1). 그리고 만물이 어우러져서 자라기 때문에 서로 해침이 없다고 하였다(30).

맹자는 '군주는 덕을 베풀고 백성들이 화합하도록 해야 나라를 부강하게 할 수 있다'고 하고, "천시(天時)는 땅의 이로움(地利)만 못하고, 땅의 이로움은 사람들의 화합(人和)만 못하다"(공손추하)고 하였다.

순자는 화합(和)을 이루는 가운데 만물이 생성된다고 하였으며, 모든 백성들이 화합을 이루어야만 천하가 태평성대를 이룰 수 있다고 하였다. 즉 그는 "모든 사물이 각기 그 화합을 이루어 생성되고, 각기 길러져서 생명이 완성된다"(『순자』천론)고 하였으며, "천하 만민의 화합으로 말미암아 문왕과 무왕이 위업을 달성하게 되었다"(유효)고 하였다.

장재는 '기는 어울림, 곧 감응하는 성질을 가지고 있다'고 하였다. 그리하여 음과 양의 동정·승강·부침으로 인하여, 다시 말하면 모이고 흩어짐, 움직이고 머무름, 올라가고 내려옴 등의 운동을 통하여 화를 이루는 가운데 천차만별의 만물이 생성 소멸한다고 하고, 그것들은 차별이 있는 가운데 커다란 조화(太和)를 이루고 있다고 하였다.[57]

---

57 侯外廬, 박완식 옮김 『송명이학사』(1) 126면.

주희는 만물은 음양·오행이 화합하여 생성된다고 하였다. 즉 그는 "음양·오행이 서로 화합하여 만물을 낳는다"(『주자어류』94)고 하였으며, "주돈이가 말한 '무극의 참된 본체와 음양·오행의 정수가 교묘하게 화합하여 만물이 이루어진다'는 것은 이것을 말한 것이다"(『대학혹문』1)라고 하였다.

3. 대동사회

유교는 화합을 이루는 가운데 생성 발전하는 자연, 곧 만물을 본받아 사람들이 어우러져서 화목하고 안락하게 살아갈 수 있는 화목한 가정을 이루고, 궁극적으로는 평천하의 대동사회를 이룩하는 것을 그 궁극적 목표로 제시하였다.

"큰 도가 행해지면 천하는 공중을 위한 것이 된다. 현명하고 능력 있는 사람을 추대하고, 신의와 화목의 덕과 도를 가르치고 닦도록 한다. 그리하여 사람들이 오로지 자기 어버이만을 사랑하거나 자기 자식만을 사랑하는 것이 아니라 모든 늙은이들을 안락하게 해주고, 젊은이들이 그 능력을 발휘할 수 있도록 하며, 어린이들을 길러주고, 홀아비·과부·고아·자식 없는 늙은이·병든 사람 할 것 없이 모두 보살펴 준다. 그리고 남자는 직분을 얻어서 일하고, 여자는 가정으로 들어간다. … 자기의 온갖 노력을 아끼지 아니 하되 자신을 위해서만 노력하지 않는다. 따라서 모략이나 술수와 같은 것이 없어지고, 도둑이나 난적이 생기지 아니하며, 바깥문을 잠그지 아니하고도 편안하게 살 수 있게 된다. 이러한 세계를 대동(大同)이라 한다."(『예기』예운)

이것은 ① 천하는 공중을 위한 것이 되고, ② 현명하고 능력 있는 인사를 등용하며, ③ 신의와 화목의 덕과 도를 가르치고, ④ 젊은이들은 그 능력을 발휘할 수 있도록 하고, ⑤ 고아나 늙은이나 병든 사람이나 불구자 등을 돌보아 주며, ⑥ 남녀가 각자의 본분을 다하도록 하고, ⑦ 재화나 능력은 공익적 차원에서 사용하며, ⑧ 모략이나 술수, 도적이나 난적이 없게 된다는 것이다.[58] 이것은 인(仁)이 구현된 화(和)의 사회의 이상이다.

58 김승현, 「21세기 동양철학의 화두」. 2000년 범한철학회 발표문.

제3절 유교윤리의 특성

1. 선(善)의 구현

대체로 유교윤리의 중요한 특성으로는 ① 선의 구현, ② 자율적 윤리, ③ 가족주의 윤리를 들 수 있다.

유교는 사람이 마땅히 행해야 할 도리로서, 곧 윤리 도덕의 구심점이 되는 것으로서 선(善)을 내세우고 있다. 유교의 궁극적 목표를 제시하고 있는 『대학』에서, 증자는 "대인의 학문의 길은 명덕을 밝히고, 백성을 새롭게 하고, 그리하여 지극한 선의 경지에 이르게 하는 데 있다"(1장)고 하였다. '지극한 선(至善)의 경지에 이르는 것'이 유교의 최종 목표라는 것이다.

선(善) 자는 경전에 많이 쓰였다. 『시경』은 "여자는 근심과 걱정이 많다(女子善懷)"(용풍)고 하여, 선을 '많다'는 뜻으로 사용하였으며, 『서경』은 "하늘의 도는 선(善)한 사람에게는 복을 내려준다"(탕고)고 하여 '착하다'는 뜻으로 사용하였다. 그리고 『예기』는 "잘 깨우친다고 할 수 있다(可謂善喻矣)"(학기)고 하여 '잘한다'는 뜻으로 사용하였다.[59]

그런데 『주역』은 "'한 번은 음이 융성하고 한 번은 양이 융성하는 것'을 일컬어서 도라고 한다. 그것을 이어가는 것을 선이라고 한다"(계사상)고 하였다. 여기서 '한 번은 음이 융성하고, 한 번은 양이

---

59 『설문해자』는 "善은 좋다(吉)는 뜻이다. … 義와 美와 같은 뜻이다"고 하였다. 선은 '좋은 것'을 뜻하지만, 도덕적인 의미에서는 그러한 의지나 행위를 가리킨다.

융성하는 것' 즉 일음일양(一陰一陽)하는 것은 자연의 이법을 말한 것이요, 이러한 자연의 이법에 따라 만물이 생성되는데, 그 생성이 지속되도록 하는 것이 바로 선이라는 것이다.

공자는 "선을 보면 그것에 미치지 못할 가를 생각하여 좇으며, 불선을 보면 끓는 물이 손에 닿을 것처럼 물러나는 사람을 보았다"(『논어』계씨)고 하여, 선을 말하였다. 그러나 선이 무엇인가에 대하여는 언급이 없다. 그런데 전술한 바와 같이 인을 행하는 사람을 군자라고 말한 것으로 보아, 그가 인을 행하는 것을 선으로 규정한 것이 분명하다.

자사는 희노애락의 감정이 발하기 이전의 미발지중(未發之中)의 덕성으로서의 인(仁)을 발휘하는 것을 선이라 하였다. 즉 "희노애락이 발하기 이전을 중(中)이라 하고, 그것이 발하여 모두 정도에 들어맞는 것(中節)을 화(和)라고 한다. 중은 천하의 큰 근본(大本)이요, 화는 천하에 통용되는 도(達道)라고 한다"(1)고 하였는데, 이것은 감정이 발하기 이전의 중, 또는 중용, 혹은 시중(時中)이 선이라는 것이다. 여기의 중 또는 중용은 균형과 조화를 이루는 것으로서, 시간과 장소 등의 모든 상황에 들어맞음을 의미한다.[60]

맹자는 "하고자 할 만한 것이 선이다"(『맹자』진심하)라고 하였는데, 여기서 '하고자 할 만한 것'이란 바람직한 방향에서 할 만한 것, 곧 '순수 의욕'을 뜻하는 것이라 할 수 있다. 즉 죽기를 싫어하고 살기를 원하는 '하고자 함'을 조건 없는 '순수 의욕'이라 할 수 있고, 그것이 바로 선이라는 것이다.[61]

순자는 "옛날부터 오늘에 이르기까지 세상 사람들이 말하는 선이라고 하는 것은 '도리에 들어맞도록 공정하게 행하는 것(正理平治)'

---

60 윤사순 외, 『현대사회와 전통윤리』 93면.

61 위의 책 93면.

을 말하고, 악이라고 하는 것은 '편벽하고, 음험하고, 도리에 어긋나고, 어지럽게 하는 것(偏險悖亂)'을 말한다"(『순자』성악)고 하였다. 도리에 들어맞고 공정한 것, 곧 보편타당한 도리를 선이라 하고, 그렇지 못한 것을 악이라고 한 것이다.

정이는 '정도에 들어맞음'을 선이라고 하였다. 즉 그는 "성은 곧 리이며, 이른바 리는 곧 성이다. … 희노애락의 감정이 일어나기 이전이야 어찌 선하지 않겠는가! 일어나서 정도에 들어맞으면 어디로 가더라도 선하지 아니함이 없고, 일어나서 정도에 들어맞지 아니할 때에 불선이 되는 것이다"(『이정유서』22)라고 하였다. '성은 곧 리'이므로 발동하기 이전에는 선이라는 것이다. 그러나 그것이 희노애락의 감정으로 발동하여 드러난 이후에 그것이 정도에 들어맞으면 선하지만, 그렇지 못하면 불선이 된다는 것이다.

결국 선을 판정하는 기준은 미발지중의 덕성으로서의 인(仁)의 덕을 발휘하는 것이요, 좀 더 구체적으로 말하면 오상의 덕을 발휘하고, 오륜의 윤리를 실천하는 것이라 할 수 있다.[62]

2. 자율적 윤리

유교에서는 오상이나 오륜을 비롯한 덕이나 예는 바로 인간의 선한 본성인 인(仁)으로 말미암은 것이라고 한다. 다시 말하면 유교는 인간을 선천적으로 부여받은 덕성에 따라서 스스로 도덕적 행위를 할 수 있는 자율적 주체로 보았다.[63] 이리하여 유교윤리는 신이나 어떤 권위자의 의지에 의해서 강요되는 타율적인 것이 아니라, 개개인의 의지의 명령에 의해서 행해지는 자율적인 윤리가 되는 것이다.

---

62 위의 책 94면.

63 최영진, 『유교사상의 본질과 현재성』 68면.

공자는 인간을 윤리 도덕, 곧 인을 실천하는 주체적 존재로 보았다. 즉 그는 "인에 이르는 것은 나로 말미암은 것이지, 남에게서 말미암은 것이 아니다"(『논어』안연)라고 하였다. 이것은 사람에게는 선천적으로 인의 덕이 구비되어 있다는 것이요, 따라서 그러한 인을 실천하는 것은 '나'로 말미암은 것임을 말한 것이다.

자사는 사람에게는 선천적으로 그 덕성이 부여되어 있다고 하였다. 즉 "하늘이 부여하여 준 것을 일컬어 성이라고 한다. 성을 따르는 것을 일컬어 도라고 한다"(『중용』1)고 하였다. 인간의 덕성은 선천적으로 부여받은 것으로서 개개인에게 구비되어 있는 것이며, 그에 따라 행하는 것이 곧 도덕이라는 것이다. 따라서 개인은 윤리 도덕을 자율적으로 실천하는 주체적 존재가 되는 것이다.

맹자도 전술한 바와 같이 성(본성), 곧 인·의·예·지의 사덕은 모든 사람에게 선천적으로 부여되어 있는 것이라고 하고, 사람은 양지와 양능을 가지고 있으며, 그리하여 어린 아이도 어버이를 사랑할 줄 알고, 성장하여 형을 공대할 줄 안다고 하였다(『맹자』진심상). 인간 곧 개개인은 선천적으로 덕을 행하는 실천 주체라는 것이다.

주희는 사람의 마음에는 인·의·예·지·신의 오상의 덕이 갖추어져 있다고 하고(후술), "사람들은 자기에게 본성(덕성)이 있는 것은 알지만, 그것이 선천적으로 타고난 것임을 알지 못한다"(『중용장구』1)고 하였다. 그리고 "사람이 선을 행하지 못한 까닭은 인·의·예·지의 사단의 재질을 다하지(盡) 못했기 때문이다"(『맹자정의11』)라고 하였으며, "선은 내적인 것이 밖으로 흘러나온 것이다"(『주자어류』61)라고 하였다. 그는 인간을 자기 자신의 본성, 곧 덕성에 따라 윤리 도덕을 실천하는 자율적 존재로 본 것이다.[64]

왕수인은 사람의 마음속에는 순수 지선한 천리로서의 양지가

---

64 위의 책 68면.

갖추어져 있다고 하고, 효나 충과 같은 구체적인 덕목은 이러한 마음에서 비롯된 것이라고 하였다. 즉 그는 '겨울에는 따뜻하게 해드리고, 여름에는 시원하게 해드리며, 밤에는 편안한 잠자리를 마련해 드리고, 아침에는 안부를 살피는 등의 세목들을 강구해야 하지 않겠는가?'라는 질문에 대하여, '그런 것들은 모두 효성스런 마음이 발동하여 드러난 것'이라고 하였다(상동). 주희는 이러한 세목들은 배워서 알아야 바르게 행할 수 있다고 하였으나, 그는 효성스런 마음에서 저절로 우러나오는 것이라고 하였다.

3. 가족주의 윤리

상업을 통하여 부를 축적하고, 가족보다도 개인을 중시하면서 살아온 서양인들과는 달리, 중국인들을 비롯한 동아시아인들은 여러 사람이 협동하여 농사를 지으면서 개인보다 가족을 중시하는 가족주의적인 유교윤리를 만들어 화목하고 안락하게 살아왔다.

농사는 가족의 수가 많을수록 능률적이어서 자녀가 결혼하여도 분가시키지 않고 함께 살았기 때문에 중국이나 우리나라에서는 대가족제도가 발달하였으며,[65] 이리하여 가족, 곧 가정의 구성원들이 화목하고 행복하게 살 수 있는 유교윤리를 만들었던 것이다.

이러한 유교윤리는 먼저 가족 간의 바람직한 관계를 확립하고 나서, 그것을 바탕으로 하여 인정이 넘치는 화목하고 안락한 평천하의 대동사회를 구축하는 것을 궁극적 목표로 하였다. 『주역』은 "부모와 자식, 형과 아우, 남편과 아내가 각기 자신의 도리를 다해야 가

65 당나라 때에는 화목하게 살고 있는 九世同居家가 있어서, 당시 왕이 그 家長인 張公藝를 표창하면서 그 비결을 묻자, 그는 종이에 백여 자의 忍자를 써서 올렸다고 한다. —『舊唐書』 孝友列傳.

정의 법도가 바로 서게 되고, 그렇게 해서 가정이 바르게 되어야 천하가 안정된다”(가인괘)고 하였다. 그러나 내 부모만을 공경하고, 내 자식만을 사랑하는 데 그친다면 이러한 가족주의는 가족 이기주의로 타락하게 되고 말 것이다. 그래서 공자는 인, 곧 효제와 충서를 내세워 소아(小我)에서 대아(大我)로 나아가서, 대동사회를 이룩해야 한다고 하였던 것이다.

이리하여 유교윤리를 흔히 가족주의 윤리라고도 하고, 공동체 지향적인 윤리라고도 한다. — 이것은 개인, 곧 자기 자신의 지락(至樂)이나 극락(極樂)을 중시하는 도가나 불교와 다른 것이다. 그리고 서양철학과 기독교에서 비롯된 개인을 중시하는, 그래서 모든 인간관계를 계약관계로 보는 서양의 개인주의 윤리와도 근본적으로 다른 것이다. 서양인들은 그들의 경전인 ‘새로운 약속’을 의미하는 『신약(新約)』의 명칭에서도 알 수 있듯이 신과 인간의 관계를 일종의 계약관계로 이해하고 있으며, 그리고 직장에서의 사주와 사원의 관계는 물론, 가정에서 부부관계나 부모와 자녀의 관계도 계약관계로 이해하고 살아가고 있다.

제4절 덕과 오상

1. 덕의 의미와 그 변천

유교는 인간의 본성, 곧 미발지중의 덕성 그 자체를 덕이라고도 하고, 또는 그것이 충분히 발휘된 상태(功德)를 덕이라고도 한다.[66] 즉 가까운 사람이 불행에 빠질 때 측은히 여겨서 위로하고 도와주고 싶은 마음이 일어나는데, 그러한 마음을 덕이라고 하기도 하고, 그 마음을 드러내어 사람에게 베풀어주는 것을 덕이라고도 한다. — 따라서 전자는 '인성의 바탕(제3장)'에서 다루고, 후자는 여기에서 다루어야 하겠지만 이를 분리하기가 쉽지 않다.

덕(德, 옛자는 悳) 자는 서주시대 금문에 쓰였으며, 경전에도 쓰였다. 『시경』은 "너의 조상을 생각하고, 그 덕을 잘 닦도록 하라!"(대아)고 하였으며, 『서경』은 "왕께서는 처신을 조심스럽게 하시고, 덕을 공경하지 않으면 안 됩니다"(소고)라고 하고, 『예기』는 "덕은 성(性)의 단서이다"(상동)라고 하였는데, 이것들은 대체로 덕을 사람으로서 갖추어야 할 좋은 품성의 의미로 사용한 것이다.

공자는 여러 곳에서 덕을 말하고 있다. 즉 그는 "하늘이 나에게 덕을 내려 주었는데, 환퇴가 감히 나를 어찌하겠는가!"(『논어』술이)라고 하고, "중용의 덕 됨은 지극하다! 이것을 실천하는 백성이 드물게 된 지가 오래 되었다!"(옹야)라고 하였으며, "덕이 있는 사람은 외

---

66 『예기』는 "悳(德)이란 얻음(得)을 뜻한다"(악기)고 하였으며, 『설문해자』는 "悳이란 밖으로는 남에게서, 안으로는 자기로부터 얻음을 뜻한다"고 하였다.

롭지 않다. 반드시 이웃이 있기 마련이다"(이인)라고 하였다. 그는 대체로 덕을 선천적으로 타고난 좋은 품성의 의미로서 말하기도 하고, 사람이 마땅히 실천해야 할 도리의 뜻으로 말하기도 하였다.

자사는 "하늘로부터 부여받은 것을 성이라 한다"(『중용』1)고 하여 덕과 관련하여 성을 말하였다. 이것은 덕을 만물이 생성될 때에 선천적으로 부여받은 본성, 혹은 성능으로 말한 것이다.

정호는 "(덕은) 사람이 하늘로부터 얻은 것으로서, 텅 비고 신령스럽고 어둡지 않는 것이며, 보편적인 리를 갖추어 만사에 응하는 것이다. 다만 기품에 구애되고 인욕에 가리게 되면 때로는 어두워질 수가 있으나, 그 본체의 밝음은 없어질 수가 없다"(『대학장구』1)고 하여, 덕을 종합적으로 설명하였다.

결국 덕이란 중절, 곧 사욕에 치우침이 없게 하는 행위조절 능력으로서, 좋은 성품을 뜻하는 것이요, 사람에게 베풂을 뜻하는 것이다. 유교는 이러한 덕으로서 가장 근본적인 것으로 인, 혹은 인·의·예·지·신의 오상(五常)을 제시하였다. 이 오상은 맹자가 말한 인·의·예·지의 사덕(四德)에 동중서가 신을 추가한 것이다.[67]

2. 인

1) 인간을 사랑하는 덕으로서의 인

앞에서 언급한 바와 같이 공자는 미발지중의 덕성으로서의 인을 누구나 선천적으로 갖추고 있다고 하였다. 그리고 그것은 대동사회를 이룩하기 위하여 모든 사람이 마땅히 실천해야 할 윤리적 덕목이라고 하였다.

---

67 주돈이는 德의 내용으로 仁(愛)·義(宜)·禮(理)·智(通)·信(守)을 들고, 聖人은 이것을 갖춘 사람이라고 하였다. — 『근사록』1.

공자는 "군자의 도(道-德)에는 세 가지가 있으나, 나는 능한 것이 없다. 인한 사람은 근심하지 아니하고, 지혜 있는 사람은 미혹하지 아니하고, 용기 있는 사람은 두려워하지 아니한다"고 하여, 인(仁)의 덕을 지(知)의 덕이나 용(勇)의 덕과 같은 여러 덕목 가운데 하나라고 하였다. 그런가 하면 그는 또 그 개별적 덕목들을 포괄하는 온전한 덕(全德)으로 말하였다.[68] 즉 그는 "강인하고, 굳세고, 질박하고, 어눌한 것은 인에 가깝다"(『논어』자로)고 하였으며, 공손함·관대함·미더움·민첩함·은혜로움의 다섯 가지의 덕을 행할 수 있다면 인하게 될 수 있다"(양화)고 하였다.

이리하여 그는 인을 윤리 도덕의 최고 이념으로 내세웠다. "군자가 인에서 떠나 있다면 어떻게 그 이름을 이룰 수 있겠는가? 군자는 밥 먹는 사이라도 인에서 떠나는 일이 없고, 어떤 황급한 때라도 반드시 인과 더불어 행동하고, 넘어지는 순간이라도 반드시 인과 더불어 행동한다"(이인)고 하였으며, "(志士와 仁人은) 자신을 희생해서 인을 이룩하는 일은 있다"(위령공)고 하였으며, "인에 당(當)함에 있어서는 스승에게도 양보하지 않는 것이다"(상동)라고 하였다. 인을 윤리적 덕목을 총괄하는 최고 이념으로 말한 것이다.

그는 인(仁)을 '사람을 사랑하는 것'이라 하였으며(안연), 부모 형제에게 효도하고 우애하는 것(孝悌)으로부터 출발하여, 널리 모든 사람을 사랑하고 배려해야(忠恕) 한다고 하였다. 그는 "젊은이들은 들어가서는 효도하고 나가서는 우애하며, 말을 삼가고 믿음 있게 행하며, 널리 사람들을 사랑하되 인한 사람을 가까이 해야 한다"(학이)고 하였다.

그는 효제와 함께 충서를 강조하였다. 그가 '나의 도는 하나로

---

68 陳大齊, 안종수 옮김 『공자의 학설』 173면.
주희는 仁을 '本心之全德'이라 하였다. — 『논어집주』 안연.

관통되어 있다'고 하자, 증자가 '그렇습니다'하고 대답하였는데, 공자가 밖으로 나가자, 문인들이 그것이 무슨 말이냐고 물었다. 이에 증자는 "선생님의 도는 충서일 뿐이다"(이인)라고 하였다.

충서의 충(忠 ; 中+心)은 자기 자신의 마음으로 남의 마음을 헤아려서 배려해주는 것이요, 서(恕 ; 如+心)는 자기가 하기 싫은 일을 남에게 시키지 않는 것이라 할 수 있다.[69] 결국 충서는 인을 대신하는 것으로서 자기 자신의 마음을 척도로 삼아서 남의 마음을 헤아려서 배려하여 주는 것이라 할 수 있다. 그는 "대저 인한 사람(仁者)은 자기가 서고 싶으면 남도 서게 해주고, 자기가 달성하고 싶으면 남도 달성하게 해준다. 가까운 자기를 미루어 남을 이해할 수 있다면 이것이 인에 이르는 방도라고 할 수 있다"(옹야)고 하였으며, 중궁이 인을 묻자, 그는 "자기가 원하지 않는 것을 남에게도 베풀지 않는 것이다"(안연)라고 하였다. 그리고 자공이 평생을 두고 행할 만한 것을 한마디로 말해주라고 하자, 그는 "그것은 서(恕)이다. 자기가 원하지 않는 것을 남에게도 베풀지 않는 것이다"(위령공)라고 하였다.

요컨대 사람을 대할 때는 사랑하는 마음을 가지고 상대방의 마음을 헤아려 감싸고 배려해주어야 한다는 것이다. 그리고 이러한 충서를 통해서 사람들이 소아(小我)를 넘어서서 대아(大我)로 나아감으로써 사랑이 가정의 울타리를 넘어서 모든 사람에게로 확대되도록 해야 한다는 것이다.

2) 만물을 사랑하는 덕으로서의 인

전술(제4장)한 바와 같이 맹자는 측은지심(惻隱之心)을 인(仁)의

69 주희는 忠을 나의 덕성을 다하는 盡己로, 恕를 나를 미루어 남을 생각하는 推己及人으로 풀이하고, 忠은 天道로서 體 곧 天下之大本이요, 恕는 人道로서 用 곧 天下之達道라고 하였다. — 김용옥, 『도올논어』(3) 65면.

단서라고 하고, 공자의 인을 인 · 의 · 예 · 지의 사덕으로 확장하여 말하였다. 그리고 그는 "나의 늙은 부모를 공경하는 마음이 남의 늙은 부모에게 미치도록 하고, 나의 어린 자식을 사랑하는 마음이 남의 어린 자식에게 미치도록 하면, 천하를 다스리는 것은 손바닥 위에서 움직이는 것처럼 쉬울 것이다"(『맹자』 양혜왕상)라고 하였다. 이것은 겸애설을 주장한 묵적처럼 남의 부모나 남의 자식을 자신의 부모나 자신의 자식처럼 사랑하라는 것이 아니라, 자기 부모나 자기 자식을 사랑하고 나서, 그러한 사랑이 남의 부모나 남의 자식에게도 미치도록 하자는 것이다. 그는 또 인은 '사람은 물론 모든 만물에 확대되어야 한다'고 하였다. 즉 "(군자는) 어버이를 친애하면서 사람들을 인하게 대하고, 사람들을 인하게 대함으로부터 출발하여 만물을 사랑하는 것이다"(진심상)라고 하였다. 인을 어버이에 대한 친애(親)와 사람들에 대한 인함(仁)과 만물에 대한 사랑(愛)으로 세분하여 말한 것이다.

정호는 인을 모든 덕의 근본이 되는 것이라 하고, 효제는 인의 근본(仁之體)이 아니라 인을 실천하는 근본(仁之用)이라 하였다(『이정유서』 11). 그리고 만물이 생의(生意)로서의 인을 가지고 있어서 만물이 일체(一體)로서 서로 통한다고 하였으며(전술), "인이란 혼연히 만물과 더불어 한 몸이 되게 하는 것이다. 의 · 예 · 지 · 신은 인이다"(2)라고 하였다.

주희는 전술(제4장)한 바와 같이 인을 마음의 본체로서의 성에 갖추어져 있는 덕이라 하고, 사랑을 그 작용으로서의 정으로 드러나는 것이라 하였다. 이리하여 그는 "인은 사랑하는 마음으로 드러난다. 사랑의 실천은 효제(孝悌)로부터 출발한다"(『주자어류』 20)고 하였다. 그리고 그는 "대저 인이 도가 되는 것은 천지 만물을 생성하는 마음(生意)으로서의 인이 모든 만물에 있기 때문이다"(『주자문집』 67)라고 하였다.

왕수인은 사람은 모든 만물과 함께 생명의 본질인 생의(生意),

곧 양지로서의 인을 가지고 있다고 하고, 그것으로 말미암아 사람을 사랑하는 것은 물론, 금수를 사랑하고, 초목을 사랑하며, 깨진 기와까지도 애석해한다고 하였다(전술).

3. 의

의(義)는 '옳음' '올바름' '마땅함' 등을 뜻하는데, 여기서는 사람이 마땅히 행해야 할 행위의 표준이 되는 덕으로서의 '올바른 도리'를 지칭한다. 자사는 "의(義)는 의(宜 ; 마땅함)를 뜻한다"(『중용』20)고 하였으며, 주희는 그 주(注)에서 "의(宜)란 사리를 분별하여 각기 마땅한 바가 있도록 하는 것이다"라고 하였다. 의는 수오지심의 단서가 되는 덕으로서 인과 함께 중시되었다.

공자는 의(義) 곧 '의로움'을 행위를 정당화시켜 주는 기준이 되는 최고의 원리의 의미로 사용하였다. 즉 그는 "군자는 의를 으뜸으로 삼는다. 군자가 용기만 있고 의가 없으면 난을 일으키게 되고, 소인이 용기만 있고 의가 없으면 도적질을 하게 된다"(『논어』양화)고 하였으며, "군자는 의를 바탕을 삼고, 예로써 행동한다"(위령공)고 하였다. 그런가 하면 그는 의를 이로움(利)에 대립되는 '의로움'의 의미로도 쓰고 있다. 즉 그는 "군자는 의에 민감하고, 소인은 잇속에 민감하다"(이인)고 하고, "이로운 것을 보거든 그것이 의로운 것인가를 생각하라!"(헌문)고 하였다.[70]

맹자는 의(義)를 인(仁)과 같은 차원의 덕으로 보고, 인의(仁義)의 덕이라는 말을 자주 쓰고 있다. 그는 "인은 사람의 마음이요, 의는 사람이 마땅히 가야 할 길이다"(『맹자』고자상)라고 하였는데, 인을 인간의 내면적 심성의 바탕으로, 의를 인간의 외면적 실천 원리로 본

---

70 이한구 외, 『韓國哲學思想硏究』 94면.

것이다. 그는 또 '사람은 누구나 의(義)의 단서로서 수오지심, 곧 자신의 불선을 부끄러워하고, 남의 불선을 미워하는 마음을 가지고 있다'고 하고(공손추상), "사람마다 모두 차마 하지 못할 것이 있고, 할 만한 것이 있는 것인데, 그 할 만한 것을 잘 해내는 것이 의이다"(진심하)라고도 하였다. 할 만 한 것(善), 곧 마땅히 해야 할 도리를 다하지 못하면 부끄러운 마음이 일어나게 되고, 마땅히 해야 할 도리를 다하면 떳떳하게 되는데, 그것이 의라는 것이다.

4. 예

앞에서 말한 바와 같이 예는 인간으로서 마땅히 해야 할 도리(禮道)를 가리키기도 하고, 예의(禮儀)의 의미로서 구체적인 의식을 가리키기도 한다. 그런데 여기서 말하는 예는 그러한 것이 아니고, 예를 행함에 있어서 갖추어야 할 마음가짐인 사양지심(辭讓之心)의 단서가 되는 덕, 곧 자신을 낮추고 남을 공경하는 마음의 덕을 말한다.

『예기』는 "예라는 것은 공경하고 사양하는 도이다"(경해)라고 하였으며, "신의와 겸양의 마음으로 예를 갖춘다"(표기)고 하였으며, "대체로 예라는 것은 스스로를 낮추고 남을 높이는 것이다"(곡례상)라고 하였다. 예가 겸양의 덕을 바탕으로 하고 있다는 것이다.

공자는 예를 덕의 의미로도 사용하여 "통치자가 예를 좋아하면 백성들이 공경하지 않을 수 없다"(『논어』자로)고 하고, "예와 겸양으로 나라를 다스린다면 무슨 어려움이 있겠는가? 예와 겸양으로 나라를 다스리지 않는다면 예(禮制)는 있어 무엇 하겠는가?"(이인)라고 하였다.

맹자는 예를 사양지심의 단서가 되는 덕이라 하고, 사양하는 마음, 곧 상대방을 공경하는 마음을 예의 바탕이라고 하였으며(『맹자』고자상), "인을 간직한 사람은 남을 사랑하고, 예를 간직한 사람은 남을 공경한다"(이루하)고 하였다. 자신을 낮추고 남을 공경하는 마음을 예의 덕으로 본 것이다.

5. 지

지(智)는 지(知)와 어원이 같으며, 또한 서로 통용되어 왔다.[71] 대체로 지는 앎, 곧 지식을 가리키지만 여기서의 지는 도덕적 판단의 덕인 시비지심(是非之心)의 단서가 되는 덕을 가리킨다.

공자는 지(知 또는 智)를 천명 혹은 인 내지 인의를 아는 덕의 뜻으로 말하였다. 즉 그는 "명을 알지 못하면 군자가 될 수 없다"(요왈)고 하였다. 그런가 하면 "아는 사람은 인에서 이로움을 취한다"(이인)고 하였다. 그는 또 "오직 인한 사람만이 사람을 좋아할 수 있으며, 또 미워할 수 있는 것이다"(이인)라고 하여, 인한 사람은 '좋아해야 할 사람인가? 미워해야 할 사람인가?'를 식별할 수 있는 능력, 곧 덕을 갖추어야 한다고 하였다.

맹자는 지(智)를 사물에 대한 앎의 의미로도 사용하였다(『맹자』 이루하). 그러나 대체로 지를 도덕적인 시비, 곧 옳고 그름을 분별할 줄 아는 덕의 의미로 사용하였다. 즉 "인(仁)의 실상은 어버이를 사랑하는 것이요, 의(義)의 실상은 형을 좇는 것이요, 지의 실상은 이 두 가지를 알아서 버리지 아니하는 것이다"(이루상)라고 하였다. 지를 '인과 의에 합치하는가? 혹은 그렇지 못하는가?'를 가리는 마음(是非之心)의 단서가 되는 덕으로 본 것이다. 인과 불인, 의와 불의, 시와 비 등을 구분할 줄 알아서 전자를 좋아하고 후자를 싫어하는 마음(도덕적 분노와 같은 것)의 덕을 지라고 한 것이다.[72]

---

71 羅光, 『中國哲學大綱』 197면.

72 이한구 외, 앞의 책 98면.

6. 신

신(信)은 믿음 혹은 신뢰를 뜻하는 말로서, 진실하고 참된 마음의 덕을 말한다. 진실성을 상대방에게 보여주어 믿음을 갖게 하는 것이라 할 수 있다.

신은 사람이 자기가 한 말을 성실하게 실천함으로써 믿음을 얻어야 한다는 것이다. 이리하여 신은 원래 믿음, 곧 신뢰를 뜻하지만, '성실함' '진실함' '정직함' 등으로 해석하기도 한다.

공자는 제자들에게 "믿음(信)을 돈독하게 하고, 배우기를 좋아해야 한다"(『논어』태백)고 하였으며, "사람으로서 믿음이 없으면 그 사람됨을 알 수가 없다. 큰 수레에 큰 멍에가 없다든지, 작은 수레에 작은 멍에가 없다면 무엇으로 수레를 가게 하겠느냐?"(위정)라고 하였으며, "백성들에게 믿음을 얻지 못하면 나라가 존립할 수 없다"(안연)고 하는 등, 신을 중요시하였다.

주희는 신을 자기 자신의 도리를 다하는 것으로 보고(『주자어류』6), 신을 성(誠)이나 충(忠)과 관련지어 말하였다. 즉 그는 "『중용』에서 '성실함은 하늘의 도이다'라고 한 것은 바로 성(誠)을 말한 것이요, '성실하고자 하는 것은 사람의 도이다'라고 한 것은 바로 신을 말한 것이다"(6)라고 하고, "충은 신의 본체이며, 신은 충의 작용이다"(6)라고 하였다.

제5절 오륜과 오례

1. 오 륜

1) 오륜과 삼강의 유래

(1) 오륜의 유래

유교는 사람들이 질서를 유지하면서 화목하고 안락하게 살아갈 수 있는 사회를 만들기 위한 윤리의 기본 강령으로 오륜(五倫)을 제시하였다. 이것은 물론 인·의·예·지·신의 오상의 덕을 부자·군신·부부·장유·붕우 간에 행하자는 것이다.

공자는 사람들이 지켜야 할 윤리 규범으로 효·제·충·신을 말하였으며, 자사는 군신·부자·부부·형제·붕우 간에 행해야 할 다섯 가지 도리를 말하였다. 맹자는 이것을 받아들여 오륜을 제시하였다.

"사람이 지켜야 할 도리가 있다. 배부르게 먹고, 따스하게 입고, 편안하게 살면서 가르침이 없으면 금수에 가깝게 되는 것이므로 성인이 이를 걱정하여 설(契)을 사도로 삼아 인륜을 가르치게 하셨다. 그것은 부자간에 친함이 있어야 하고, 군신 간에 의로움이 있어야 하고, 부부간에 분별함이 있어야 하고, 장유 간에 차례가 있어야 하고, 붕우 간에 믿음이 있어야 한다는 것이다."(『맹자』등문공상)

(2) 삼강의 유래

삼강(三綱, 綱은 이끌고 주도한다는 뜻)은 부자·군신·부부간의 관계에서 아버지가 자식을 이끌어 나가고, 임금이 신하를 이끌어 나가고, 남편이 아내를 이끌어 나간다는 것이다.

이것은 한비자(법가)가 "신하가 군주를 섬기고, 자식이 부모를 섬기며, 아내가 남편을 섬기는 일의 세 가지가 순조롭게 행하여지면 천하가 잘 다스려진다"(『한비자』충효)고 말한 데서 유래한 것이다.

동중서는 이것을 받아들여 이것을 오륜 앞에다 붙여서 '삼강오륜'이라고 하였는데, 그 후 오랫동안 오륜보다 더 중시되어 왔다.

그 후 반고(班固)는 삼강에 대하여 다음과 같이 말하였다. "삼강이란 무엇인가? 군신·부자·부부간의 도리를 말한다. … 군주는 신하의 벼리가 되고, 아버지는 아들의 벼리가 되고, 남편은 아내의 벼리가 된다"(『백호통』)고 하였다. 이것이 곧 군위신강(君爲臣綱-忠)·부위자강(父爲子綱-孝)·부위부강(夫爲婦綱-烈)이다.

'삼강오륜'이 통용되어 공맹의 수평적 평등관계의 오륜 윤리가 수직적 상하복종관계의 윤리로 변질되었는데, 이것은 수평관계의 윤리인 오륜과 수직관계의 윤리인 삼강을 억지로 결합시킨 잘못된 것이다.[73]

2) 오륜의 내용

(1) 부자유친

부자유친(父子有親)은 부모와 자식 사이에 사랑함(親)이 있어야 한다는 것이다. 부모와 자식 사이에는 본능적으로 사랑하는 감정이 존재하는 것이므로 그러한 사랑(배려)을 다하자는 것이다.

사람은 태어날 때부터 부모와 자식 사이에는 본능적인 사랑의 정이 있는 것인데, 이러한 부모와 자식 사이의 원초적인 사랑을 친(親)으로 보고, 이것을 부자간에 행해야 한다고 말한 것이다.[74]

친(親)의 내용은 부모는 자식을 사랑(慈)하고 자식은 부모에게

---

73 이을호는 맹자의 오륜이 공자의 仁처럼 평등적 상호관계를 보여준 것이라고 하였다. — 이을호, 『다산학의 이해』 298면.

74 『설문해자』는 "仁은 親이다"하였으며, "親은 이르다(至)는 뜻이다"라고 하였다.

효도하는 것(父慈子孝)이다. 따라서 이러한 친은 부모와 자식 간에 서로 사랑하라는 것이지, 자식의 의무만을 일방적으로 강조하는 것이 아니다. 즉 수평적 윤리이지, 수직적 윤리가 아니라는 것이다.

(2) 군신유의

군신유의(君臣有義)는 군주(상사)와 신하(부하)는 서로 의(義) 곧 의로움으로 대해야 한다는 것이다.

의(義)는 옳음, 공정함, 정당함을 의미한다(전술). 이것은 국가와 사회 혹은 직장의 질서를 유지하고 구성원들이 서로 협력하기 위해서 필요한 덕목이라 할 수 있다. 군신관계는 천륜관계가 아니라, 공의(公義)의 관계이므로 군신 간에는 사사로운 정(親)에 끌려서는 안 되고, 오직 의가 중시되어야 한다는 것이다. 선공후사(先公後私)나 멸사봉공(滅私奉公)이라는 말은 이것을 강조한 것이다.

(3) 부부유별

부부유별(夫婦有別)은 부부 사이에는 분별함(別)이 있어야 한다는 것이다. 남녀가 만나서 자식을 낳고 잘 살아가자면 역할분담이 필요하고, 서로 간에 지켜야 할 예가 필요하다는 것이다.

유교는 천지 만물이 음과 양의 두 기의 교감으로 말미암아 생성되는 것으로 보고, 부부간의 관계를 양과 음의 관계로 보아 대대적(對待的) 관계로 본다. 그리하여 남자와 여자의 기능적 차별을 인정하고, 남편은 온화하고 여자는 유순해야 한다는 부화부순(夫和婦順)의 부부간의 도리를 말한 것이다.

(4) 장유유서

장유유서(長幼有序)는 형과 아우 또는 연장자와 연소자 사이에 서(序) 곧 서열 혹은 순서가 있어야 한다는 것이다. 질서를 유지하기 위해서는 반드시 서열 곧 순서가 필요하다는 것이다.

여기서의 서(序)는 가정 안에서 형과 아우 사이의 도리를 말하는 형우제공(兄友弟恭), 곧 제(悌)에서 출발하여 넓게는 사회에서 연장자와 연소자 간에 공경하고 사랑하라는 연장자와 연소자 간의 도리로 발전된 것이다.

이것은 경로사상(敬老思想)과 스승은 제자를 정성껏 가르치고, 제자는 스승의 공경해야 한다는 존현사상(尊賢思想)으로 확장되었다.

(5) 붕우유신

붕우유신(朋友有信)은 동문수학의 벗(朋)이나, 뜻이 같은 벗(友)이나, 붕우 사이에는 신(信) 곧 '믿음이 있어야 한다'는 것이다. '붕우 간에는 믿음이 있어야 한다'고 한 것은 그 말한 것을 믿을 수 있도록 해야 한다는 것이요, 그것은 곧 서로가 약속을 지키고, 말과 행동(실천)이 일치되도록 해야 한다는 것이다. 붕우관계, 곧 친구관계는 사회생활을 하는 과정에서 우연히 만나서 성립되는 관계이므로 상호 간에 그러한 신뢰가 없으면 사귀어 나갈 수 없는 것이다.

2. 충효 윤리

1) 효의 윤리

앞에서 언급한 바와 같이 공자는 효(孝)·제(悌)·충(忠)·신(信)을 중시하였다. 즉 그는 '효와 제는 인을 실천하는 근본적인 덕목'이라 하였으며, '군자는 충과 신을 중시한다'고 하였다. 맹자도 "군자가 나라에 머무르면 자제들이 그를 따르게 되어 효·제를 행하며, 충·신을 하게 되는 것이다"(『맹자』진심상)라고 하였다. 그런데 가정윤리라고 할 수 있는 효·제를 대표하는 효와 사회윤리라고 할 수 있는 충·신을 대표하는 충을 합하여 '충효윤리'라는 말이 만들어져서, 이 말이 유교윤리의 대명사가 되었다.

이들 중에서도 특히 효는 오륜의 부자유친에서 부모에 대한 자식의 도리를 강조한 것으로서 매우 중요시되어 왔다.

효(孝) 자는 갑골문과 금문에 쓰였고, 『시경』『서경』『예기』 등의 경전에도 많이 쓰였는데, 부모에 대한 봉양, 혹은 존경의 뜻으로, 또는 돌아가신 조상을 숭배한다는 추효(追孝)의 뜻으로도 사용하였다. 이러한 효는 공자에 계승되었고, 그 후로 증자와 맹자에 의하여 체계화 되었으며, 주희의 『소학』이나 『가례』, 그리고 이이의 『격몽요결』 등에서 구체화되어 널리 통용되었다.

공자는 효를 인을 실천하는 근본적인 덕이라 하였다. 그는 "효도(孝)와 우애(悌)는 인을 행하는 근본일 것이다"(상동)라고 하였다. 증자는 "효도는 덕행의 근본이다"(『효경』경)라고 하였으며, "사람의 행실 중에 효도보다 큰 것이 없다"(전)고 하였다. 맹자는 효를 인의 진수(實)라고 하였다. 즉 "인의 진수는 어버이를 섬기는 것이다"(『맹자』이루상)고 하였다.

공자는 효를 행함에 있어서는 공경하는 마음이 가장 중요하다고 하였다. 즉 자유가 효를 묻자, 그는 "요즈음의 효도라는 것은 어버이를 물질적으로 봉양하는 것을 말하는 것 같다. 그러나 그것은 개나 말에 이를지라도 길러주기는 마찬가지인데, 공경함이 없다면 무엇으로 구분하겠느냐?!"(『논어』위정)라고 하고, "아버지가 살아 계실 때에는 그 뜻을 살피고, 돌아가신 뒤에는 그 하신 일을 살펴서 3년을 두고 아버지의 도를 고치지 않는다면 효자라고 할 수 있다"(학이)고 하였다. 그리고 맹자는 "가장 큰 효는 종신토록 어버이를 사모하는 것이다"(『맹자』만장상)라고 하였으며, "어버이를 기쁘게 하지 못하면 참된 사람이라 할 수 없다"(상동)고 하였다.

공자는 효는 모든 사람으로 확대되어야 한다고 하였다. 즉 "젊은이들은 들어가서는 효도하고 나가서는 사람들에게 우애하며, … 널리 사람을 사랑하되 인한 사람을 가까이 해야 한다"(『논어』학이)고 하였다. 증자는 "효를 가르치는 것은 천하의 모든 사람들의 부모를 공경하라고 가르치는 것이다"(『효경』전)라고 하고, 백성들에게 덕행을 가르치는 데는 효의 교육이 필요하다고 하였다(전). 맹자는 "사람마다 각기 어버이를 사랑하고 어른을 섬기면 천하가 태평해질 것이다”(『맹자』이루상)라고 하였다.

증자는 효의 실천 방법으로 존친과 불욕과 능양을 제시하였다. 능양(能養)이란 부모의 신체상의 안위와 음식과 거처 등을 돌보아서 봉양하는 것이다. 불욕(弗辱)이란 부모를 욕되게 하지 않는 것이다. 존친(尊親)이란 입신양명(立身揚名)하여 부모의 이름을 드러내는 것이다. 그는 “자신을 세우고, 도를 행하여 후세에까지 이름을 떨쳐서 부모를 드러내는 것이 효도의 마침이다”(경)라고 하였다.

2) 충의 윤리

충(忠)은 사람을 대하는 내면적 자세로서 자기의 참된 마음(眞心)을 다하는 것을 뜻한다. 이에 대응하는 말로는 그 진심을 상대방에게 보여주는 신(信)이 있다. 원래 충은 ‘자기의 마음을 다한다’는 개인적 도덕에 관련된 덕목이었는데, 그 후로 군주봉건사회가 지속되면서 신하가 임금과 나라에 충성을 다해야 한다는 군신관계를 규정하는 윤리 덕목으로 변질되어 효와 함께 중요시되어 왔다.

충(忠)에 대하여 『좌전』은 “사욕이 없는 것이 충이다”(성공)라고 하였으며, “군주가 어떻게 하면 백성을 이롭게 할 수 있을 것인가를 생각하는 것이 충이다”(환공)라고 하였고, 『국어』는 군주가 백성을 “마땅하게 헤아리는 것이 충이다”(주어)라고 하였다. 마음을 다하여 백성을 이롭게 하는 것이 충이라는 것이다.

공자도 충을 ‘마음을 다함’의 의미로 “정사를 행함에 있어서는 마음에서 우러나오는 충으로써 해야 한다”(『논어』안연)고 하고, “사람과 사귐에 있어서는 충심을 다해야 한다. 비록 오랑캐의 나라에 들어간다고 할지라도 이것을 버려서는 아니 된다”(자로)라고 하였으며, “임금은 신하를 예로써 부리고, 신하는 임금을 충으로써 섬겨야 한다”(팔일)고도 하였다.

맹자는 "백성이 가장 귀하다. … 백성에게 신임을 얻게 되면 천자가 된다"(『맹자』진심하)고 하여 민본주의를 취하였다. 따라서 충은 백성을 위하여 충실하게 임하는 임금에게 충성을 하는 것이므로, 임금에게 충성한다는 것은 당연한 것이라 할 수 있다. 그러나 그렇지 못한 임금에게도 충성해야 하였으므로 그것이 문제였던 것이다.

3. 오 례

유교는 사람이 살아가는 과정 속에서 행해야 할 여러 가지 예를 제정하였지만, 그 중에서 오례(五禮), 곧 일상적으로 행해야 할 예인 통례(通禮)와 통과의례(通過儀禮)로서 관혼상제의 사례(四禮)를 매우 중시하여 왔다. 특히 주희가『예기』를 비롯하여 여러 전적에 언급되어 있던 예에 관한 것들 중에서 가려 뽑아 통례 · 관례 · 혼례 · 상례 · 제례 편으로 된『가례(家禮)』(혹은『朱子家禮』)를 펴낸 후 중국이나 우리나라에서 중시하여 왔다.

그런데 이러한 형식적인 의식이나 절차는 어디까지나 수시적용(隨時適用)이라는 의례의 기본 정신에 따라 그 의식 속에 담겨져 있는 정신을 훼손하지 않는 범위 안에서 지역이나 시대 상황에 알맞게 바꿔나가야 한다는 것이다. 그래서 가가례(家家禮)라는 말이 있게 되었다.

이 오례의 내용은 철학적으로 중요한 것이 아니므로 여기에서는 생략한다. — 그 내용은 내가 쓴『유교윤리』에 간결하게 정리하여 놓았다.

더 읽어야 할 책

김충열, 『김충열교수의 중국철학사 1』 예문서원.

尹絲淳 외, 『孔子사상의 발견』 민음사.

金容沃, 『논어 한글역주』 1,2,3. 『중용, 인간의 맛』 통나무.

최영진, 『유교사상의 본질과 현재성』 유교문화연구소.

尹天根, 『原始儒學의 새로운 解釋』 온누리.

金吉洛, 『象山學과 陽明學』 예문서원.

김길락 외, 『왕양명철학연구』 청계.

琴章泰, 『儒敎思想의 問題들』 여강출판사.

_____, 『유교사상과 한국사회』 성대, 대동문화연구원.

권정안 외, 『朝鮮朝 儒學思想의 探究』 여강출판사.

조준하 외, 『한국인물유학사』 1-5, 한길사.

송영배, 『유교사상과 유교적 사회구조분석』 남풍출판사.

_____, 『中國社會思想史』 한길사.

조남욱 외, 『현대인의 유교 읽기』 아세아문화사.

김애희 외, 『공자사상의 계승』 1, 열린책들.

차인석 외, 『韓國哲學思想硏究』 한국정신문화연구원.

송하경 외, 『동아시아 유교문화의 새로운 지향』 청어람미디어.

金東敏 외, 『東洋哲學의 자연과 인간』 아시아문화사.

朴異汶, 『'논어'의 논리』 문학과 지성사.

정해창 엮음 『인간성상실과 위기극복』 철학과 현실사.

백도근, 『선진유학과 주자철학』 이문출판사.

한국동양철학회 편 『東洋哲學의 本體論과 人性論』 연세대출판부.

한국동양철학연구회, 『東洋哲學』 제1집, 아문연.

중국철학연구회, 『中國哲學』 온누리.

_____________, 『중국철학의 이해』 외계출판사.

동양철학연구회 편 『中國哲學思想論究』 여강출판사.

한국공자학회 엮음『孔子思想과 現代』 사사연.
勞思光, 鄭仁在 옮김,『中國哲學史』 고대,한당,송명,명청편. 탐구당.
馮友蘭, 정인재 옮김,『중국철학사』 형설출판.
_____, 박성규 옮김,『중국철학사』 상,하, 까치.
張其昀, 華岡校友會 옮김,『孔子學說의 現代的 意義』 형설출판사.
_____, 중국문화연구소 옮김,『中國哲學의 根源』 문조.
陳大齊, 안종수 옮김,『공자의 학설』 이론과 실천.
侯外廬 엮음, 양재혁 옮김,『중국철학사』 상,하, 일월서각.
_____ 외, 박완식 옮김,『송명이학사』 1,2, 이론과 실천.
范壽康, 홍우흠 옮김,『朱子와 그 哲學』 영남대출판부.
錢穆, 이완재 외 옮김,『주자학의 세계』 이문출판사.
張君勱, 김용섭 외 옮김,『한유에서 주희까지』 형설출판사.
楊國榮, 宋河璟 옮김,『陽明學通論』 박영사.
북경대철학과연구실, 박원재 옮김,『중국철학사』 1, 자작아카데미.
_________________, 유영희 옮김,『중국철학사』 2, 자작아카데미.
_________________, 홍원식 옮김,『중국철학사』 3, 자작아카데미.
陳來, 안재호 옮김,『송명성리학』 예문서원.
___, 이종란 외 옮김,『주희의 철학』 예문서원.
李基東, 鄭容先 옮김,『東洋三國의 朱子學』 성대출판부.
蔡德貴 외, 김영범 옮김,『대륙사상의 뿌리』 말길.
張立文 외, 김교빈 외 옮김,『기의 철학』 상,하, 예문지.
_____ 외, 김백희 옮김,『中國哲學大綱』 상,하, 까치.
_____ 외 편, 중국민중사상연구회 옮김,『中華의 智慧』 상, 민족사.
郭沫若, 조성을 옮김,『中國古代思想史』 까치.
任繼愈 편저, 전택원 옮김,『中國哲學史』 까치.
__________, 이문주 옮김,『중국철학사 1』 청년사.
守野直喜, 吳二煥 옮김,『中國哲學史』 을유문화사.
金谷治 외, 조성을 옮김,『중국사상개론』 이론과 실천.
_____ 외, 조성을 옮김,『중국사상사』 이론과 실천.
노세이찌, 김진욱 옮김,『중국의 사상』 열음사.
成百曉 역주,『論語集註』『周易傳義』『詩經集典』 이상, 전통문화연구회.

제4부

동양철학과 인류의 미래

제1절 서양철학과 현대문명

지중해 연안의 고대 그리스인들은 일찍이 해상 교통의 편리함을 이용해서 해외로 진출하여 당시 선진국인 이집트와 메소포타미아의 문명을 받아들이면서 무역, 곧 상업을 통하여 부를 축적하였다. 그리하여 자유롭고 여유 있게 살아가는 가운데 이성적인 사색, 곧 합리적인 철학을 하 탄생시켰다.

서양철학의 진정한 창시자라고 할 수 있는 고대 그리스의 소크라테스(Socrates)와 그의 제자 플라톤(Platon)이 관념론이라는 합리주의 철학을 만들어 그 후의 서양철학에 지속적으로 영향을 미쳐서 합리적이고 체계적인 철학으로 발전시켰는데, 이것이 서양인들에게 지속적인 영향을 미쳤다.

그런가 하면 중세에는 유대인인 예수가 일으킨 그리스도교가 유럽에 전파되어 서양철학과 서양인들에게 커다란 영향을 미쳤다. 그리스도교는 사막의 척박한 자연환경 속에서 다른 부족들과 끊임없이 싸우면서 유목 생활로 생계를 유지하던 유대인들의 유대교의 선민사상이나 복수사상을 불식하고, 만인 평등의 사랑의 종교를 제창하였다. 그러나 예수의 그리스도교는 유대인들에게는 배척되고, 서양인들의 종교가 되었다. 그들의 의식과 삶에 커다란 영향을 미쳐왔다.

다시 말하면 개인주의적이고, 이해타산적인 그리스인들의 이성주의철학과 배타적이고 독선적이며 투쟁적인 유대인의 그리스도교 신앙을 정신적 지주로 삼고 살아 왔다. 그들은 이데아의 세계라는 관념의 세계, 혹은 천국이라는 영혼의 세계를 찬미하여 현세, 곧 자연을 경시하고, 더 나아가서 다른 사람이나 다른 민족 또는 다른 종교를 적대시하면서 상대방을 정복하여 지배하려고 하였다. 그리하여 힘을 제일의 가치로 여기고, 그것을 기르기 위해서 과학기술을 줄기차게 발전시켜 왔다. 이리하여 서양인들은 물질문명을 크게 향상시켜서 물질적으로 풍요로운 삶을 구가할 수 있게 되었다.

그러나 반면에 물질만능주의와 향락주의를 초래하여 탐욕과 이기심과 치열한 경쟁을 조장함으로써 인류를 테러와 전쟁 등의 폭력에 대한 공포에 시달리게 하고, 극심한 자연훼손과 환경오염과 자원고갈을 초래하였다. 또한 모든 것을 이욕 곧 이해타산의 대상으로 보고, 모든 사람을 경쟁의 상대로 봄으로써 인간성의 타락과 비인간화와 인륜도덕의 붕괴를 초래하였다.

결국 물질문명의 유익함보다도 더 큰 폐해를 가져오게 되었으며, 따라서 많은 사람들이 '인류의 위기'를 말하기에 이르렀다. 즉 환경론자들에 의하면 지금과 같은 상태로 개발을 지속하여 산림의 파괴와 환경오염 등이 진행된다면 공기 중의 산소의 양이 급격히 감소하고, 대기가 오염되어 오존층이 파괴되며, 지구가 온난화되어 바닷물의 온도가 상승하고, 그로 인한 폭우·폭설·혹한·혹서·한발(가뭄) 등의 이상 기후가 야기되며, 지하수가 오염되어 먹을 수 없게 되고, 강수량의 감소로 물이 부족하게 될 뿐만 아니라 사막이 늘어나며, 생태계가 파괴되어 동식물이 멸종하게 되고, 각종의 질병이 증가하며, 암이나 에이즈보다 더 무서운 불치의 공해병이 발생하여 결국은 인류가 파멸할 것이라고 경고하고 있다.

이리하여 사람들 사이에 물질문명을 향상시키기 위한 자연과의 투쟁을 중단해야만 한다는 공감대가 형성되고 있다. 토플러(A. Toffler)는 "그 결과 지금까지 인류가 이끌어 온 과학기술 문명 곧 물질문명을 반성하고, 자연과의 피비린내 나는 투쟁을 벌여야 한다는 생각 대신에 지구와의 공존 내지 조화를 중시하는 생각을 이끌어냈다"고 하였다.

제2절 동양철학과 인류의 미래

대체로 많은 서양의 지성인들은 그들의 서구문명을 그대로 추종할 수 없으므로 새로운 문명으로 대체하지 않으면 안 된다고 하였다. 이제 자연과 인간이 일체로서 협력관계를 맺고 조화를 이루면서, 나와 남이 더불어 태평하게 살아가는 것을 이상적인 목표로 삼아서 꾸준히 성찰하고, 그 지혜를 축적하여 온 동양철학은 오늘의 인류에게 주요한 이념으로 부각되고 있다.

일찍이 니담(J. Needham)은 인간이 자연에 대한 소유권과 지배권을 가지고 있다는 베이컨(F. Bacon)의 전제 위에 선 서양의 현대 과학적 지식이 대규모의 자연 황폐를 초래하였다고 지적하고, 그것을 시정하기 위해서는 중국의 전통을 배워야 한다고 하였다.

그런가 하면 1920년대 초에 러셀(B. Russel)은 북경대학에서 1년간 유학하고 돌아가서 쓴 『중국의 문제』라는 글에서 자기들의 서양문명은 소멸의 길로 가고 있다고 하고, 만일 인류가 유불선에 입각하여 이루어진 중국인들의 생활방식을 받아들이기만 한다면 인류는 행복하게 될 것이라고 하였다.

그리고 토인비(A.J. Toynbee)는 1976년에 21세기에는 세계역사의 추세, 교통 통신의 발달, 핵무기확산방지 등의 이유로 세계화가 진전되어 세계의 통합이 이루어질 것이라고 전망하고, 중국을 비롯한 동아시아 유교국가들이 세계를 지배할 것이라 하였다. 그 이유로는 훌륭한 철학적 유산, 곧 ① 유교의 인도주의 정신, ② 유교와 불교의 합리주의 정신, ③ 도가의 자연을 지배하려고 하면 자기 좌절을 초래한다는 사고, ④ 중국철학이 강조한 인간이 자연과 조화를 이루면서 살아가지 않으면 안 된다는 신조 등 때문이라 하였다.

그런가 하면 하버마스(J. Habermas)는 우리들에게 "유교와 불교 등의 훌륭한 문화적·이론적 전통을 가지고 있는 한국이 왜 외국 이론에서 문제의 해결책을 찾으려고 하는가?"라고 반문하고, "더 이상 한국의 미래를 외국에서 찾으려고 하지 말라!"고 충고했다고 한다.[1]

요컨대 오늘날 인류는 자연을 이용의 대상으로 보고, 한계가 없는 욕망을 조장하여 끊임없이 자연을 개발하고 문명을 발전시켜서, 한편으로는 인간이 더욱 더 풍요로운 삶과 향락을 누릴 수 있게 되었지만, 다른 한편으로는 인간의 무한한 욕망을 억제하는 일을 게을리함으로써, 인성의 타락으로 인한 인륜도덕의 붕괴, 그리고 자연의 훼손과 자원의 고갈을 초래하게 되어 지구에서 인간이 살 수 없는 인류의 위기가 닥쳐오고 있다고 한다.

서양철학에서 이러한 위기를 해결할 수 있는 대안을 찾을 수도 없다. 로고스 해체주의자들을 비롯한 서양철학자들이 '철학의 종언'을 선언하고, 또는 '서양철학의 해체'를 강력히 주장하고 있으니 말이다.

따라서 인간의 무한한 욕망을 제어할 수 있는 이념과 윤리는 수기를 통해서 욕망을 절제하고 예를 따름으로써 자연과의 조화와 인간과의 화합을 이루면서 살아갈 것을 줄기차게 권장하고 있는 동양철학에서 발견할 수밖에 없을 것이다.

일찍이 서양문명을 접한 우리나라의 선각자들은 동도서기(東道西器, 중국은 中體西用, 일본은 和魂洋才라 함), 곧 동양의 철학을 토대로 서양의 과학기술문명을 받아들여야 한다고 하였다.

폴 케네디(Paul Kennedy)는 앞으로 21세기를 이끌어갈 나라는 동아시아의 세 나라라고 하였다. 그런데 일본은 국민들의 도덕적 마인

---

1 김성기, 「통일이후 민족동질성 회복과 …」 『東洋哲學硏究』 23집 42면.

드가 없으며, 중국은 민주주의가 정착되어 있지 않았으나, 한국은 ① 국민들에게 도덕적 마인드가 있으며, ② 독창적인 문화를 가지고 있으며, ③ 민주주의가 정착되어 있기 때문에 한국이 21세기 세계를 이끌어갈 세 나라 가운데서도 중심 국가가 될 것이라고 하였다. 이와 같이 서양의 지성인들은 유불선의 동양철학을 바탕으로 하여 서양의 철학과 종교를 받아들이고, 또 과학기술을 잘 받아들여 지속적으로 성장해온 우리나라 대한민국을 21세기 인류를 이끌어 나아갈 핵심 국가로 주목하고 있는 것이다.

저자 소개

정진일
현재 조선대학교(철학과) 명예교수. 조선대학교 철학과 교수로 정년퇴직. 동 대학 고전연구원장, 국립경찰대학 외래교수, 광주유교대학 학장, 범한철학회장, 동양철학 동우회장 등을 역임.
조선대학교 법학과 및 동대학원 석사과정을 수료하고, 건국대학교 대학원에서 동양철학을 공부함.

주요 저서 및 역서
『위대한 철인들』(양영각), 『철학개론』『동양의 지혜』『서양의 지혜』『유교윤리』『동양철학개론』(이상 박영사), 『철학』『유교의 이해』(이상 형설출판사), 『유교철학원론』『제자백가』(이상 조대출판국), 『도가철학개론』『주역』(이상 서광사), 『한국문화』 1, 2. 『중국철학사』『서양철학사』(이상 해동) 『유교철학개론』『불교철학개론』『서양철학개론』(이상 출간 예정) 등.

정수 동양철학개론

초판발행　2019년 9월 20일

지은이　정진일
펴낸이　안종만·안상준

편　집　문선미
기획/마케팅　이영조
디자인　BEN STORY
제　작　우인도·고철민

펴낸곳　(주) 박영사
서울특별시 종로구 새문안로3길 36, 1601
등록　1959. 3. 11.　제300-1959-1호(倫)
전　화　02)733-6771
f a x　02)736-4818
e-mail　pys@pybook.co.kr
homepage　www.pybook.co.kr
ISBN　979-11-303-0799-2　03150

정 가　19,000원